부모마음
아프지 않게

아이마음
다치지 않게

조선미의 부모와 아이의 마음을 이어주는 열린부모교실
부모마음 아프지 않게 **아이마음** 다치지 않게
Copyright ⓒ 조선미
Copyright for editing & design ⓒ ㈜도서출판 한울림

지은이 | 조선미
펴낸이 | 곽미순 **책임편집** | 김주연 **디자인** | 이미정

펴낸곳 | ㈜도서출판 한울림 **기획** | 이미혜 **편집** | 윤도경 윤소라 이은파 박미화 김주연
디자인 | 김민서 이순영 **마케팅** | 공태훈 윤재영 **경영지원** | 김영석
출판등록 | 1980년 2월 14일(제2021-000318호)
주소 | 서울특별시 마포구 희우정로16길 21
대표전화 | 02-2635-1400 **팩스** | 02-2635-1415
블로그 | blog.naver.com/hanulimkids
페이스북 | www.facebook.com/hanulim **인스타그램** | www.instagram.com/hanulimkids

1판 1쇄 펴낸날 2006년 9월 15일
1판 15쇄 펴낸날 2022년 10월 11일
ISBN 978-89-5827-034-8 13590

이 책은 저작권법에 따라 보호받는 저작물이므로, 저작자와 출판사 양측의 허락 없이는
이 책의 일부 혹은 전체를 인용하거나 옮겨 실을 수 없습니다.

* 잘못된 책은 바꾸어 드립니다.

부모마음
아프지 않게

아이마음
다치지 않게

한울림

Contents

- 프롤로그

1장 부모마음
아이 때문에 너무 속상해요!

우리 아이에게 문제가 있는 걸까요?

01	세상이 얼마나 험한데……	30
02	그맘때 아이들, 다 산만한 것 아닌가요?	39
03	도대체 어떤 모습이 진짜 우리 아이일까요?	50
04	공부를 너무 못해요!	58
05	애가 얼마나 이기적인지 자기밖에 몰라요!	70
06	친구와 함께 있으면서 왜 혼자 놀까요?	77
07	30분이면 할 걸 왜 한 시간이 넘게 하는지……	84
08	무슨 애가 60점을 받고도 창피한 걸 몰라요!	91
09	시계는 볼 줄 알면서 왜 시간개념은 없을까요?	98
10	매일 하는 당연한 일을 못한다는 게 말이 되요?	105
11	믿은 내가 잘못이지, 약속하면 지켜야 하잖아요!	116

2장 아이마음

엄마, 나도 잘하고 싶어요!

아이를 사랑하면서도 아이를 힘들게 하는 이유

01	내가 언니니까 잘해야 하는데, 너무 힘들어요!	131
02	왜 제일 못한 점수만 말해요?	141
03	어른들은 한 번도 잘못한 적 없나요?	148
04	나도 동생처럼 사랑받고 싶어요	155
05	엄마, 나를 버릴 수도 있나요?	166
06	엄마한테 맞는 게 너무 무서워요	173
07	엄마가 하라는 대로 했는데, 왜 나만 갖고 그래요?	180
08	나도 나쁜 습관 고치고 싶은데, 마음대로 안 돼요	188
09	세상을 믿을 수 없어요	198

3장 좋은 부모 되기

우선 아이를 알아야 한다!

아이 키우는 일, 사랑만으로는 안 되나요?

| 01 | 마음의 변화를 행동으로 보여준다 | 215 |

02	타고난 기질에 충실하다	223
03	나쁜 기억은 오랫동안 쉽게 잊지 않는다	229
04	그냥 내버려두면 알아서 잘한다?	235
05	관심을 끌기 위해서라면 문제행동도 서슴치 않는다?	242
06	혼날 게 뻔하니까, 말하지 않는다	249
07	어르고 달래기만 하면 한술 더 뜬다	256
08	성취감을 경험하지 못하면 모든 일에 시큰둥하다	263
09	혼날 것 같으면 거짓말도 서슴치 않는다	269
10	아이들은 행복을 좇는 이기주의자이다	276

4장 아이를 변화시키는 행동수정 클리닉
부모마음 아프지 않게 아이마음 다치지 않게

아이의 행동은 학습된다

행동수정의 원칙 1	매직 원 투 쓰리!	294
행동수정의 원칙 2	아이는 행동에 따른 즉각적인 결과에 따라 움직인다	299
행동수정의 원칙 3	행동을 변화시키려면 아이가 원하는 것을 결과로 준다	305
행동수정의 원칙 4	칭찬과 보상의 함정	309
행동수정의 원칙 5	아이를 변화시키려면 일관성 있는 결과를 주어야 한다	313

행동수정의 원칙 6	아이를 변화시키려면 구체적으로 목표행동을 정한다	318
목표행동 정하기 1	행동을 세분화시켜서 목표행동을 정한다	323
목표행동 정하기 2	무리한 목표는 부작용을 부른다	328
목표행동 정하기 3	좋은 행동을 증가시키는 방향으로 목표를 정한다	332
목표행동 정하기 4	아이가 흥미를 느낄 수 있는 대안행동을 정한다	336
목표행동 정하기 5	부모의 모습이 아이에게 모델이 된다	341

Information

주의력결핍 과잉행동장애란 무엇일까요?	46
아이들의 언어발달, 어떻게 이루어지나요?	66
아이가 할 일을 스스로 하게 하려면?	112
아동기 우울증, 어떤 장애일까요?	162
틱 장애란 무엇일까요?	196

| 프롤로그 |

부모마음 아프지 않게
아이마음 다치지 않게

| 어떻게 키워야 잘 키우는 걸까요?

부모교육을 할 때 나는 참석한 어머니들에게 어떤 목표를 가지고 아이를 키우는지 묻는 것에서부터 모임을 시작한다. 아이를 위해 일부러 시간을 낸 어머니들도 막상 자녀교육의 목표가 무엇인지 물으면 얼른 대답하지 못하는 경우가 많다.

"아이를 어떻게 키우고 싶으세요?"

"물론 잘 키우고 싶죠."

"어떻게 키우는 게 잘 키우는 걸까요? 막연하게 느껴지면 이렇게 생각해보세요. 아이가 커서 어른이 되었을 때 어떤 사람으로 성장해 있으면 좋을까요?"

그제야 하나둘 주저하며 마음속의 생각을 털어놓기 시작한다.

"자기가 속해 있는 집단에서 무난하게 잘 적응했으면 좋겠어요."

"자기가 좋아하는 일을 하면 좋을 것 같아요. 전문직에 종사하면 좋겠고, 사회적으로 성공한 위치에 있다면 더 좋을 것 같아요."

"다른 사람을 잘 배려하고 대인관계가 원만한 사람이 되는 게 제일 중요한 것 같아요."

"지금 심정으로는 솔직히 속썩이지 않고 대학 가고, 제대로 된 직장을 다녔으면 해요. 별 탈 없이 직장생활이나 결혼생활 모두 잘하고요."

"전 아이가 스스로 당당한 사람이었으면 좋겠어요. 제가 그렇지 못해서 그런지 당당하고 자신감 있는 사람을 보면 정말 부러워요."

여러 가지 대답들이 쏟아져 나왔다. 한 사람씩 대답할 때마다 모두 고개를 끄덕이는 것을 보니 생각나지 않아 말을 못했을 뿐이지 뭐 하나 소홀히 해도 될 만한 게 없는 것 같다.

"좋습니다. 다 중요한 것들이네요. 그렇다면 아이를 이렇게 키우기 위해서는 어떻게 해야 할까요?"

"……."

하나라도 빠뜨릴 새라 원하는 바를 생각하고 대답하던 분위기가 일시에 조용해진다. 서로 대답을 미루며 눈치만 보다가 한 어머니가 솔직하게 심정을 털어놓는다.

"이렇게 말하기는 뭐하지만, 우선 공부를 잘해야 하지 않을까요? 성적이 좋아야 좋은 학교도 가고, 직업도 전문직을 가질 수 있을 것 같아요."

"만일 어머니가 노력하셨는데도 바라는 만큼 성적이 좋지 않으면 어떻게 하시겠어요?"

"그런 일이 생기지 않도록 열심히 해야죠. 물론 지금도 썩 잘 되고 있지는 않지만요."

마지막 말에 모두 '맞아, 맞아!' 하는 표정을 짓는다.

"그럼 한 가지만 더요. 만일 어머니들이 바라는 대로 좋은 학교에 좋은 직장 갖고 사회생활을 하지만, 아이가 행복해하지 않는다면 어쩌죠? 그때도 내가 아이를 잘 키웠구나 하는 생각이 드시겠어요?"

"부모로서 기본은 해준 거니까 그런 문제는 아이 스스로 해결해야죠."

"그럼 부모역할의 목표는 아이에게 사회적으로 어느 정도 성공할 수 있는 기반을 만들어주는 것이라고 생각하세요?"

"아무래도 그게 기본이 아닐까요? 그걸 해주면 그 다음에는 아이가 알아서 세상을 헤쳐 나가겠죠. 그 다음에 생기는 문제는 부모라 해도 어쩔 수 없을 것 같아요. 그리고 사회적으로 안정되고 무난하게 적응하면 어느 정도 행복하게 사는 거 아닌가요?"

"결국 사회적으로 인정받을 만한 기반을 갖지 못하면 아이도 행복하기 어렵고, 부모도 당당하지 못하다는 게 되네요."

인정하고 싶지 않지만 아무래도 부정하기 어려운 게 사실이다. 굳이 목표를 정하지 않고 아이를 키운다 해도 미래를 생각하면 이런 식으로 생각이 진행되고, 결국은 이 사회에서 어느 정도는 인정받는 위치를 가질 수 있게 뒷받침해주는 것이 부모로서 가장 중요한 역할이라는 결론에 이르게 된다. 그러다 보니 성적에 연연하게 되고, 학교생활을 잘 못하거나 성적이 떨어지면 아이의 인생이 실패로 끝날지 모른다는 고민에 시달리게 된다.

이쯤에서 우리는 어디로, 무엇을 향해 달려가는지 한번쯤 짚어볼 필요가 있다. 아이를 키운다는 것은 부모가 아이와 함께 먼 여행을 떠나는 것과 같다. 아이를 어떤 사람으로 키우겠다는 목표를 정한다는 것은 여행을 떠나면서 목적지가 어디인지를 정하는 것이다. 평생이 걸릴 수도 있는 먼 길을 가면서 목적지를 정하지 않은 채 무작정 가다보면 제대로 가고 있는 건지 알 수 없을뿐더러 길을 잃었을 때 어느 방향으로 가야 할지 난감해지는 경우도 생긴다. 심지어 돌이킬 수 없는 시점에 이르러 엉뚱한 곳에 오게 된 것을 알고 가슴을 치는 경우도 적지 않다.

| 아이를 어떻게 키우고 싶으세요?

10여 년 전 참석했던 한 교육 프로그램에서 나 역시도 아이를 어떻게 키우고 싶은지 질문을 받은 적이 있다. 나는 개인적으로 독립성과 책임감을 중시하는 편이다. 그래서 아이가 뱃속에 있을 때부터 똑 부러지게 할 말은 하고, 책임감이 강한 사람이 되었으면 하고 생각했던 터라 망설이지 않고 자녀교육의 목표를 말할 수 있었다. 그 대답을 듣자 당시 모임을 주도하던 분이 나에게 다시 질문을 던졌다.

"그게 아이를 위한 목표인가요? 엄마를 위한 목표 아닌가요?"

"아이를 위한 것이라고 생각하는데요."

"만일 아이가 엄마가 바라는 것과 다른 모습으로 자라면 어떻게 하시겠어요?"

"정 그렇다면 아이가 원하는 것을 존중해주려고 할 것 같아요."

"그러면 아이가 자기표현을 할 때까지는 엄마가 원하는 방식대로 키우시겠네요? 그게 아이에게 도움이 될까요?"

'그건 아닌데' 하는 생각이 들기는 했으나 뭐가 잘못되었다는 건지 알 수 없었다. 아이를 키우는 목표는 '자신감 있는 사람으로 키우는 것'이 되어야 한다는 답을 듣기는 했으나 그때는 나의 대답과 그 말이 어떻게 다른지 이해하지 못했다.

그 대답이 무슨 의미였는지 알게 된 것은 내가 직접 부모교육을 맡아 진행하면서부터였다. 아이를 어떤 사람으로 키울까에 대한 이야기를 나누다보니 이런 사람이 되었으면 좋겠다는 부모들의 바람 앞에는 항상 "내가 보기에⋯⋯" 혹은 "어디에 내놔도⋯⋯"라는 말이 생략되어 있음을 알게 되었다. 심지어 아이가 자신감 있고 당당하게 컸으면 하는 소망 속에도 이런 뉘앙스가 숨어 있었다. 아이가 할 말을 제대로 못하거나 여러 사람들 앞에 나서는 걸 싫어하는 것처럼 보이면 대부분의 부모는 아이가 자신감이 부족한 게 아닐까 걱정을 많이 한다. 그렇지만 아이가 정말 자신감이 없어서 그런지 아니면 기질이 유순해 남과 부딪히는 상황을 피하려고 하는 것인지 알아보려고 하지 않은 채 "소심하게 굴지 말고 눈 똑바로 보고 크게 얘기해. 왜 네 생각을 당당하게 말하지 못하니?"라고 말하는 경우가 많다. 이것은 부모가 자신감 있는 태도는 이런저런 것이라고 미리 정하고, 아이에게 그런 태도를 보이라고 강요하는 것이지 아이로 하여금 자신감을 갖도록 격려하는 태도는 아니다. 따라서 아이가 자신감이 있었으면 좋겠다는 바람은 정확하게 말하면 내가 보기에 자신감 있는 아이처럼 보였으면 좋겠다는 의미가 된다. 즉 아이의 마음을 들여다보는 게 소홀하다는 것이다.

자녀교육의 목표를 정하는 데 있어서 가장 중요한 점은 그 목표의 주체가 다른 사람이 아닌 아이가 되어야 한다는 것이다. 즉 아이가 스스로 자기 자신을 이런 사람이라고 생각했으면 하는 식으로 목표를 정해야 한다는 것이다. 여기에 대해 어떤 전문가는 아이가 스스로에 대해 '나는 참 괜찮은 사람이야!'와 '나는 유능한 사람이야!'라는 신념을 갖도록 하는 것이 부모로서 가장 중요한 역할이라고 말한다. 나는 괜찮은 사람이라는 생각은 스스로를 존중하고 다른 사람들 앞에서 자신감을 갖는 태도와 관련된 신념이다. 유능하다는 신념은 자신이 하고자 하는 일에 있어서 책임감을 갖고 능력을 확장시키고자 지속적으로 노력하게끔 만드는 중요한 믿음이다.

두 아이를 키우고 있는 엄마로, 수많은 부모와 자녀를 만나본 전문가로서 볼 때 자녀교육의 목표를 이보다 더 간결하고 핵심적으로 표현한 말은 없는 것 같다. 사회적으로 아무리 성공하고 높은 지위에 이르더라도 이런 신념이 제대로 형성되어 있지 않은 사람은 행복을 느끼기 어렵다. 또 이런 신념을 가진 사람은 실패에 부딪히거나 좌절상황에서 쉽게 포기하지 않기 때문에 사회적으로 성공할 가능성이 더욱 높아진다. 따라서 아이마음에 이런 신념이 굳건하게 자리잡기만 한다면 그 아이는 성공할 가능성이 높을 뿐 아니라 어려운 상황에 부딪혀도 좌절하지 않고 자신의 인생을 개척할 수 있는 힘을 갖는다. 결국 외적인 성공과 내적인 행복을 동시에 추구하는 데 있어서 가장 효과적인 방법이라고 할 수 있다.

| 학습장애아 정민이를 아세요?

정민이가 병원에 온 것은 초등학교 4학년인데도 아직 읽기·쓰기를 제대로 하지 못해서였다. 평가를 해보니 지능은 평균보다도 우수한 수준이라 지능의 문제는 아니었고, 전형적인 학습장애에 해당했다. 그 동안 정민이 엄마는 정민이에게 글을 가르치기 위해 온갖 방법을 시도했고, 여러 명의 과외선생님이 의욕적으로 아이를 가르쳐봤지만 결국은 모두 실패하였다. 학습장애에 대해 정확하게 알지 못하는 정민이 엄마는 좌절감에 빠져 아이에게 화를 내기에 이르렀고, 여러 사람 앞에서 '내가 바보를 낳았나봐요.' '저렇게 멀쩡한 게 왜 글을 못 읽어?'라며 무안을 주기도 하였다.

치료진은 한편으로는 정민이에게 읽기·쓰기를 가르치고, 또 다른 한편으로는 정민이 엄마가 이 상황을 받아들여 정민이를 잘 키울 수 있도록 도와주기 위해 애썼다.

"정민이가 참 예쁘고 똘똘해 보이는데 1학년 애들이 하는 것도 못하니 어머니가 많이 속상하시겠어요."

"아무리 생각해도 이해가 안 가요. 정말 지능이 정상인가요?"

"네, 평가해보니 그리기와 만들기에서는 다른 아이들보다 오히려 뛰어난 솜씨를 가진 것 같아요. 잘 키우시면 훌륭한 예술가가 될 것 같아요."

"아니, 글도 못 읽는 아이가 어떻게 예술가가 돼요? 저는 정말 포기하고 싶어요."

"정민이 어머니, 속상하신 것은 알지만 이런 점을 생각해보셨으면 해요. 정민이는 앞으로 읽기·쓰기를 잘 배울 수도 있지만 그렇지 못할 수도 있어요. 그러면 핸디캡을 갖고 이 세상을 살아가는 셈이 되죠. 그런데 어머니가 속상하다고 아이에게 심한 말씀을 자꾸 하면 아이는 자신감이 떨어지게 될 거예요. 그러면 정민이는 핸디캡이 하나가 아니라 두 개가 되지요. 사실 자신감은 읽기·쓰기에 비하면 세상을 살아가는 데 훨씬 더 중요한 것입니다. 자신감도 없고, 읽기·쓰기도 안 되면 정민이가 이 세상을 제대로 살아나갈 확률은 훨씬 줄어들어요. 그렇지만 어머니가 정민이를 이해하고 격려해서 자신감이 떨어지지 않게 해주시면 읽기·쓰기가 안 되는 문제를 스스로 극복하려고 노력하게 됩니다. 사실 영화배우 톰 크루즈나 루스벨트 대통령도 난독증이거든요. 저는 아이가 자신감을 갖고 커나가면 나중에라도 어른이 되어 자신의 핸디캡을 극복

할 수 있다고 믿어요. 그렇지만 자신감을 상실한 아이는 나중에 핸디캡이 없어진다 해도 이 세상을 살아가는 데 큰 어려움을 갖게 됩니다."

사실 정민이는 치료진의 노력에도 불구하고 읽기·쓰기에 만족할 만한 성과를 보이지 않았다. 그렇지만 내 말을 이해한 정민이 엄마는 읽기·쓰기를 못해도 자신감 있는 아이로 키워보겠다며 아빠와 의논해 특수교육이 발전한 외국에서 정민이를 교육시키기로 하였다. 마지막 치료 시간에 정민이는 종이찰흙으로 예쁜 인형을 만들어 나에게 선물로 주었고, 그 인형은 지금도 우리 집에 있다. 나는 그 인형을 볼 때마다 부모로서 용기를 보여준 정민이 엄마를 떠올리게 된다.

아이의 자신감이 왜 중요한지는 이런 문제상황에서 더 분명하게 드러난다. 만일 정민이 엄마가 읽기·쓰기에 계속 집착했다면 정민이의 자신감은 말할 수 없이 손상되어 스스로를 무능력하고 실패한 사람이라고 생각했을 것이다. 어머니 역시 스스로를 부족한 부모라고 생각하고, 아이를 제대로 키우지 못했다는 죄책감에 시달렸을 것이다. 그렇지만 아이의 자신감에 초점을 맞추고 나니 해결책이 생기고 희망을 가질 수 있게 된 것이다. 그 후 정민이가 어떻게 지내는지 소식을 듣지는 못했다. 하지만 적어도 '책도 못 읽는 바보'라는 말은 더 이상 듣지 않고 지내리라 생각한다.

| 배려를 가르치려다 오히려 아이를 위축시키다?

성민이 엄마는 성민이가 남을 잘 배려하고 사회성이 좋은 사람이 되기를 바란다. 엄마 자신이 상당히 사교적이고 친절한 편이라 어디서나 환영받는 사람이다. 성민이 엄마는 누구든지 사회성이 좋고 다른 사람과 잘 어울리면 어디 가서도 잘 살 거라는 생각을 갖고 있다. 그래서 틈만 나면 아이에게 남을 배려하고 친구와 사이좋게 지내라고 이야기한다.

하지만 성민이는 엄마와는 달리 말수가 적고 수줍음이 많다. 그렇지만 친구들과는 사이좋게 지내는 편이며, 어디를 가든 얌전하고 자기 일을 알아서 잘하는 아이로 칭찬을 받는다. 그러던 성민이가 2학년이 되면서 학교에 가기 싫다는 말을 하기 시작했고, 어느 날 성민이 엄마는 담임선생님으로부터 전화를 받게 되었다. 담임선생님은 성민이가 친구들과 다툼이 생기면 대응을 못하고 울어버리거나 교실을 나가는 경우가 여러 번 있었다고 하였다. 몇 번 지적하고 타이르기도 했지만 여전히 힘들어하는 것 같아 전화를 했다는 것이다. 담임선생님과 통화 후 성민이 엄마는 나에게 의논하러 왔고, 나는 성민이를 어떻게 키워왔는지에 대해 자세히 물어보았다.

"저는 남을 배려할 줄 모르는 사람이 참 싫어요. 저런 사람이 어떻게 사회생활을 할까 싶고, 그래서 내 아이들은 무엇보다도 남을 잘 이해하고 배려할 줄 아는 사람으로 키우고 싶었어요. 그래서 아이들에게는 친구들과 사이좋게 지내고 조금 손해를 본다 싶어도 참는 게 좋다고 했어요. 살아보니까 정말 그렇기도 하고요. 그런데 제가 이렇게 한 것이 잘못된 걸까요?"

여러 사람이 모여 사는 사회에 적응하는 데 다른 사람을 잘 배려한다는 것은 큰 장점이 될 수 있다. 그렇지만 그런 사람으로 키우기 위한 방법으로 다른 사람과의 관계에서 무조건 참고 희생할 것을 강조한 것은 결과적으로 성민이를 위축시켰다. 왜 이런 일이 생겼을까?

자녀교육의 목표를 정할 때 주체는 아이가 되어야 하는 또 한 가지 이유가 여기에 있다. 어떤 목표를 이루기 위해서는 적합한 방법을 사용해야 한다. 사회성을 잘 개발시키기 위해서는 어떤 방법이 좋을까? 반듯하고 예의바른 아이로 키우려면? 또 아이에게 책임감을 키워주려면 어떻게 해야 효과적일까? 부모가 기회가 될 때마다 이런 태도를 갖도록 가르쳐줄 수 있다. 좋지 않은 행동이 나올 때마다 강하게 제재해서 좋은 방향으로 유도할 수도 있다. 또 시중에 많이 나와 있는 자녀교육 관련서나 전문가의 조언에 귀 기울이면 좀 더 효과적인 방법을 찾아볼 수도 있다. 이런 식으로 하다 보면 어느 정도 부모가 원하는 모습을 갖추기도 한다.

그렇지만 이런 과정 속에서 아이가 자신은 하찮은 사람이기 때문에 다른 사람의 기분을 상하지 않도록 하는 게 중요하다고 받아들일 수도 있다. 이럴 경우 아이는 남을 배려하는 태도를 통해 자신이 사회적으로 좀 더 잘 살아나갈 수 있는 경쟁력을 갖추는 게 아니라, 자신감을 상실하는 부작용이 생길 수 있다. 아이가 자기 자신을 어떻게 생각하는지 간과한 결과이다.

어떻게 해야 아이마음이 다치지 않을까요?

아이가 스스로를 괜찮은 사람이라고 느끼도록 하는 데 가장 큰 영향을 미치는 것은 부모가 진심으로 아이를 괜찮은 아이라고 보는가이다. 부모가 '너는 참 괜찮은 아이구나. 네가 자랑스럽다'라는 식으로 대하면 아이는 '나는 참 괜찮은 사람이야!'라고 느끼게 되고, 반대로 '어쩌다 너 같은 골칫거리를 낳았는지 모르겠다. 어쩌면 그렇게 말을 안 듣니?'라는 식으로 대하면 아이는 스스로를 쓸모없는 사람, 사랑받지 못할 존재로 생각한다. 거울을 보는 것처럼 부모가 비춰주는 대로 아이는 자아상을 만들기 때문이다.

어떤 심리학 이론에서는 사람들이 마음의 병을 앓는 이유를 조건적인 사랑 때문이라고 본다. 조건적인 사랑이란 '나는 네가 이러저러하기 때문에 사랑해'라고 단서를 달아 사랑을 주는 것을 의미한다. 이렇게 주변에서 비춰준 모습으로 자아상을 만들다보니 그 조건을 충족시키면 스스로 가치 있다고 생각하지만, 그렇지 못할 경우 심한 좌절감을 느끼게 되고 더 심할 경우 마음의 병까지 앓게 된다는 것이다.

부모가 주는 사랑은 사실 무조건적 사랑이다. 그렇지만 그 사랑이 무조건적인 사랑의 형태로 표현되는 것은 유아기 정도에나 가능한 것 같다. 아이가 조금만 크면 동생에게 양보를 잘하거나 숙제를 스스로 잘해서 혹은 엄마가 하지 말라는 것은 하지 않아서 칭찬을 받는다. 아이 존재 자체만으로 사랑스럽다는 표현을 하는 경우는 드물다. 하지만 자신감을 키워준다고 모든 행동에 대해 무조건 칭찬을 하거나 격려하는 것 또한 바람직하지 않다. 훈육을 위해서는 어떤 행동은 잘한 것이고, 어떤 행동은 잘못된 것이라는 점을 알려주고 통제해야 한다.

그렇다면 아이로 하여금 부모가 자신을 무조건적으로 사랑하는 것을 알게 하기 위해서는 어떻게 해야 할까? 가장 중요한 것은 아이의 생각과 감정에 귀를 기울여주는 것이다. 아이가 무엇을 원하는지, 무엇을 힘들어하는지, 자기 자신과 주변세상에 대해 어떻게 생각하는지에 대해 관심을 갖고 있는 그대로 수용해주면 아이는 사랑받고 존중받는다는 느낌과 함께 스스로를 소중한 존재로 받아들이게 된다.

| 어떻게 해야 아이 스스로 능력이 있다고 느끼게 될까요?

사랑받을 만한 괜찮은 사람이라는 신념은 부모가 사랑을 보여주는 것만으로 충분하지만, 유능함에 대한 신념은 격려와 칭찬만으로는 생기지 않는다. 많은 부모들이 아이가 유능하다는 느낌을 갖도록 키우는 데 실패하는 이유가 여기에 있다.

딸아이가 초등학교 저학년 때 나는 여러 가지 일로 바빠서 아이의 학교숙제나 공부를 도와주기가 어려웠다. 기껏해야 밀린 내 일을 하면서 아이를 옆에 앉혀놓고 스스로 하게끔 하면서 무조건 잘했다고 하는 게 전부였다. 간혹 엄마가 도와줘서 숙제를 잘해오는 아이들에게 기가 죽으면 어떡하나 하는 걱정이 들기도 했지만 다른 방법이 없었다.

딸아이가 5학년이었을 때 일이다. 늘 일정한 시간에 오던 아이가 귀가 시간을 세 시간이나 넘기고 늦게 온 일이 있다. 표정을 보니 매우 피곤하고 지쳐보였다. 늦은 이유를 묻자 선생님이 친구와 자기에게 환경미화를 하라고 해서 남았는데 친구가 힘들다고 울면서 집에 가버려 그 친구 몫까지 하느라고 늦었다는 것이다. 나중에 친구와 통화하는 내용을 들어보니 친구는 도중에 엄마에게 전화를 했고 전화를 받은 그 친구의 엄마는 정 힘들면 엄마가 도와줄 테니 일단 집에 오라고 했던 모양이다. 전화를 끊고 난 딸아이는 몹시 화를 냈다.

"엄마, 이게 말이 돼? 나는 힘들지 않아서 자기 몫까지 했나? 힘들어도 내가 해야 되는 거니까 참고 끝까지 한 건데……. 어떻게 5학년이나 됐으면서 그런 일 갖고 울면서 엄마한테 도와 달라고 그래. 정말 그 친구한테 실망했어. 괜찮은 아이라고 생각했는데, 오늘 보니까 아기 같아! 난 그런 애랑 친구하기 싫어."

흥분해서 소리치는 딸을 보니 해준 게 없어 미안했던 마음이 조금은 가신다. 힘들고 어려워도 참고 이겨낼 줄 아는 아이로 자란 게 대견했다.

'나는 유능한 사람이야!'라는 신념은 이런 과정을 통해 만들어진다. 스스로 할 수 있는 것을 직접 해보는 것만큼 아이들에게 자신감을 주는 것은 없다. 어려운 일을 해낼수록 자신감과 자부심은 더욱 커진다. 아이가 할 수 있는 일을 부모가 대신해주는 것은 아이를 도와주는 것이 아니라, 성숙할 기회를 빼앗는 것이다. 스스로 해냈다는 성취경험이 많아질

수록 아이는 자기 자신을 믿게 되고, 때로 실패하더라도 그게 끝이 아니라는 귀중한 경험을 얻게 되기 때문이다.

> **» 자녀교육 목표 점검하기**
>
> **1. 아이가 어떤 사람이 되기를 원합니까?**
>   성격, 직업, 대인관계 등을 가급적 구체적으로 생각해본다.
>
> **2. 나는 어떤 부모가 되고 싶습니까?**
>   그런 부모가 되고 싶은 이유가 무엇인지 생각해본다.
>
> **3. 자녀교육의 목표를 점검해봅시다.**
>   "미래의 목표가 아이를 위한 것입니까, 부모를 위한 것입니까?"
>   "미래의 목표가 아이의 사회적 성취에 있습니까, 아이 내면의 자신감에 두고 있습니까?"
>
> **4. 좋은 자녀교육의 목표는 무엇일까요?**
>   아이로 하여금 '나는 괜찮은 사람이야!' '나는 유능한 사람이야!'라는 신념을 갖도록 하는 것!
>
> **5. 이런 신념을 갖도록 하기 위해서는 어떤 방법이 필요한가요?**
>   '너는 참 괜찮은 아이야!' '엄마는 무조건 너를 사랑해'라는 표현을 통해 아이가 스스로를 괜찮은 사람으로 느낄 수 있게 한다.
>   아이가 할 수 있는 일을 스스로 하도록 격려하고, 결과에 대해 자부심을 느낄 수 있도록 기회를 준다.

| 부모마음 |

1장 아이 때문에 너무 속상해요!

우리 아이에게 문제가 있는 걸까요?

"담임선생님 말씀으로는 아이가 학교생활을 잘 못한대요. 모둠활동을 할 때 우리 애 때문에 자꾸 피해가 가니까 친구들이 좋아하지 않는 모양이에요. 게다가 우리 애가 친구들을 툭툭 건드린대요. 집에서는 별 문제가 없거든요. 이런 말을 들으면 정말 화나고 속상해요."

"우리 애는 뭘 하나 해도 제 손을 거치지 않는 것이 없어요. 아침에 일어나는 것부터 시작해서 씻는 것, 밥 먹는 것 등 모두 말을 해야 움직여요. 학교 갔다 오면 숙제나 학습지는 할 생각도 안 하고 게임부터 하려고 하고, 또 컴퓨터 갖고는 동생하고 얼마나 싸우는지 어떤 때는 동생만도 못하다 싶어요. 주변에서는 왜 멀쩡한 애 갖고 엄마가 난리냐고 하지만 제가 보기에는 아무래도 문제가 있는 것 같아요."

부모가 보기에는 괜찮아 보이는데 남들이 자꾸 뭐라 그래서 혼란스럽다고 하는 경우도 있고, 아무리 봐도 문제가 있는 것 같은데 다른 사람들은 그런 엄마가 이상하다고 한다며 아이를 데려오는 부모도 있다. 이런 경우는 아이가 무슨 문제를 갖고 있는지는 둘째 치고 정말로 문제가 있는지부터 확인해야 한다.

아이는 어른과 달리 계속해서 성장하고 성숙하는 과정에 있기 때문에 같은 행동이라도 나이에 따라 문제가 되기도 하고 되지 않기도 한다. 네다섯 살짜리 아이가 밤에 소변을 가리지 못하면 정상으로 보지만, 여섯 살이 지나면 이때부터는 치료가 필요한 야뇨증으로 본다. 유치원에 다니는 아이가 수업시간에 돌아다니면 그럴 수 있다고 봐주지만, 학교에 입학하고도 이런 모습을 보이면 산만한 정도가 지나치다고 본다.

또 같은 행동이 얼마나 자주 나타나는지, 실제로 그 행동이 생활에 어느 정도 지장을 초래하는지도 감안해야 한다. 야뇨증 증세를 보이지만 이 때문에 아이가 심한 스트레스를 받지 않고, 생활에 큰 영향을 받지도 않는다면 이때는 치료를 보류하고 좀 더 지켜볼 수도 있다.

부모가 아이의 문제를 객관적으로 보는 것이 사실 쉽지 않다. 그래서 내가 추천하는 방법은 많은 아이들을 접해본 교사의 의견을 들어보라는 것이다. 집에서 보이는 행동만으로는 아이를 정확하게 알기 어렵다.

"좀 산만하다는 이야기는 들었어요. 하지만 병원에 가보라는 얘기는 못 들었는데요."

"사회성이 부족해서 아기 같다고 하셨어요. 그렇지만 그런 모습이 귀엽다고 예뻐해주셔서 큰 어려움은 없었던 것 같은데……."

"1학기 때는 힘들게 했는데, 지금은 많이 좋아졌다고 하세요. 그럼 괜찮은 것 아닌가요?"

문제가 있다 싶은 아이들의 부모에게 담임교사의 의견을 들어보았는지 물어보면, 이런 식으로 모호하게 답하는 경우가 많다. 교사 입장에서는 학부모에게 상처를 주지 않게 조심해야 하고 전문적인 판단을 내리기에는 아무래도 자신이 없기 때문에 의견을 구해올 때 애매한 말로 돌려서 하는 경우가 많다. 같은 말을 듣고 심각하다는 뜻으로 해석한 엄마는 아이와 전문기관을 찾고, 같은 말을 괜찮다는 의미로 받아들인 엄마는 안심하고 관심을 거둔다. 따라서 교사에게 아이에 대해 물어볼 때는 어떤 말이라도 좋으니 솔직하게 알려달라고 부탁하는 것이 좋다.

아이에게 정말 문제가 있는가를 알아보고자 할 때 내가 제시해주는 기준은 아이의 문제행동이 또래집단에서 10% 이내에 드는가 하는 것이다. 즉 문제행동의 수준이 또래집단 아이들 중에서 10% 이내에 들면 위험성이 큰 것으로 본다. 이런 경우 지금 당장은 병적인 수준이 아니라 해도 앞으로 병적인 수준이 될 가능성이 있기 때문에 가능하면 예방차원에서 조치를 취하거나 전문가를 찾아가 정확한 평가를 받아보는 것이 필요하다. 이런 기준은 교사의 의견을 물을 때도 도움이 된다. 우리 아이가 문제가 있다고 보는지 직접 질문하는 것은 교사에게 의사결정을 해달라는 것이기 때문에 부담을 줄 수 있다. 그렇지만 '우리 아이 정도 되는 아이가 반에 몇 명 정도 있나요?'라고 묻게 되면 교사는 판단의 부담 없이 객관적으로 자신의 의견을 말할 수 있다. 3, 40명이 함께 공부하는 교실에서 서너 명 중에 하나라고 하면 그때는 전문기관을 찾는 것이 필요하다.

| 부모들이 말하는 문제행동의 세 가지 유형

부모들이 소위 문제라고 말하는 행동들을 오랫동안 접하다보니 나름대로 문제행동의 분류가 가능해졌다. 아이를 키우면서 부딪히는 문제들은 크게 세 가지 정도의 원인에서 비롯된다.

"학교에 입학하면서 친구들하고 잘 어울려서 다행이구나 했는데 방학이 되니까, 전화도 일체 없고 친구 생각도 하지 않는 것 같아요. 단짝 친구가 없어서 걱정이에요."

"동생이 실수로 건드렸는데 소리소리 지르면서 난리가 나요. 일부러 그런 것도 아닌데 왜 그걸 모르죠?"

이런 유형의 문제들은 문제로 볼 수 없으며 엄마가 아이의 발달수준을 잘 몰라서 하는 이야기다. 아이는 성인이 되기 전까지는 어른과 다른 행동을 보인다. 아이행동의 대표적인 특징은 '미숙함'이다.

아이가 보이는 문제행동들을 곰곰이 생각해보자. 그리고 그 나이 때 부모 자신은 이런 것을 스스로 했는지 떠올려보자. 아이를 혼낼 때 보면 부모들은 태어나면서부터 기저귀도 차지 않고, 엄마 젖 같은 것은 조금 맛만 보다가 동생이 태어나면 얼른 양보하고, 학교에 갔다 오면 누가 말하지 않아도 숙제부터 하고, 엄마가 하듯이 동생을 돌보며, 어떤 상황에서든 자기보다는 부모를 먼저 생각하며 자라온 것 같은 착각을 하는 것 같다. 이런 착각 때문에 아이가 어떤 행동을 하면 왜 저렇게 어린애같이 구는 걸까 하는 마음이 드는 것이다.

"참관수업에 가보니 다른 애들은 얌전히 앉아 있는데, 우리 아이만 혼자 뒤에서 다른 걸 하고 있는 거예요. 선생님이 몇 번 이름을 부르는데도 듣지를 못하는 것 같았어요. 집에서도 서너 번 불러야 그제야 대답을 하거든요. 꼭 자기만의 세계에 빠져서 지내는 아이 같아요."

"초등학생인데 아직도 엄마하고 떨어지는 걸 힘들어해요. 학교에 가서도 몇 번이나 전화를 하고 엄마가 집에 있는 걸 확인해야 해요. 한 번은 전화를 안 받으니까 아프다고 하고 조퇴한 적도 있어요. 다른 건 다 잘하는데 이것 때문에 문제예요."

두 번째 경우는 단순하게 아이가 어려서 보이는 행동이라고 볼 수는 없다. 그 나이 때 아이들이 대부분 하는 행동을 제대로 못하면 어떤 문제가 생겼을 가능성에 대해 생각해보아야 한다. 실제로 병원이나 상담소를 찾아야 하는 경우는 바로 이런 경우들이다. 보통의 부모들이 첫 번째 경우와 두 번째 경우를 구별하는 것은 쉽지 않다. 그러나 다른 아이들은 대부분 하는 것을 못하거나, 대부분 하지 않는 행동을 한다면 이때는 긴장하고 살펴보아야 한다. 이때 부모가 주관적인 잣대로 아이를 평가하면 문제를 파악하는 게 더 힘들어진다.

"다른 애들은 다 그 정도 거리는 혼자 갔다 오는데, 우리 아이는 너무 겁을 내고 아예 시작도 하지 않으려고 해요."

"일주일 용돈을 주면 주는 대로 다 쓰고, 금방 또 달라고 해요. 나누어서 쓰라고 준 건데 잘 모르는 것 같아요."

"엄마가 해주지 않으면 방 정리를 절대로 하지 않아요. 책상이고 침대고 어질러져서 발 디딜 틈이 없는데도 아무렇지도 않은가봐요."

이런 종류의 행동은 첫 번째나 두 번째 경우에도 해당할 수 있지만, 아이가 문제행동을 보이는 또 다른 이유는 기회와 훈련의 부족 때문이다. 훈련의 부족 때문인지 확인하려면 부모나 주변사람들이 아이가 이런 행동을 스스로 하도록 기회를 주고 반복적으로 훈련시켰는지 생각해보아야 한다.

혼자 하도록 시키면 제대로 못하니까, 위험할 것 같아서, 아직 때가 아닌 것 같아서 적극적으로 가르치지 않았다면 배우기 어려운 것들이 많이 있다. 특히 관리능력과 자기 통제력의 개발은 주변사람들의 관심과 상호작용, 훈련과 밀접한 관계가 있다. 기본적인 것은 하는데 그 이상은 하지도 않고, 하려는 생각도 없는 아이라면 가정에서 제대로 가르치지 않아서일 수 있다.

우리 애가 아직 어려서……. 사실 뉴스에서 요즘 일어나는 사건 사고들만 보고 있으면, 아이 혼자 밖에 나가는 건 불안해서 못 보겠어요. 세상이 워낙 험하잖아요!

아이들은 나보고 겁쟁이래요. 엄마가 하지 말라고 해서 안 하는 건데, 선생님과 아이들은 왜 나보고 아기같이 굴지 말라고 하는 건가요? 나도 다른 애들처럼 혼자서 버스도 타고 싶고, 학교 끝나면 친구하고 축구게임도 하고 싶단 말이에요.

01 세상이 얼마나 험한데……

수영이 엄마에게 수영이는 힘들게 얻은 귀한 아이다. 결혼하고 금방 아이가 생기지 않아 애를 많이 태웠고, 유난히 아이를 좋아하는 남편과 손자를 기다리는 시부모 때문에 스트레스를 받던 끝에 수영이를 낳았다. 그러다 보니 수영이는 어려서부터 엄마 손에서 놓지 않고 키웠다고 할 정도로 사랑을 많이 받았다. 엄마의 정성 탓인지 수영이는 잔병치레 없이 건강하게 자랐고, 지금은 벌써 4학년이나 되었다. 그렇지만 수영이가 크는 걸 낙으로 삼고 살던 엄마는 요즘 잠도 잘 오지 않을 정도로 심각한 고민이 생겼다. 학년이 바뀌고 모처럼 학교에 갔다가 담임선생님으로부터 뜻밖의 말을 들었기 때문이다.

수영이가 수업시간에 자발적으로 발표하는 경우가 거의 없고, 시켜도 대답을 하지 않는다는 것이다. 게다가 친구와 사소한 말다툼만 해도 울어버리고, 청소당번인데 먼저 가버리거나 맡은 구역을 청소하지 않아서 친구들에게 무시를 당하는 경우도 많다고 했다. 수업시간에 내준 과제를 대부분 끝까지 하지 못하고, 해보려는 노력도 부족해 조금만 힘들면 금방 포기해 버린다는 것이다. 담임선생님은 부모님이 수영이에게 좀 더 관심을 가져주셔야 할 것 같다는 말로 면담을 마쳤다. 선생님의 말을 정리해보면 수영이는 지금 나이에 비해 어린아이같이 행동하고 있는 것 같았다. 엄마는 수영이가 늦된 아이라고는 한 번도 생각해본 적 없기 때문에 도대체 수영이의 어떤 점이 4학년으로 맞지 않다는 것인지 알 수가 없었다. 엄마가 보기에는 크게 문제가 아닌 것 같은데 선생님은 제 나이보다 훨씬 어린애 같다는 말을 몇 번이나 하였다.

수영이는 체격도 큰 편이고 의젓하게 생겨 얼핏 보기에 어린아이처럼 군다는 선생님 말이 믿어지지 않았다. 학교에서 과제를 해내지 못한다고 해서 집에서는 숙제나 준비물을 아이가 스스로 잘 챙기는지 물어보았다.

"주간 학습계획표를 갖고 오면 그걸 보고 제가 일주일 치 준비물을 미리 사놓거나 아기가 필요하다고 하는 걸 전날 문방구에서 사다 놔요. 사오라고 할 수도 있지만 우리 아기가 돈을 갖고 다니면 위험하니까 돈은 주지 않아요."

"이제 4학년이면 그 정도는 아이 스스로 할 수 있다고 생각해보지 않으셨나요?"

"그렇기는 한데 요즘 세상이 워낙 험하잖아요. 제가 옆에 있으면 모르는데 혼자 다니면 안심이 안 되니까 자꾸 혼자 뭐 하지 마라, 혼자 어디 가지 마라 그랬던 것 같아요. 할머니, 할아버지도 아기 걱정을 많이 해서 웬만하면 혼자 내보내지 말라는 말을 많이 하세요."

수영이 엄마와 이야기를 나누다보니 말끝마다 '아기'라고 부르는 게 거슬렸다. 4학년이나 된 아이를 왜 아기라고 부르는지 물으니 특별한 이유가 있는 것은 아니고 그냥 습관이라고 하였다. 그렇지만 수영이 엄마는 말로만 아기라고 부르는 게 아니라, 수영이를 정말 아기라고 생각하면서 돌보는 것 같았다. 수영이는 혼자서 물건을 사본 적이 없고, 자기 손으로 생선뼈를 발라먹어본 적이 없으며, 심지어 혼자서는 깔끔하게 못한다며 샤워와 머리감기까지 엄마가 모두 해주고 있었다. 가까이 사시는 할머니가 집에 오신 날은 그 정도가 더 심해져 아이가 밥을 먹을 때 일일이 반찬을 숟가락에 올려주고 과일도 깎아서 입에 넣어줄 정도였다.

그렇다면 수영이 엄마가 수영이를 대하는 태도가 아이의 학교생활이나 또래관계에도 영향을 미친 것일까? 부모의 태도가 아이의 집 밖에서의 생활에 어떤 영향을 미치는지 짐작해볼 수 있게 하는 연구결과가 있다. 여러 연령대의 아이들을 모아서 부모와 함께 있을 때와 친구와 있을 때, 선생님과 있을 때 각각 자신의 모습이 어떻게 다른지 이야기해보게 하였다. 13세 이하의 아이들은 상황이나 함께 있는 사람이 달라진다고 해서 행동이나 태도가 달라지지 않았다. 즉 상황에 따라 다양한 역할을 유연성 있게 해내지 못하고 어디서나 비슷한 태도를 보였다. 15세가 넘어서야 상황이나 함께 있는 사람에 따라 다른 행동을 보였다. 이런 결과는 집에서 부모나 다른 가족이 아이를 제 나이보다 훨씬 어린애처럼 취급하게 되면 아이들은 스스로도 자신을 어린애라고 생각하고 가족이 아닌 다른 사람들 앞에서도 어린애 같은 행동을 하게 된다는 사실을 보여주는 것이다.

나와 마주 앉은 수영이는 선생님 앞에 처음 선 1학년생처럼 잔뜩 긴장한 채 두 손을 모으고 있었다. 이름과 학교, 몇 학년인지를 묻자 들릴 듯 말 듯한 작은 소리로 대답하였고, 땀이 나는지 손바닥을 자꾸 바지에 문지르기도 했다. 상황에 대한 이해력과 문제에 대한 대처능력을 알아보기 위해 몇 가지 질문을 해보았다.

"수영아, 만약에 손가락을 베이면 어떻게 해야 할까?"

"엄마한테 약 발라 달라고 그래요."

"너보다 훨씬 어린애가 싸움을 걸어오면 어떻게 해야 할까?"

"때려요."

"때리면 어떻게 될까?"

"그 꼬마가 엄마한테 이르면 걔가 먼저 그랬다고 하죠!"

4학년이 아니라 마치 유치원생이 대답하는 것 같았다. 알고 보니 수영이가 학교에서 보이는 문제는 단순히 준비물을 챙기지 못하는 정도에 그치는 게 아니었다. 친구들과 쉽게 사귀지 못했고, 같은 반 남자아이들이 즐겨하는 축구나 농구에도 끼지 못했다. 다툼이 생기면 일방적으로 밀렸고 누가 시비를 걸거나 원하는 것을 들어주지 않으면 큰소리로 울어버리곤 했다. 무엇을 해도 느리고 서툴러 아이들은 수영이와 한 모둠이 되는 것을 노골적으로 싫어하였다. 이런 문제들 때문에 학교생활이 힘든 상태였고 친구들에게 화가 나면서도 스스로는 자신감이 많이 떨어져 있었다.

수영이처럼 특별한 문제가 없는 보통 아이가 나이보다 어린 행동을 보일 경우 다음과 같은 가능성을 생각해볼 수 있다. 첫 번째는 사회적 판단력이 부족해 또래아이들에 비해 자기입장만 생각하고, 다른 사람의 입장까지 생각하는 능력이 부족한 경우이다. 이런 아이는 이기적이거나 나쁜 의도가 있어서가 아니라 자신의 행동을 남들이 어떻게 바라보는지, 왜 싫어하는지를 잘 알지 못하기 때문에 자기가 편한 대로만 행동하는 것이다.

두 번째는 문제해결 능력이 발달되지 않아 상황에 민첩하게 대응하지 못하는 경우에도 이런 행동을 보일 수 있다. 판단은 가능하지만 그 상황을 헤쳐 나갈 만한 전략이 부족하기 때문에 마음대로 되지 않으면 울어버린다거나 떼를 쓰는 모습을 보이는 것이다.

세 번째는 아이가 유약해서 힘든 일이나 스트레스를 견디지 못하고 작은 일에도 크게 마음이 상하는 경우이다. 사소한 일도 힘들어하기 때문에 다른 아이들은 모두 혼자서 해내는 일을 유독 힘들어하고 끝까지 해내지 못하는 경우가 잦다. 어떤 과제를 잘해낼 수 있다는 자신감이 부족한 경우에도 어린애같이 남에게 의지하는 모습을 보일 수 있다.

　마지막으로 충동성이 강한 경우에도 매사 즉흥적이고 감정적으로 반응하며 자기행동을 되돌아보지 못하는 행동 때문에 미숙한 인상을 줄 수 있다. 아이들이 이런 모습을 보이는 이유는 타고난 능력이 부족한 경우와 후천적으로 학습과 훈련이 제대로 이루어지지 못한 경우로 나누어 생각해볼 수 있다. 갓 태어난 아기는 모든 것을 돌봐주어야만 살아갈 수 있다. 그렇지만 아이가 커가는데도 불구하고 모든 것을 돌봐준다면 아이는 스스로를 보호하고 돌보는 기술을 발전시키기 어렵다.

　수영이 부모님은 사랑을 많이 주며 아이를 키웠지만 수영이가 장차 커서 어른으로 이 세상을 살아가야 한다는 점을 잊고 있었다. 그 결과 다른 아이들이 모두 아이에서 청소년으로 성장해나가는 동안 수영이는 혼자서 어린애 같은 상태에 머물러 있었던 것이다. 다른 아이들보다 미숙한 수영이가 이 세상을 살아가려면 능력을 갖춘 아이들에 비해 힘든 일을 훨씬 더 많이 겪을 수밖에 없다. 험한 세상을 잘 살아나가도록 보호한 것이 결국은 험한 세상에서 살아나갈 힘을 뺏은 셈이 된다.

　수영이가 좀 더 자신감 있게 생활하기 위해서는 결국은 이 세상에 수영이를 내보냄으로써, 스스로 극복해나가는 방법을 터득하도록 할 수밖에 없다. 그런 방법만이 수영이를 세상과 더불어 살 수 있게 해줄 것이고, 엄마가 원하는 대로 안전하고 행복하게 살 수 있도록 해줄 것이다.

　수영이는 건강하게 태어나 정상적으로 커왔고 다른 아이들처럼 충분히 자기 일을 혼자서 해낼 수 있는 잠재력을 가진 아이다. 그런 수영이가 다른 아이와 다르게 행동하는 것은 제 나이에 맞게 자신의 일을 독립적으로 해낼 수 있는 기회를 갖지 못했고 훈련이 부족했기 때문이다.

어른들이 보기에 아이들은 저절로 크는 것처럼 보이기도 한다. 때가 되면 기어 다니던 아이가 걸음마를 하고, 우유를 먹다가 밥을 받아먹으며, 말로 자신의 의사를 전달하고 일일이 엄마 손을 빌리던 것들을 어느새 혼자 하게 된다. 이런 과정들의 이면에는 성장할 수 있도록 기회를 제공하고 격려해준 부모의 노력이 있다.

아이를 키워본 엄마라면 누구나 아이가 옷을 다 적시는 것을 참아주면서 스스로 씻게끔 하는 것보다 얼른 목욕탕에 데려가 손과 얼굴을 닦아주는 게 더 편하다는 것을 경험했을 것이다. 내일까지 해가야 하는 숙제를 밤늦게까지 하지 않고 있으면 아이가 책임감을 느낄 수 있도록 그냥 내버려두기보다는 엄마가 거들어서 얼른 숙제를 마치고 학교에서 혼나지 않도록 해주는 게 훨씬 마음이 편하다는 것도 알고 있다.

그렇지만 이런 식으로 아이를 키우면 아이는 힘들고 싫은 일은 내 일이 아니고 누군가가 대신 해줘야 하는 것으로 받아들이게 된다. 또 세상은 너무나 위험하고 예상하지 못한 일로 가득 차 있기 때문에 자기 혼자만의 힘으로는 이겨나갈 수 없다는 생각을 갖게 된다. 결국 스스로의 힘으로는 아무것도 이루지 못하는 무기력하고 유약한 성인이 되기 쉽고, 아이를 위해 모든 걸 해주던 부모는 끝까지 아이를 돌보고 책임져야 하는 예상치 못한 문제에 맞닥뜨릴 수 있다. 새로운 일에 대한 도전은 아이를 강하고 자율적으로 키우는 데 필수적이다. 부모는 아이에게 적합한 도전의 기회를 제공하고, 아이가 도전할 수 있게끔 격려하며 좌절했을 때 용기를 주어야 한다.

> **》 이 나이면 이정도는 스스로 할 수 있어요!**
>
> - 만 4~5세 : 소액의 돈을 가지고 사오라는 물건을 사온다.
> - 만 5~6세 : 자기 차례나 규칙, 목표를 알 수 있어야 가능한 윷놀이나 다이아몬드 게임 등을 한다.
> - 만 6~7세 : 시계를 대충 보고, 학교 갈 시간을 안다.
> - 만 7세 : 동네에서는 혼자서나 친구와 함께 어디든지 돌아다닌다.
> - 만 7~8세 : 물건을 사고 정확하게 거스름돈을 받아온다. 자기 방과 책상을 정리할 수 있고, 이부자리를 정돈한다.
> - 만 10세 : 도움 없이 혼자서 머리를 감고, 손톱을 깎을 수 있다. 계절에 맞는 옷을 스스로 골라 입을 수 있다.
> - 만 11~12세 : 조금 먼 이웃동네도 혼자서 차를 타고 다녀올 수 있다.
> - 만 12~13세 : 머리띠나 핀 등 액세서리를 스스로 선택해 살 수 있다.
> - 만 13세 : 용돈을 규모 있게 쓸 줄 알고, 저축도 한다.

조선미의 열린부모교실

1. 아이의 일상생활을 살펴보고 스스로 할 수 있는데도 하지 않는 행동이 있는지 찾아보고 이유를 생각해본다.

2. 어떤 이유로든 엄마가 대신해주면서 훈련의 기회를 주지 않았다면 혼자 할 수 있도록 계획을 세워 단계별로 해나갈 수 있도록 격려한다.

3. 예를 들어 밥 먹기와 씻기, 옷 입기의 경우 다음과 같은 순서대로 해보고 아이가 잘했을 경우 칭찬하면서 다음 단계로 넘어간다.

- 밥 먹기 끼니 때 먹을 만큼 밥 푸기, 물컵에 물 떠다놓기, 다 먹은 그릇은 설거지통에 넣기
- 씻기 아침 저녁으로 세수하고 이 닦기, 일주일에 두 번 스스로 샤워하고 제대로 헹궜는지 검사받기, 이틀에 한 번 혼자서 머리감고 검사받기
- 옷 입기 잠자기 전에 다음날 입을 옷 스스로 골라놓기, 옷 스스로 입기, 벗은 옷과 양말을 빨래통에 넣기

4. 이 단계가 어느 정도 끝나면 다음에는 가방 싸기, 준비물 챙기기, 숙제하기 등 학교생활에 필요한 것들을 가르치도록 한다. 나아가서 자기 일뿐 아니라 가족과 다른 사람을 돕고 협동심을 발휘할 수 있는 행동도 추가하면 아이가 훨씬 자신감이 높아지며 또래관계가 좋아진다.

유치원에서도 차분하지 못하다는 말을 자주 들었어요. 하지만 그맘때 남자애들은 다 산만한 거 아닌가 싶었죠. 크면 나아질 줄 알았는데……

무슨 말을 들은 것 같은데 금방 잊어버리고, 뭘 해야지 하고 생각했던 것도 어느 순간 잊어버려요. 매일 엄마한테 야단맞고, 선생님한테 산만하다고 지적받으니 정말 속상해요. 일부러 그러는 게 아닌데…… 나도 바보 같은 실수 그만 하고 싶어요.

02 그맘때 아이들, 다 산만한 것 아닌가요?

선규는 초등학교 6학년이지만 키가 크고 체격이 좋아 중학생처럼 보일 정도라 선규를 처음 본 사람들은 선규 엄마에게 저런 아들을 두었으니 얼마나 든든하냐는 말을 하곤 하였다. 그렇지만 선규 엄마는 속 모르는 소리라며 지금까지 아이 때문에 속상한 이야기는 이박삼일을 풀어도 모자랄 정도라고 한다.

"어려서부터 선규가 많이 나댔어요. 유치원에서도 아이가 차분하지 못하고 돌아다닌다는 말을 자주 들었고, 일곱 살 때는 병원에 가보라는 말도 들었어요. 그때는 남자애들 다 산만한 거 아닌가 싶어 선생님이 좀 원망스러웠고 크면 자연히 나아질 줄 알았어요."

"그런데 학교에 들어가면서 문제가 눈에 띄기 시작했어요. 매일 써오는 알림장을 안 써오는 거예요. 당연히 준비물도 못 챙겼지요. 제가 그 때는 직장을 다니기 전이라 나름대로 신경을 썼지만 다른 애들한테 숙제나 준비물을 알아내는 것도 한계가 있고, 또 계속 도와주면 아이가 스스로 하지 않을 것 같아서 그냥 내버려두기도 했어요. 아마 학교에서 매일 혼났을 거예요. 애가 이렇다보니 저학년 때는 학교에도 자주 갔는데 우리 애가 '숙제 안 해오는 애', '준비물 안 챙겨오는 애'로 소문이 나 있더라고요. 창피해서 아이가 고학년이 되면서는 제가 학교에 가지 않았어요. 요즘 들어서는 애가 스스로 챙기려고 해도 잘 안 되는 모양이에요. 아이가 힘들어하는 걸 보니까, 이제는 방법이 있다면 도와줘야겠다는 생각이 들었어요."

선규는 전형적으로 주의력결핍 과잉행동장애를 갖고 있는 경우였다. 엄마 말대로 학교 들어가기 전부터 선규는 지나칠 정도로 활동적인 모습을 보였고 아무리 야단치고 제재해도 이런 행동은 나아지지 않았다. 저학년 때 했던 지능검사에서 우수한 수준을 보였음에도 불구하고 시험을 보기만 하면 하위권이라 선규 엄마는 아예 지능검사가 잘못된 것이라고 믿을 정도였다. 그나마 담임선생님과 과외선생님이 아이가 머리는 나쁘지 않은 것 같은데 노력을 전혀 하지 않는 말을 자주 해서 반신반의하고 있었으나 이제는 좋은 성적은 바라지 않고 그저 엄마가 덜 힘들게 일상생활을 자기 힘으로 했으면 하는 바람밖에는 남지 않았다.

선규의 학교성적과 과제를 풀어나가는 패턴을 살펴보니 공부하는 데 필요한 기초지식의 결핍이 점차 심해지는 것으로 나타났고 복잡한 문제를 집중해서 푸는 데도 어려움이 많았다. 주의력결핍이 만성화되면서 인지능력이 복잡하고 어려운 수준으로 확장되는 데 문제가 생긴 상태였다. 그대로 듣고 간단한 것을 따라하거나 사칙연산은 가능하지만, 복잡한 수학문제를 풀거나 과학적 원리를 이해하는 것과 외국어 공부는 어려울 것 같았다.

주의력 저하 때문에 선규에게 생긴 문제는 학습영역뿐이 아니었다. 수업시간에 떠들고 장난치거나 맥락에 맞지 않는 질문으로 수업분위기를 방해하고, 잘못을 지적해줘도 받아들이지 못하는 경우가 많아 선생님이나 같은 반 친구들과도 갈등이 많았다. 최근에는 짝을 비롯한 한두 명을 제외하면 같이 노는 친구도 거의 없어 스스로 왕따라고 생각하고 있었으며, 마지못해 학교에 가지만 어떻게 하면 학교에 가지 않고 공부도 안 할 수 있을까 하는 생각이 더해지고 있었다.

선규 때문에 심한 스트레스를 받으면서도 선규 엄마가 아무 조치도 취하지 않은 것은 겉보기에 다른 애들과 별로 달라 보이지 않는다는 것과 그 나이 때 아이들 다 그렇다는 주변사람들의 말 때문이었다. 그렇지만 이런 문제 때문에 선규 엄마와 선규는 각자 심한 스트레스를 받은 것은 물론 둘 사이의 관계도 날로 악화되고 있었다. 이제 선규 엄마는 선규가 학교에서 돌아올 시간이 되면 가슴이 두근거리는 증상까지 생겼고, 선규에게 웃는 얼굴을 보이는 경우도 거의 없었다. 선규 역시 엄마가 잔소리를 하면 전과는 달리 대들고 화를 내는 경우가 많아졌으며, 집에 오면 엄마와 시선 마주치는 것을 피하고 자기 방에서 잘 나오려 하지 않았다.

또 겉으로 드러내지는 않고 있었으나 자신감이 많이 떨어져 요즘은 우울하고 무기력할 때가 많다고 하였고, 이렇게 살 바에 자기 같은 것은 태어나지 않는 게 좋았을 걸 하는 생각이 든 적도 있다고 하였다. 한번은 엄마의 잔소리 때문에 속상한 선규가 불쑥 이런 말을 내뱉자 더 이상은 안 되겠구나 생각한 엄마는 용기를 내어 아이와 함께 병원을 찾게 된 것이다.

주의력이 떨어지는 아이들은 여러 가지 면에서 어려움을 갖는다. 학습 효율성이 떨어지는 것은 물론 또래아이들이 쉽게 해내는 일상생활의 사소한 일도 일러주지 않으면 깜박 잊어버리거나 끝까지 완수하지 못하는 경우가 많다. 물건을 잊어버리거나 정리정돈을 제대로 하지 못해 함께 생활하는 사람을 힘들게 하고 아이 스스로도 스트레스를 받는다는 이야기를 많이 들었다.

또래관계에서는 눈치 없고 자기만 아는 아이로 받아들여져 성향이 비슷한 아이들이 아니면 어울리기 힘들고, 양보나 협동이 어려워 조금만 학년이 올라가도 같이 모둠활동을 하고 싶지 않은 일순위로 눈총을 받는 경우가 많다. 집에서도 이런 행동이 이어지면서 동생만도 못하다, 철이 없다는 소리를 밥 먹듯이 듣게 되고 결국 스트레스가 쌓인 아이는 자신감이 떨어지고 우울해지거나 더 과격한 행동을 하게 되는 악순환을 겪기 쉽다.

선규는 다소 늦은 감이 있지만 그런대로 학교생활을 하고 있었고 타고난 능력도 괜찮은 편이라 지금부터라도 가정에서는 가족들이, 학교에서는 선생님과 친구들이 아이의 상태를 알고 적극적으로 도와주면 좋은 결과를 볼 수 있는 경우이다. 또한 전문적인 치료진과 의논해서 아이에게 어떤 치료가 도움이 될지 결정하고, 필요하다면 의학적인 치료도 실시하는 것이 도움이 된다.

선규는 아직도 아침에 등교할 때마다 엄마의 잔소리가 극에 달할 때까지 현관문을 나서지 않고 있으며, 일일이 챙기고 잔소리하지 않으면 방 정리나 책상 정리 같은 것은 손도 대지 않는다. 여전히 알림장은 써 오지 않았고, 숙제나 준비물을 챙겨 가는 경우보다 그냥 가는 경우가 더 많았다. 선규 엄마는 선규가 6학년이지만 어떤 면에서는 1, 2학년 같이 행동할 수 있다는 점을 받아들이고 아이에게 도움을 주기 위해 적극 노력하기로 했다.

선규가 제시간에 등교하는 것을 돕기 위해 우선 집안 분위기부터 바꾸기로 하였다. 선규는 아침에 일어나면 바로 씻으러 가지 않고 텔레비전을 켠다. 일단 텔레비전을 보기 시작하면 아무리 잔소리를 해도 끄지 않고, 결국은 시간이 임박해서야 허둥지둥 등교준비를 하기 일쑤였다.

숙제나 공부를 하기 위해 책상 앞에 앉아도 10분을 견디지 못하고 거실에 나와 텔레비전을 보거나 컴퓨터 게임을 하는 경우가 많았다. 결과적으로 텔레비전과 컴퓨터는 선규가 자기가 해야 할 일을 하는 데 중요한 방해요인이었다.

선규 엄마와 의논한 결과, 텔레비전은 가족들의 양해를 구해 당분간 안방에 옮겨놓기로 했다. 또 그 동안 시청해오던 유선방송을 취소해 선규가 좋아하는 영화채널을 볼 수 없도록 하였다. 이렇게 되면서 아침에는 안방까지 가서 텔레비전을 봐야 하기 때문에 불편해서, 그리고 낮 시간에는 선규가 좋아하는 프로그램을 볼 수 없어서 텔레비전을 보는 시간이 줄어들게 되었다.

컴퓨터는 텔레비전보다 통제하기가 훨씬 어려웠지만, 방에 있던 컴퓨터는 거실에 내놓고 어머니가 없는 동안 스스로 절제하기 어렵다는 점을 감안해 차단 프로그램을 설치했다. 그리고 텔레비전과 컴퓨터 게임을 정해진 만큼만 하고 숙제와 가방 챙기기를 잘할 경우 선규가 바라는 보상을 주기로 하였다. 길고 지루한 과정이 될 수 있지만 이런 노력을 통해 선규는 자신의 행동을 스스로 조절하고 통제해 나가는 방법을 배울 수 있게 될 것이다.

 **조선미의 열린부모교실**

아이들이 집중을 못하고 산만한 행동을 보일 경우, 부모가 야단을 친다고 좋아지지 않는다. 주의집중력이 떨어지는 데는 여러 가지 이유가 있는데, 그 원인을 정확하게 알아야 아이를 도와줄 수 있다.

1. **주의력결핍 과잉행동장애의 가능성을 생각해본다.**
   이런 아이들은 초등학교 가기 전부터 산만하고 움직임이 많으며, 한 가지를 오래 하지 못한다. 주의력 문제는 성인이 되어서도 계속될 수 있다.

2. **우울증이 있는 아이도 집중에 어려움을 보일 수 있다.**
   우울한 아이의 경우 충동적인 행동은 별로 없고 남을 괴롭히거나 집적거리는 행동도 보이지 않는다. 대신 자주 울거나 어울리지 않고 혼자 지내는 모습을 보일 수 있다.

3. **불안할 때도 주의집중력은 많이 떨어진다.**
   불안해서 주의력이 떨어지는 아이는 겁이 많고 안절부절 못하는 모습을 보이고 별 것 아닌데도 무서워하고 피하려는 모습을 보일 수 있다.

4. **규칙을 지키지 않고, 순종적이지 않아서 어려움이 많다.**
   품행장애가 있는 아이들은 주의산만한 행동과 함께 다른 사람에 대해 공격적인 모습을 보이고, 거짓말을 하거나 물건을 훔치기도 한다.

주의력결핍 과잉행동장애란 무엇일까요?

주의력결핍 과잉행동장애(ADHD, Attention Deficit Hyperactivity Disorders)는 아이들에게 상당히 흔한 장애로, 연령이나 지능 수준에 비해 주의집중력이 떨어지고 행동량이 과도하게 많으며 충동적인 모습을 보이는 장애이다. 주의력결핍 과잉행동장애는 만 3세 무렵부터 증상을 보이는 경우가 많지만 문제가 드러나는 것은 초등학교 입학을 전후한 경우가 많다. 그 이유는 정규교육이 시작되면서 학습이나 집단생활 적응에 필요한 주의력과 집중력이 떨어져 적응에 문제를 보이기 때문이다.

증상은 부주의와 과잉행동-충동성으로 분류할 수 있다.

부주의에 속하는 증상은 세밀한 활동에 집중을 하지 못하고, 부주의하여 실수하는 일이 많으며, 주의 지속시간이 짧아 금방 싫증을 내고, 다른 사람의 말을 건성으로 듣고, 물건들을 잘 잃어버리고, 사소한 자극에도 주의가 쉽게 흐트러지는 것을 포함한다.

과잉행동-충동성은 손과 발을 가만히 두지 못하고 앉은 자리에서 몸을 뒤틀고, 교실에서 자리에서 일어나 돌아다니기도 하며, 위험한 곳에 오르거나 뛰는 것을 좋아하고, 조용한 놀이에는 잘 참여하지 못하며, 질문이 끝나기도 전에 불쑥 대답을 하거나 다른 사람의 놀이나 대화중에 불쑥 끼어드는 행동이 여기에 해당한다.

학습에 어떤 영향을 미칠까요?

주의력결핍 과잉행동장애를 가진 아이들은 부주의와 충동성 때문에 자신의 능력을 최대한 발휘하기 어렵고, 특히 학습과 같이 지능을 발휘해야 하는 영역에서 문제를 보이는 경우가 많다. 특히 학년이 높아질수록 학업수행의 질이 점점 더 떨어지는 경향을 보이며, 학습장애를 함께 보이는 경우도 많고 과제가 어려워질수록 노력을 적게 하고, 효율성이 떨어지는 기억책략을 사용함으로써 실제로는 그렇지 않음에도 기억력이 떨어지는 것으로 보인다.

또한 학습전략의 사용하는 데 있어서도 심사숙고한 전략이나 철저하게

> **» 주의력결핍 과잉행동장애 아이들의 특징**
> 1. 차분하지 못하고 지나치게 활동적이다.
> 2. 쉽사리 흥분하고 충동적이다.
> 3. 다른 아이들에게 방해가 된다.
> 4. 한번 시작한 일을 끝내지 못한다(주의집중시간이 짧다).
> 5. 늘 안절부절한다.
> 6. 주의력이 없고 쉽게 주의가 분산된다.
> 7. 요구하는 것이 있으면 금방 들어주어야 한다.
> 8. 자주, 또 쉽게 울어버린다.
> 9. 금방 기분이 확 변한다.
> 10. 화를 터뜨리거나 감정이 격하기 쉽고, 행동을 예측하기 어렵다.

조직화된 전략을 사용하지 못하고 우연적이거나 변덕스러운 방식을 사용한다. 어떤 자극이 새롭거나 두드러지면 이런 것들에만 더 관심을 두고 다른 것들을 빼먹거나 대충 훑어보기 때문에 책을 읽어도 많은 부분을 놓치거나 문제를 풀면서도 중요한 정보를 빼놓아 오류를 저지르게 된다.

나이가 들면서 어떻게 변화하나요?

주의력결핍 과잉행동장애는 걸음마기 무렵부터 서서히 드러나는데 5세 이전에는 지나치게 탐색활동이 많고 행동반경이 크며 행동이 과격한 모습을 보이고, 한 가지 놀이나 과제에 주의를 지속시키지 못하는 모습을 보일 수 있다. 유치원 시기에는 마치 모터가 달려 있는 것처럼 움직이고, 충동적이며, 저항적이고 순종하지 않는 행동도 자주 보인다. 처벌이나 설명, 설득을 사용해도 말을 잘 듣지 않고 공격적이고 파괴적인 행동을 할 수 있다.

학령기에 이른 주의력결핍 과잉행동장애 아동은 등교하기, 숙제하기, 정리정돈하기 등 일상생활을 하는 데 문제를 많이 보이고 단체생활에서 규칙을 지키는 데도 어려움을 보이는 경우가 많다. 학교에서는 조용히 앉아서 듣지 못하고, 지시를 어기는 경우가 많으며, 일을 조직화하는 데 어려움을 보인다. 또 어떤 때는 잘하다가 어떤 때는 급격하게 수행수준이 떨어져 '노력하면 잘할 텐데'라는 비난을 듣는 경우도 많다.

주의력결핍 과잉행동장애 아동의 70%가 청소년기에도 모든 징후를 계속 보이는 것으로 알려져 있다. 청소년기에도 성취해야 할 발달과업이 있는데 이전 단계에서 발생된 문제들이 짐이 되어 발달이 원활하게 진행되지 못할 수 있으며, 이런 경향은 성인기까지 지속되어 성인으로서 적응하는 데 장애를 초래하기도 한다.

치료는 어떻게 하나요?

주의력결핍 과잉행동장애의 치료 중 가장 일반적이며 효과적으로 알려진 것은 약물치료로, 페타민 류, 메틸페니데이트 류, 페몰린과 같은 종류의 약이 사용된다. 약물치료 외에도 다양한 기법을 적용해 볼 수 있는데 특히 행동주의 접근법은 착석, 과제에 주의 기울이기, 파괴적인 행동 감소, 학업에서의 수행 증진, 가정에서의 행동문제를 다루는 데 사용되어왔다. 사회기술 훈련은 또래와의 상호작용에서 겪는 문제를 해결하기 위해 집단활동에 어울리는 기술, 또래와 대화하는 기술, 갈등을 해결하는 기술, 그리고 분노를 통제하는 기술 등을 훈련시키는 방법으로 또래관계에 어려움을 겪는 주의력결핍 과잉행동장애 아동들에게 도움을 준다.

주의력결핍 과잉행동장애 아동의 경우 부모가 아이를 키우는 데 상당한 어려움을 겪을 수 있기 때문에 부모상담을 통해 과잉행동의 특성을 부모들에게 교육하고, 죄책감을 덜어주고, 부모들의 좌절감과 실망을 다루어 주는 것이 필요하다. 또한 부모교육을 통해 부모들에게 특수한 행동적 기술을 가르치고, 변화시키고자 하는 행동을 정확히 지적해주고, 강화와 처벌을 효과적으로 사용할 수 있도록 도와준다.

아이가 과학, 수학, 역사 등에 대해 이야기할 때 보면 영재인가 싶다가도, 양말 하나도 스스로 신지 못하는 걸 보면 정말 저 아이가 5학년이 맞을까 하는 생각이 들어요.

저는 세상에서 과학이 제일 재미있어요. 세수하다가도 물 분자 모양을 생각하다가 씻는 걸 깜빡해요. 그런데 아이들은 내가 '우주에는 행성이 몇 개나 될까, 지구 말고 생명체가 사는 곳은 어디일까' 이런 이야기를 하면 재미없다고 해요. 저한테 이상한 애라고 하는 친구도 있어요. 정말 제가 이상한 건가요?

03 도대체 어떤 모습이 진짜 우리 아이일까요?

재호는 과학과 수학을 좋아해서 어려서부터 남다른 재능을 보였고, 전국 과학경시대회에서 상을 탄 적도 여러 번 있다. 재호 엄마는 역사를 전공해 박사 학위를 받았으며, 아빠 역시 물리학 박사라고 하니 재호의 뛰어난 능력은 상당 부분 부모에게서 물려받은 듯했다. 그렇지만 재호 엄마가 나에게 오게 된 것은 재호의 영재성을 확인해 달라는 이유가 전부는 아니었다.

"다른 사람들은 우리 재호가 영재이니 얼마나 좋겠냐고 하는데, 저는 애를 키우는 게 정말 힘들어요. 어떤 때 보면 아이가 정말 뛰어나구나 싶다가 또 어떤 때는 정말 저 아이가 5학년이 맞을까 하는 생각이 들어요. 도대체 어떤 모습이 진짜 우리 아이일까요? 아이를 똑똑한 아이로 보아야 하는지, 모자라는 아이로 보아야 하는지 종잡을 수가 없어요. 우리 아이가 영재가 맞기는 한가요?"

재호가 태어났을 때 부모가 모두 일을 하느라 할머니가 키워주셨는데 살짝 내려놓기만 해도 울음을 터뜨리는 재호 때문에 꽤나 고생을 했다고 한다. 두 돌 무렵부터는 누가 가르쳐주지도 않았는데 텔레비전 광고에 나오는 글자를 읽기 시작했고, 영어로 된 만화비디오를 보여주자 쉽게 따라해 영어유치원에서는 미국에서 살다 왔느냐는 말을 듣기도 했다. 가족들은 재호의 영재성 때문에 흥분했고, 장차 이 아이가 커서 어떤 인물이 될지 기대가 대단했다.

영재란 어떤 아이를 말하는가? 영재의 정의에 대해서는 아직도 학자들 간에 이견이 있지만 우리 나라에서는 특수교육의 대상을 영재아동까지 확장하면서 다음과 같이 영재아동을 정의하였다. 교육법에 따르면 영재는 '재능이 뛰어난 사람으로서 타고난 잠재력을 계발하기 위해 특별한 교육을 받아야 할 필요가 있는 자'이다. 또 영재교육을 받아야 할 대상자를 선별하는 기준으로는 일반지능, 특수학문에서의 적성, 창의적 사고력, 예술적 재능, 신체적 재능, 기타 특별한 재능에 대해 뛰어난 성취가 있거나 잠재력이 우수한 것으로 정했다. 따라서 지능만 좋거나 성적이 좋은 것만 가지고 영재 여부를 결정하기는 어렵고, 우수한 능력과 함께 창의성, 과제에 대한 집착력이 모두 갖추어져야 영재로 볼 수 있다.

특수학문에서의 적성과 뛰어난 재능을 가졌다는 점에서 보면 재호는 영재라고 하기에 부족함이 없었다. 그렇지만 그런 재호에게 심상치 않은 문제가 있다는 것을 제일 먼저 알아챈 것은 엄마였다. 집에 있을 때는 하루 종일 책만 읽어 크게 문제를 느끼지 못했는데 네다섯 살이 되면서 다른 아이와 다른 점이 눈에 띄기 시작했다.

아이들이 모여 있는 곳에 가면 또래아이들에게는 관심이 없는 듯 눈길도 주지 않았고 개미구멍이나 꽃잎에 붙은 벌레를 보며 시간을 보냈다. 억지로라도 어울리게끔 해도 제일 먼저 집단을 이탈하여 원래의 관심사로 돌아갔고, 심지어는 또래를 겁내하며 우는 경우도 있었다. 유치원에서도 집단활동에는 거의 참가하지 않아 노래나 무용 발표회가 있을 때마다 재호 엄마는 다른 아이들과 어울리지 못하는 재호 때문에 속상한 적이 한두 번이 아니었다.

일상생활에서의 문제는 더욱 심각했다. 아침에 혼자 일어나지 않는 것은 물론 양말 하나도 스스로 신지 못해 매사를 엄마가 잔소리하거나 직접 해주어야 했다. 혼자 할 수 있는 것도 시키지 않으면 하지 않았고, 엄마가 시키면 시키는 것 하나만 해서 엄마의 화를 돋구었다.

아침에 깨워놓고 세수하라고 하면 세수만 하고 나오고, 밥을 먹으라고 하면 정말로 밥만 꺼내놓고 먹었으며, 옷을 입을 때도 아무 생각 없이 저보다 훨씬 키가 큰 형의 옷을 입고 나가는 일도 부지기수였다. 이런 행동 때문에 재호는 어려서부터 잔소리를 많이 들었으며 심하게 혼나는 일도 많았다.

그러던 어느 날 재호가 눈을 깜박거리는 모습을 보였고 놀라서 데려간 소아정신과에서 '틱 장애'라는 말을 들었다. 이후 재호 엄마는 아이를 키우는 게 너무 힘들고 자신이 없어졌으며 그 스트레스 때문에 위염까지 걸렸다고 하였다.

재호의 경우가 특수한 사례라고 생각할 수도 있으나 영재아동이라고 해서 모든 면에서 우수한 재능을 보이는 것은 아니다. 오히려 영재아동은 무엇이든 잘하고 우월하다는 편견과 높은 기대 때문에 압박감을 받아 정서적인 어려움을 겪을 가능성이 높다. 또한 지능은 우수하지만 다른 면에서는 미숙해 사회적응에 어려움을 겪는 경우도 많은 것으로 나타났다.

영재아동이 지적능력이 우수한데도 사회성이 부족한 이유는 우선 신체와 인지·정서·사회적 성장이 동시에 이루어지지 않고 다른 속도로 발달하기 때문에 발달영역 간의 불균형이 초래된 점을 들 수 있다. 발달영역 간의 불균형은 아이에게 긴장과 불안 등 정서적인 불안정을 초래할 수 있고, 발달속도가 다르기 때문에 또래관계에서는 오히려 사회적 적응력이 적절하게 발달하지 못하는 문제를 가져올 수도 있다. 이처럼 다양한 취약성 요인을 갖고 있기 때문에 사실은 영재아동이야말로 특수교육과 상담이 필요하다. 적절한 도움이 없어 영재아동의 우수한 능력이 긍정적으로 발현되지 못하고 사라져 가는 경우도 많다.

재호처럼 특정영역에서는 아주 우수하지만 또 어떤 부분에서는 상대적으로 미숙하여 적응문제를 겪는 경우 일상생활 속의 어려움과 아이가 겪는 스트레스를 줄여주는 것이 필요하다. 또한 사회적 관계에서 감정을 교류하거나 자기표현을 하는 부분이 부족하다면 사회성을 키워주기 위해 역할연습이나 자기표현 훈련을 가르치는 것도 도움이 된다.

얼마 전까지만 해도 영재란 말은 학원 이름 중간에 무조건 끼워넣는 단어였지만, 최근에는 영재아동이 겪을 수 있는 어려움을 도와주는 기관이 여러 곳에 생겼다. 부모가 직접 도와주기 어려울 경우 이런 기관을 이용하면 더 효과적일 수 있다.

이처럼 학교나 기관에서 도움을 받는다 해도 학습과 사회성 부분을 제외한 일상생활의 문제는 상당부분 부모가 책임지고 맡아야 한다. 재호의 경우 엄마가 우선 할 일은 아이가 어떤 영역에서 강점을 보이고 어떤 영역을 힘들어하는지 정확하게 파악할 필요가 있다. 영재아동의 창의성과 인지발달, 정서발달, 사회성을 증진시키거나 위축시키는 데 가장 중요한 요인은 가정과 부모이다. 부모가 아이의 재능을 올바르게 이해하고 이를 촉진할 수 있는 환경을 만들어주어야 아이는 자신의 재능을 쑥쑥 발전시킬 수 있다.

우선 재호가 자주 부딪히는 일상생활을 돕기 위해 재호의 행동에서 문제되는 점을 짚어 구체적으로 방법을 제시해주었다. 제대로 해나가는지는 엄마가 그날그날 체크하기로 하고, 효과적이지 않은 방법은 재호와 의논해 고쳐나가기로 하였다.

무엇보다도 지능이 뛰어나지만 다른 면에서는 다른 아이와 다를 바가 없거나 오히려 부족할 수 있다는 점, 있는 그대로 아이를 받아들이는 것이 중요하다.

> **재호의 하루, 이렇게 도와주세요!**

1. **시간대별로 재호가 해야 할 행동목록을 플로우 차트로 그려서 냉장고에 붙여놓는다. 재호에게 다음 행동을 지시할 때는 말로 하지 않고 플로우 차트를 가리킨다.**
   예) · 아침시간 : 일어나기 – 씻기 – 옷 입기 – 밥 먹기 – 가방 챙기기 – 학교 가기
       · 하교 후 : 씻기 – 간식 먹기 – 학원 가기 – 숙제 하기 – 저녁 먹기 – 등교준비 하기

2. **자동적으로 되지 않는 세부적인 행동은 다시 단계를 나누어 포스트 잇 등을 활용해 적어놓는다.**
   예) · 목욕탕 거울에 '이 닦고 세수하기'라고 쓴 포스트 잇 붙이기
       · 현관문에 '가방 놓고 옷 벗고 씻기'라고 쓴 포스트 잇 붙이기
       · 컴퓨터에 시간표를 붙여서 시간 조정하기

3. **환경을 재호가 생활하기 쉽도록 조정한다.**
   예) · 옷을 바꿔 입지 않도록 재호의 옷은 재호 방의 옷장에 넣어둔다.
       · 옷장 속의 옷들은 계절별, 상황별로 정리해둔다.
       · 공부할 때 주의를 흐트리는 과학책, 백과사전은 거실에 놓아둔다.
       · 또래와 어울릴 수 있는 시간을 늘릴 수 있도록 친구들이 다니는 수영학원을 다닌다.

조선미의 열린부모교실

영재아이를 키우는 부모는 아이가 지적수준에 맞는 교육을 받을 수 있도록 기회를 제공하는 한편, 아이가 사회적으로 원만하게 다른 사람들과 상호작용을 할 수 있도록 끊임없이 관심을 기울이고 필요한 도움을 주어야 한다. 영재아이를 키우는 부모는 다음과 같은 다양한 역할을 할 수 있도록 준비해야 한다.

1. **아이를 키우는 사람으로서의 역할** : 다른 아이들과 마찬가지로 정서적 안정과 원만한 인성을 갖추는 데 필요한 돌봄을 제공한다.

2. **사회적 모델로서의 역할** : 아이의 성취를 직접 격려하는 것은 물론 아이가 보고 따라할 수 있도록 바람직한 사회적 모델이 되어준다.

3. **사회에서 부딪히는 문제에 대해 방어자이자 완충장치로서의 역할** : 아이가 겪을 수 있는 어려움을 미리 예측하고 예방하는 데 노력을 기울이며, 만일 어려움을 겪을 경우 최대한 도와주고 중재해준다.

4. **일의 계획 및 시간 운영자로서의 역할** : 시간을 효율적으로 보내고 능력을 개발할 수 있도록 계획을 세우고 이를 제대로 실행할 수 있도록 운영한다.

5. **교육자로서의 역할** : 부모 스스로 좋은 모델을 보이면서 능력을 개발시킬 수 있는 기회를 제공한다.

6. **훈육자 및 대화 상대로서의 역할** : 사회적 관계에 적응할 수 있도록 하기 위해 필요한 규칙과 도덕률을 가르치며 아이가 갖는 의문이나 호기심에 대해 이야기를 나누는 대상이 되어준다.

집에서 아무리 가르치고 연습을 시켜도 받아쓰기 점수가 좋아지지를 않아요. 학교에서도 선생님이 뭘 시키면 다른 애들처럼 빨리 해내지 못한다고 하더라고요.

공부하는 게 너무 힘들고 어려워요. 엄마가 매일 밤마다 가르쳐주는데도 나는 왜 이렇게 공부를 못할까요? 엄마도 내가 공부를 못해서 속상하죠? 나도 다른 애들처럼 받아쓰기 100점 받아보고 싶어요.

04 공부를 너무 못해요!

태훈이는 늦둥이에다 막내라서 사랑을 많이 받고 자랐으며, 엄마는 아이가 건강하게만 자라면 됐지 싶어서 학교 들어가기 전에는 공부를 거의 시키지 않았고 아이가 원하는 대로 마음껏 놀게 해주었다. 그런데 초등학교에 들어가 무난하게 학교생활을 한다고 생각했던 태훈이는 2학년 1학기가 끝날 때까지 받아쓰기를 제대로 하지 못했고 다른 과목도 시험을 보면 50점을 넘지 못했다. 그래도 보통은 하겠지 하고 생각했던 태훈이 엄마는 받아쓰기 점수가 계속 그 자리에서 맴돌자 미리 공부를 시켰어야 하는데 그냥 놀게 해서 그런 건 아닌지 고민에 빠졌다.

태훈이는 2학년 2학기가 됐는데도 여전히 알림장을 제대로 써오지 못했고 알림장의 선생님 의견란에는 '받아쓰기 연습시켜서 보내주세요'라는 말이 심심찮게 쓰여 있었다. 처음 한두 번은 그러려니 하고 넘어갔지만, 틀린 것을 열 번씩 쓰는 숙제 때문에 저녁때마다 끙끙거리는 태훈이를 보면서 태훈이 엄마는 점차 이게 아닌데 하는 생각이 들었다. 태훈이의 발달과정은 조금 느린 편이었지만 심각한 정도는 아니었다.

"신체발달은 크게 늦지 않았어요. 걷는 건 오히려 작은애보다 좀 빨랐어요. 말은 돌 조금 지나서 '엄마'를 했는데, 그 다음에는 말이 늘지 않았어요. 태훈이와 나이가 같은 조카가 '뭐 달라, 뭐 하고 싶다' 이런 말을 할 때 태훈이는 단어 몇 개 정도 말했던 것 같아요. 그래서 소아과에 데려갔는데 좀 기다려보라고 하더라고요. 그 다음부터 말이 조금씩 늘어서 괜찮겠구나 생각했어요. 그래도 다른 애들에 비하면 말이 어눌하고 다섯 살까지 소변도 완전히 가리지 못해 유치원도 1년 늦게 보냈어요."

유치원에 다닐 때 태훈이는 또래에 비하면 약지 못하고 아기 같다는 말을 많이 들었다. 그래도 선생님들은 무엇이든지 시키면 열심히 한다고 예뻐하여 유치원 생활이 크게 힘들지는 않았다. 유치원은 한 선생님이 맡은 아이들 수가 학교에 비하면 적은 편이고 잘 적응하지 못하는 아이는 적극적으로 돌봐주기 때문에 심각하지 않은 문제는 두드러지지 않을 수 있는데 태훈이가 그런 경우인 것 같았다.

문제는 초등학교에 진학한 다음이었다. 아이들이 4, 50명이나 되다 보니 담임선생님은 학교생활에 필요한 규칙을 가르치고 정해진 교과내용을 가르치는 이상으로 아이들에게 관심을 갖고 개인적으로 도움을 주기는 힘든 분위기가 된다. 교과내용을 따라오지 못하는 아이들이 눈에 띄어도 따로 시간을 내어 공부를 시키거나 학교생활에 적응하도록 도와주기는 쉽지 않다. 태훈이의 문제도 초등학교에 들어가면서부터 불거지기 시작했다. 다른 애들이 힘들지 않게 따라 하는 교과과정이 태훈이에게는 힘들었고, 뒤처지는 모습을 반복해서 보이면서 학업 외의 다른 생활에도 지장을 주기 시작했다.

학교성적을 좌우하는 요소는 상당히 많기 때문에 아이가 학업을 제대로 따라가지 못하면 우선 정확한 이유를 알아보아야 한다. 여러 가지 이유가 있을 수 있는데, 첫 번째 가능성은 지능수준이 평균보다 떨어질 경우이다. 지능수준이 낮은 아이는 공부하는 내용을 이해하기 힘들어하고 정규수업을 따라가는 데 어려움을 보인다. 지능수준이 정상이라 하더라도 주의력결핍 과잉행동장애와 같은 문제를 가졌을 경우 주의집중력이 떨어져 수업내용을 받아들이고 기억하는 데 어려움을 보인다. 또한 지속적으로 학업에 노력을 기울이기 어렵고 심화학습에도 문제를 보이는 경우가 많아 자연히 학습부진을 보이는 경우가 많다.

지능이 낮지도 않고 주의집중력이 문제가 없는데도 불구하고 읽기나 쓰기, 수학을 배우지 못하는 경우는 학습장애에 해당한다. 난독증과 같은 경우가 여기에 해당하며 이런 아이들의 경우 다른 면의 능력은 평균에서 크게 벗어나지 않으면서 일부 학습영역에서만 문제를 보인다. 우울증과 같은 정서적 문제도 학업동기와 목표의식을 떨어뜨리기 때문에 학업성취에 영향을 미친다. 상식적으로 알고 있겠지만 아이가 정서적으로 안정되어 있고 자신감이 있어야 학습의 효율성도 높아진다. 따라서 아이가 공부를 잘하지 못한다고 무조건 학원에 보내고 공부의 양을 늘리기보다는 문제의 원인을 파악해야 효과적인 대처가 이루어질 수 있다.

집에서 아무리 가르치고 연습을 시켜도 받아쓰기 점수가 좋아지지 않자 태훈이 엄마는 학교에 찾아갔고 선생님으로부터 태훈이가 순진하고 착하기는 한데 뭘 시키면 빨리 해내지 못한다는 말을 들었다. 말하는 걸 봐도 또래에 비하면 동생 같아서 몇몇 약삭빠른 아이들은 태훈이를 놀이에 끼워주지 않는 경우도 보았다고 하였다.

태훈이는 아기처럼 순진한 표정과 뭘 하든 열심히 하는 모습 때문에 어른들에게는 귀염성 있고 정이 가는 아이로 보였다. 그렇지만 이야기를 할 때 보면 발음이 분명치 않은 경우가 눈에 띄었고 말하는 내용이나 구사하는 문장도 나이에 비해서는 미숙했다.

태훈이의 경우 학업부진이 어디에서 비롯되었는지 알기 위해서는 지능검사가 필수적이었다. 지능은 어떤 문제가 주어졌을 때 여기에 대해 생각하고 해결할 수 있도록 해주는 능력이다. 지능은 쉽게 변하는 특성이 아니기 때문에 나이가 든다고 해서 크게 변하지는 않으며, 4~5세 무렵에 측정된 지능은 어른이 될 때까지도 비슷한 수준으로 유지된다. 지능이 학교성적에 미치는 영향은 대략 30~50% 정도로 알려져 있다.

지능검사 결과 태훈이의 지능은 평균 이하의 수준으로 나타났고, 전체 지능이 낮은 것도 문제지만 더 심각한 것은 다른 능력에 비해 언어능력이 훨씬 더 떨어진다는 점이었다. 이런 결과는 언어발달 지연 때문에 다른 인지능력의 발달도 영향받고 있다는 점을 반영한다. 학교에서의 수업내용이 대부분 언어를 통해 전달되고 습득되는 점을 감안할 때 태훈이가 학교수업을 따라가지 못하는 것은 당연한 결과였다. 수업시간에 선생님이 설명하는 말을 제대로 알아듣지 못했을 것이고 숙제하기도 어려웠을 것이다.

지능과 학업성취는 유전에 의해서도 영향을 받지만 가정환경 및 부모의 양육태도도 중요한 요인이기 때문에 지능을 계발시켜주기 위해서는 좋은 환경을 만들어주는 것이 필요하다. 지적자극이 풍부한 가정환경이란 아이가 부모에게 따뜻한 사랑을 느낄 수 있도록 온정이 넘치는 말로 대화를 많이 하며, 부모가 아이의 문제에 관심이 많고 함께 문제를 풀어나가는 경우를 말한다. 또한 아이가 새로운 지식을 배울 수 있도록 자세히 설명해주고 아이의 질문에 대해 열심히 대답해주며 아이의 생각은 어떠한지 이야기하도록 격려하는 것도 중요하다. 아이가 학교에 들어가면 공부를 열심히 하는 게 왜 중요한지 아이 수준에 맞게끔 설명해주고 좋은 성적을 얻을 수 있도록 격려한다. 성취에 대한 기대와 격려는 성적에 대한 집착이나 학습에 대한 강요와는 다른 것으로 아이 스스로 왜 공부해야 하는지를 이해하고 동기를 가질 수 있도록 도와주는 것을 의미한다.

일상생활에서 독립적으로 행동할 수 있도록 하는 훈련도 필요한데 태훈이의 경우 엄마의 노력 덕분에 혼자서 등교준비를 할 수 있었고, 밥 먹기나 옷 입기, 씻기 등은 거의 엄마 손을 필요로 하지 않았다. 집 근처 가게에서 과자도 사올 수 있고 놀이터에서 자전거를 타고 놀 수 있었으며, 제 나이보다 어린애들이지만 어울려 놀 줄도 알았다. 이처럼 타고난 능력은 서로 달라도 누구나 자신만의 장점이 있기 마련이고 이런 점을 잘 찾아서 계발해주면 지능이 약간 떨어지는 점은 얼마든지 보완이 가능하다. 중요한 것은 부모가 아이의 고유한 특징을 받아들이고 장점을 찾아주려고 애쓰며 자신감이 꺾이지 않게 보살펴주는 것이다.

태훈이는 지능이나 언어수준이 떨어졌지만 활용할 만한 장점이 많았다. 선생님들이 모두 인정하고 있듯이 태훈이는 어떤 일에서도 꾀를 부리지 않았다. 시간이 많이 걸리고 힘들어도 중간에서 포기하지 않았으며, 어떤 일을 시켜도 싫다는 소리를 하지 않았다. 또 성격이 유순해 비슷한 아이들과는 잘 어울렸다.

태훈이의 불분명한 발음을 고치고 언어발달을 촉진시키기 위해 언어치료를 받도록 하였고, 학교수업이나 숙제문제는 담임선생님의 도움을 받기로 하였다. 원래 교육은 아이들 개개인의 수준에 맞추어 이루어지는 것이 바람직하다. 특히 태훈이처럼 평균수준을 벗어나는 아이들은 특별한 관심과 교육이 필요하다. 태훈이의 자리를 교탁 바로 앞으로 옮겼고, 그렇게 함으로써 태훈이가 수업시간에 어느 정도 교과내용을 소화해내는지 선생님이 쉽게 관찰할 수 있도록 하였다. 번거롭지만 수업자료를 따로 준비하여 주기도 하고 숙제의 양도 조절하기로 했다.

또 태훈이에 대한 평가도 다른 아이들과는 차별을 두어 수준에 맞는 시험을 보고, 잘 보았을 경우 특별상을 주기로 하였다. 태훈이네 반에서는 목록에 있는 책을 한 권씩 읽을 때마다 스티커를 주고 한 달에 한 번씩 상을 주는데 태훈이의 경우는 1학년 목록으로 바꾸어 독서를 격려하였다. 다행이 태훈이의 담임선생님이 특수교육에 대한 교육을 받은 분이라 이런 과정은 무난히 이루어졌다.

가정에서도 학교수업에 이어 태훈이에게 적합한 교육을 시키기로 했다. 엄마가 직접 하기는 어렵다고 생각되어 역시 특수교육에 경험이 있는 선생님이 태훈이를 맡기로 했고, 엄마는 지금처럼 태훈이가 일상생활 기술을 습득하도록 하는 데 전념하기로 하였다. 이런 식으로 하여 학교생활에 흥미를 잃거나 도태되지 않도록 주의하면서 태훈이의 강점을 키워준다면, 아이는 엄마의 바람대로 건강하고 자기 몫을 다하는 성인으로 커나갈 것이다.

조선미의 열린부모교실

학습능력이 떨어지는 아이들은 가정이나 학교에서 일찍부터 도와주지 않으면 점차 학업에 대한 흥미를 잃고, 소외감을 느끼며 적응을 힘들어할 수 있다. 따라서 이 아이들을 도와주는 데 가장 중요한 점은 우선 아이가 그 동안 겪어왔을 어려움을 이해해주고, 다독여줌으로써 과도하게 스트레스를 받지 않도록 한다.
또한 학습을 시킬 때 해당 학년의 교과를 무리하게 강요할 게 아니라, 아이의 능력을 정확하게 평가해서 능력에 맞는 목표를 세워주고, 주변사람들의 기대도 거기에 맞추어 수정하는 것이 필요하다.
학습능력이 떨어지는 아이가 수업에 참가할 경우 쉽게 흥미를 잃고 동기가 저하될 수 있으므로 학업에 참여할 수 있도록 다음과 같이 다양한 방법을 활용하는 게 중요하다.

1. 능력에 맞는 교육을 통해 학업에 대한 흥미를 잃지 않도록 한다. 기초적인 인지능력부터 차근차근 지도하고, 향상을 보이면 격려하고 칭찬한다.

2. 습득한 지식을 반복적으로 연습하도록 하여 충분히 익힐 기회를 주고, 배운 바를 활용하고 확장할 수 있는 기회를 계속해서 제공한다.

3. 처벌이나 꾸중은 가급적 하지 않고, 또래관계에서도 괴롭힘을 당하지 않도록 도와준다.

4. 부모는 교사를 통해 아이가 학교생활을 어떻게 하는지 알아보아야 하고, 문제가 생기면 부모와 교사가 함께 도와줄 수 있는 환경을 조성한다.

아이들의 언어발달, 어떻게 이루어지나요?

아이의 언어발달은 일반적인 정신발달의 지표가 될 수 있기 때문에 아이를 키울 때는 언어발달이 원만하게 이루어지는지 세심하게 관찰할 필요가 있다.

유아기 언어발달, 어떻게 이루어지나요?

2개월 정도의 아기들은 '아', '오'와 같은 소리를 내고, 4~6개월이면 옹알이를 시작한다. 이 시기 아기들에게는 경험이 중요한 역할을 하므로 언어능력이 떨어지거나 청각에 문제가 있는 아기들은 이후 언어발달에 영향을 받는다.

돌 전후가 되면 아기들은 몇 개의 단어를 알아들을 수 있으며 자기욕구와 감정을 전달하기 위해 서너 개의 단어를 사용한다. '엄마, 아빠' 등의 첫 단어를 말하는 것도 이 무렵이다. 18~24개월 무렵의 어휘증가는 극적으로 빨라져 한 주일 동안 10~20개의 새로운 단어를 배우기도 한다. 만 2세가 되면 거의 200개의 단어를 말할 수 있는데, 이때는 친밀한 사람(엄마, 아빠, 할머니 등)을 포함하여 친숙한 대상(자동차, 공, 신발, 동물 등)에 대한 어휘가 대부분이다. 이처럼 18개월이 넘으면 언어발달이 급격하게 이루어지고, 두 단어 정도로 문장을 만들 수 있게 된다.

2~3세가 되면 한두 번 정도만 들어도 그 단어를 배우고 비슷한 상황에 쓸 수 있다. 그렇지만 대상을 정확하게 지칭하지는 못하며, 큰 개를 보고 멍멍이라고 가르쳐주면 작은 개를 봤을 때는 멍멍이가 아니라고 할 수도 있다.

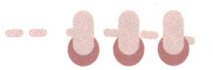

유치원 시기 아이들의 언어이해와 표현력은 어느 정도 되나요?

3~5세가 된 아이들은 자음을 대부분 정확하게 발음하고, 주변사람들은 아이가 말하는 내용의 80% 정도를 알아들을 수 있다. 이때쯤 되면 위, 아래, 사이와 같은 공간적 관계를 이해할 수 있으며 원인과 결과를 추론할 수도 있다.

이 시기의 아이들은 질문이 많아지고 '왜, 언제, 누가, 어디서'를 이용하여 필요한 정보를 구하려 한다. 부정문을 사용할 수 있고, 문장 안에 또 다른 문장이 포함되는 복문을 말하기도 한다. 3~5세 무렵까지는 크고/작은, 길고/짧은, 안/밖, 전/후, 여기/저기와 같이 서로 대조되는 관계를 이해할 수 있고 표현도 가능해진다.

5세 전후의 아이들은 놀랄 정도로 복잡한 문장을 말할 수 있게 된다. 유치원 시기의 아이들은 특별히 가르치지 않아도 문법을 거의 습득하며 숫자와 속도, 시간과 공간, 좌우의 개념을 이해한다. 복잡한 발음도 안정적으로 발음하며 말하는 의미의 100%를 주변사람들이 알아들을 수 있다.

이 시기 정도면 아이의 언어능력이 지연되는 것을 어느 정도 파악할 수 있다. 만 3세 이후 아이의 언어능력이 제 나이에 비해 1년 이상 떨어진다고 생각될 때는 언어능력을 정확하게 평가하고 필요하다면 언어치료를 받아야 한다.

학령기 아동들의 언어이해와 표현력은 어느 정도 되나요?

학교에 다니는 아이들의 경우, 구사하는 문장이 보다 정교해지고 세련되어 복잡한 문법규칙을 이해하고 일반화와 개념화 능력이 발달된다. 어휘력도 급격하게 향상되어 만 6세 정도면 1만 개 정도의 단어를 이해하고 10세가 되면 4만 개 단어를 이해한다. 이 시기는 새로운 단어를 학습하는 능력이 뛰어나기 때문에 익숙하지 않은 단어(예 : 절망적인, 기성복, 근절하다 등)를 들어도 신속하게 이해하며 추상적인 단어에 대한 이해력도 급성장한다.

또 이 나이가 되면 실제로 들은 것뿐 아니라 그 의미에 내포된 것까지 이해가 가능해지는데 이를테면 '영수가 길을 간다. 길 한가운데 돌이 있다. 영수가 넘어졌다'라는 말을 들으면 영수가 돌에 걸려 넘어졌다고 이해할 수 있다. 이처럼 이해력이 풍부해지는 것은 언어에 관해 생각하고 그 속성들에 대해 언급하는 능력, 즉 상위언어에 대한 인식이 발달하기 때문인데 이런 능력은 학습의 기초가 된다.

언어이해력이나 표현력이 나이에 비해 늦거나 발음에 문제가 있을 경우 언어장애의 가능성을 생각해볼 수 있다. 언어표현에 문제가 있는 아이들은 단어를 사용해서 생각이나 감정을 표현하는 데 어려움을 겪고 어휘가 한정되어 있으며 문장이 짧고 문장의 구조가 단순하다. 언어이해에 문제가 있을 경우 청력은 정상이지만 아이들은 자신이 듣는 특정소리나 단어, 문장의 의미를 이해할 수 없으며, 더 심각한 경우 아주 기본적인 어휘나 단순한 문장도 이해하지 못하는 모습을 보일 수 있다. 발음에 문제가 있을 경우 말의 속도를 조절하지 못하거나 어떤 발음을 소리내는 데 또래보다 늦을 수 있다.

언어를 발달시키지 못한 아동이나 언어습득에서 심각한 지연을 보이는 아동은 언어를 기초로 하는 학습의 영역에서 심각한 어려움을 겪을 수 있다. 특히 대부분의 학교교육이 언어를 매개로 하기 때문에 학령 전기부터 관심을 기울이고 언어발달이 원만하게 이루어지도록 도와주어야 한다.

연령	연령별 언어발달 단계
0-9개월	☐☐ 울음에서 옹알이, 패턴을 가진 소리로 발전한다.
9-13개월	☐☐ 의사소통에 몸동작이나 소리를 사용한다. ☐☐ 의미 있는 단어를 처음으로 말한다.
13-18개월	☐☐ 의사소통에 몸동작을 사용하는 것이 늘어난다(예 : 손가락으로 가리키기 등). ☐☐ 대략 50단어 정도의 어휘를 익힌다. ☐☐ 행동의 대상이 되는 사물을 나타내는 단어를 이해한다. ☐☐ 단어의 의미를 지나치게 확장한다(예 : 주변의 모든 남자 성인을 '아빠'라고 부른다). ☐☐ 단어의 의미를 지나치게 축소한다(예 : 빨간 공만 '공'이라고 부른다).
18-30개월	☐☐ 어휘를 수십 개에서 수백 개로 증가시킨다. ☐☐ 모방을 사용하고 대화에 참여한다. ☐☐ 두세 개 단어로 된 문장을 만드는 데 필요한 능력을 발전시킨다(예: "나 우유 마실래.").
30개월-5세	☐☐ 의미를 전달하는 일련의 소리(문법적인 형태소)를 사용한다. ☐☐ 3세까지 대략 900단어의 어휘를 개발한다. ☐☐ 의미 있는 문맥으로 언어를 제대로 사용한다. ☐☐ 단순한 문장을 사용한다.
5-8세	☐☐ 문법, 언어구조 및 의미에 대한 이해를 바탕으로 성인이 하는 것처럼 언어를 말한다. ☐☐ 대략 6세 때 1만 단어에서 8세 때 2만 단어까지 급격히 어휘를 증가시킨다. ☐☐ 기능과 외형을 참조하면서 구체적인 단어의 정의를 사용한다.
8-11세	☐☐ 10세까지 어휘를 약 4만 단어까지 발전시킨다. ☐☐ 유의어와 범주적인 관계를 강조하는 단어의 정의를 사용한다. ☐☐ 복잡한 문법형태를 이해한다. ☐☐ 비유와 유머에서와 같이 단어의 이중적인 의미를 파악한다. ☐☐ 복잡한 의사소통 상황에서 청취자의 요구를 고려한다. ☐☐ 대화의 전략을 세련되게 한다.

아이가 자기 생각만 하고 남 생각은 조금도 하지 않아요. 어린 동생보다도 못하니, 사회성에 문제가 있는 게 아닌지 걱정이에요.

엄마는 왜 자꾸 나한테만 동생에게 뭐든 양보하라고 해요? 동생이 하나 가지면, 나도 하나 가져야 하잖아요. 왜 형은 동생만큼 가지면 안 되나요? 형은 무엇이든 동생에게 다 줘야 하고, 동생 하자는 대로 해야 하는 거라면 나는 형 하기 싫어요!

05 애가 얼마나 이기적인지 자기밖에 몰라요!

엄마는 범수와 범수 동생을 같이 데리고 외출하면 창피할 때가 있다. 작은애는 큰애 범수보다 네 살이나 어려도 먹을 것을 사주면 먼저 엄마 입에 넣어주는데, 2학년이나 된 범수는 자기밖에 모르고 먹을 것도 자기 혼자 다 먹어버린 후 행동이 느린 동생 것까지 빼앗아 먹기가 일쑤였다.

"범수를 보고 있으면 무슨 애가 저렇게 이기적일까 하는 생각이 들어요. 자기 생각만 하고 남 생각은 조금도 하지 않아요. 집에서도 과일을 깎아놓으면 엄마 아빠한테 먹어보란 말 한마디 없이 먼저 큰 걸 냉큼 집어먹어요. 작은애는 어려도 눈치가 있는데 큰애가 저러니 더 미울 수밖에요. 외식을 하러 가도 자기 먹고 싶은 걸 먹어야 하고, 동생 생일인데도 똑같이 선물을 사주지 않으면 난리가 나요."

"저나 애 아빠는 남한테 피해주지 말고 싫은 소리 듣지 말자 주의여서 야단도 많이 치고 특히 아빠는 상당히 무섭게 하는데도 효과가 없어요. 아이가 사회성에 문제가 있는 게 아닌지 걱정이에요. 학교에서도 저런 식이면 왕따당하지 않겠어요?"

범수 엄마의 말을 듣고 있으려니, 언젠가 내 방 앞 복도에서 본 어떤 엄마와 아이들이 생각났다. 큰애는 일곱 살, 작은 애는 네 살 정도로 보였다. 두 아이가 풍선 한 개를 두고 실랑이를 벌이니까 엄마는 큰애에게 "네가 몇 살이니? 나이에 맞게 좀 행동해라!"며 야단을 치는 것이다. 큰애는 잠깐 주춤했지만 다시 동생과 다투기 시작하는 것으로 보아 엄마 말을 알아듣지 못한 것 같았다. 그럴 만도 했다. 이제 유치원에 다니는 아이가 나이에 맞는 행동이라는 말을 알아들을 리가 없다. 다만 아이는 엄마가 화난 어조로 말하니 잠깐 움찔한 것이다. 이것도 모르는 엄마는 다음에 혼낼 때 '너는 엄마가 그렇게 말했는데도 못 알아듣니?'라며 야단칠 게 분명했다.

그렇다면 아이는 몇 살이나 되어야 자신의 행동이 잘못된 것인지 알 수 있을까? 서너 살짜리 아이들은 생각과 행동 간의 관계에 대해 아주 단순한 수준에서만 이해한다. 즉 어떤 사람이 그렇게 행동하는 것은 그렇게 하고 싶어서라고 생각한다. 만일 다른 사람이 실수로 그릇을 깼다면 그 사람이 그렇게 하고 싶어 일부러 그랬다고 생각한다.

네다섯 살이 되면 마음에 대한 생각이 좀 더 발전해서 그릇을 깨뜨린 사람이 일부러 그런 것이 아님을 어느 정도는 알 수 있다. 그렇지만 이만큼 행동을 이해하기 위해서는 아이로 하여금 충분히 생각하도록 기회를 주고 어른이 바른 방향으로 도와주어야 가능하다. 그렇지 않을 경우 대부분의 아이들은 자기가 왜 그런 행동을 했는지 잘 알지 못하며 다른 사람에게 설명하기도 어렵다. 만일 엄마가 '너 때문에 동생이 다쳤다' '너 때문에 엄마가 힘들다'라고 야단치면 아이는 자신이 나쁜 아이이기 때문에 그렇게 행동했다고 생각하면서 과도하게 자책감을 느낀다.

어린아이가 자기행동의 의도를 알고, 엄마가 야단치는 이유를 이해하기는 어렵다. 자신의 행동이 다른 사람에게 어떻게 보이고 어떤 영향을 미치는지 알기 위해서는 초등학교 저학년이 지나 열 살 무렵이 되어야 가능하다. 그렇다면 범수의 어린 동생이 엄마가 싫어하는 행동을 하지 않는 이유는 무엇일까? 동생 역시 나이가 어리기 때문에 자신의 행동이 남에게 어떤 영향을 미치는지 알고 그런 행동을 한 것은 아니며, 형이 혼나는 것을 보고 어떻게 해야 혼나지 않는지를 대리학습했기 때문이다.

따라서 범수입장에서는 엄마에게 야단맞을 때마다 도대체 왜 엄마가 화를 내고 자신을 야단치는지 이해하기가 어려웠다. 그저 또 내가 뭘 잘못했나보다 하는 정도가 범수가 알 수 있는 전부였다. 나는 범수의 마음을 알아보기 위해 몇 가지 질문을 해보았다.

"범수야, 동생이 말을 잘 안 듣니?"

"매일 내 것 달라고 하고, 주면 또 다른 것을 달라고 해요."

"너는 장난감이 많지만 동생은 별로 없으니까 좀 줘야 하지 않을까?"

"그래도 왜 내 것을 달라고 해요? 자기 것을 갖고 놀든지 엄마한테 사달라고 해야지. 동생도 나한테 자기 것 안 줘요."

"엄마는 뭐라고 하시니?"

"양보하지 않는다고 저만 혼내요. 나는 동생한테 달라는 적이 별로 없고 동생만 그러는데도 나한테만 형이니까 참으라고 해요. 정말 속상하고 짜증나요."

범수의 이야기를 들어보니 아이의 억울한 마음과 엄마의 답답한 마음이 모두 이해되었다. 지금 범수는 자신과 동생의 입장, 엄마의 입장을 동시에 고려할 수 없는 나이다. 범수입장에서는 장난감이 자기 것이고, 엄마가 그 사실을 알고 있기 때문에 그걸 가지고 야단칠 수는 없다고 생각한다. 따라서 엄마가 화를 내면 동생만 예뻐하고 자기는 미워한다고 밖에는 생각할 수 없는 것이다. 범수 나이 정도면 다른 사람의 입장이 자신과 다를 수는 있다는 것은 알지만, 그 이유는 알고 있는 정보가 다르기 때문이라고 생각한다. 따라서 다른 사람이 자신과 다른 견해를 이야기하면 '아니, 내 말 좀 들어봐. 네가 몰라서 그래'라는 식으로 반응하는 것이다. 그러다 보니 장난감이 누구 것인지 알고 있는 엄마가 자신만 야단치는 것이 도무지 이해하기 어려웠고, 결국은 엄마가 나를 싫어해서 그러는 거라고 결론을 내릴 수밖에 없었던 것이다.

같은 맥락으로 아이들은 만일 함께 놀던 친구가 집에 가버린다면 자기와 놀고 싶지 않아서라고 생각한다. 그 친구가 갑자기 배가 아프다거나 엄마가 일찍 오라고 한 것이 생각나서 갔다고는 생각하지 못한다. 형제나 친구관계에서 상대방의 기분이나 입장을 생각하지 못하고, 상대는 나를 위해 뭔가 재미있는 것을 함께 하는 대상이라고만 생각한다. 따라서 이 시기의 우정은 일방적이고, 어른이 '친구가 한만큼 너도 되돌려줘라'라고 지시하면 이 말을 이해하지 못한다. 내가 좋아하는 것을 친구가 거절하면 친구관계는 곧 깨질 수도 있다.

범수 엄마에게 범수가 아직 엄마의 지시를 이해하기 어렵다는 점을 설명하고, 엄마 앞에서 범수에게 다음과 같은 질문을 해보았다.

"어떤 애가 100원짜리 구슬을 가지고 있는데 친구가 그걸 달라고 했어. 돈 주고 산거라고 하니까 1000원을 준다고 하면 어떻게 하겠니?"

"1000원 받고 주죠."

"너는 100원 주고 샀잖아."

"그래도 걔가 1000원 준다고 했잖아요."

"만일 그 아이가 그 구슬이 100원이라는 것을 알면 어떨까?"

"자기가 먼저 1000원 준다고 한 거니까 할 수 없죠."

범수 엄마는 어처구니없다는 표정을 지었지만 범수는 엄마가 도대체 왜 그런 표정으로 자기를 보는지 알 수 없었다. 나는 지금 범수가 한 대답이 범수가 다른 사람의 입장을 이해하는 수준이라고 설명했다.

딸아이가 4학년 때 친구가 먹기 싫은 우유를 대신 먹어주고 3000원을 받아온 적이 있다. 돈을 돌려주고 오라는 나한테 아이는 다른 애들이 얼마나 부러워했는데 돈을 돌려줘야 하느냐며 불평을 했다. 그리고 자기도 먹기 싫은 우유를 억지로 먹었기 때문에 돈을 받은 건 잘못이 아니라고 했다. 우유를 대신 먹어주는 게 3000원을 받을 일은 아니라는 건 어른인 나의 판단이었고, 아이로서는 그 애가 주겠다는 걸 받은 것이기 때문에 잘못된 게 없다는 것이었다. 이처럼 아이가 다른 사람을 인식하는 수준은 성인과 다르기 때문에 공평함과 합리성을 따지는 어른입장에서는 아이가 자기중심적으로 보일 수 있다.

따라서 아이가 잘못된 행동을 했을 때 어른입장에서만 무조건 이기적이라고 야단칠 게 아니라, 아이의 인지수준을 이해하고 거기에 맞추어 납득시키고 가르치는 자세가 필요하다.

조선미의 열린부모교실

아이들은 어른에 비해 인지적으로 미숙하기 때문에 여러 사람의 다양한 입장이나 견해를 이해하지 못하고 자신의 입장에서만 상황을 바라본다. 따라서 아이가 다른 사람의 입장을 이해하고, 배려하기 위해서는 나이가 들고 성숙해야 한다. 또한 가정에서 부모가 온정적인 태도로 아이의 행동이 다른 사람에게 어떤 영향을 줄 수 있는지 가르치고 상호성을 배울 수 있는 다양한 기회를 제공하면 배려하고 이해하는 능력이 더 빨리 계발될 수도 있다.

1. 다른 사람의 입장을 이해하는 데 가장 중요한 경험은 또래들과의 놀이활동이다. 놀이를 통해 다양한 역할을 맡아보면 아이는 자신의 입장과 친구의 입장 간에 불일치를 조금씩 이해한다. 또 놀이를 하는 동안 갈등이 생기면 아이들은 계속 놀기 위해 자신의 입장과 친구의 입장을 조정하는 것을 배운다.

2. 친구와 어울려 놀 수 있는 기회를 만들어줄 때는 그냥 아는 아이들보다 아이가 좋아하는 친구들과 어울리도록 해준다. 아이는 좋아하는 친구와 놀고 싶은 마음이 강하기 때문에 상대방의 입장을 더 잘 이해하고, 불일치를 조정하려는 노력을 더 많이 보이게 된다.

3. 아이가 이해하는 범위는 한계가 있으므로 갈등이 생겼을 때는 아이의 나이에 맞지 않는 것을 이해시키려 하기보다는 엄마가 나서서 조정해주거나 원칙을 정해주는 것이 낫다.

아이가 어려서부터 얌전하고 남과 쉽게 어울리지 못했어요. 학교 친구들이 집에 놀러 와도 혼자 구석에 앉아서 책을 읽고 있더라고요. 사회성이 부족한 걸까요?

친구들과 노는 게 재미있어요. 하지만 항상 친구들과 놀고 싶은 것은 아니에요. 혼자서 책 보는 것도 즐겁고, 인형하고 이야기하면서 동생 놀이하는 것도 좋아요. 그런데 왜 엄마는 내가 혼자 놀기만 하면 친구하고 놀지 않느냐고 걱정을 하나요?

06 친구와 함께 있으면서 왜 혼자 놀까요?

소영이 방을 들여다본 소영이 엄마는 가슴이 철렁했다. 초등학교에 막 입학한 소영이가 친구들과 어울리지 못할까봐 일부러 같은 반 친구들을 불러서 놀게 했는데 방 안을 들여다보니 소영이는 따로 앉아 만화책만 보고 있고, 다른 아이들은 서로 어울려 소영이 장난감을 갖고 놀고 있었다. 친구들이 뭘 하는지 소영이는 별 관심이 없는 것 같이 보였다.

소영이는 어려서부터 얌전하고 남과 쉽게 어울리지 못했다. 유치원에 다닐 때는 길에서 우연히 같은 유치원 친구를 만나도 먼저 인사하는 법 없이 늘 엄마 뒤에 숨곤 했다. 유치원 선생님의 말에 의하면 소영이가 적극적인 성격은 아니어도 다른 아이들과 잘 어울린다고 해서 크게 걱정하지는 않았다. 하지만 막상 학교에 보내고 나니 소극적인 성격 때문에 친구들 사이에서 따돌림을 당할까봐 여간 걱정이 되는 것이 아니었다. 그래서 입학하자마자 같은 반 아이들 중에 같은 아파트에 살고 있는 아이들 몇 명을 집에 놀러오도록 한 것이다.

엄마는 부엌일을 하면서도 소영이 방에 귀를 기울였다. 처음에 잠깐은 조잘대면서 서로 이야기를 하는 것 같았고 엄마가 간식을 가져다주자 함께 나누어 먹는 듯 보였다. 그렇지만 시간이 지나면서 방 안이 조용해지자 도대체 뭘 하고 노는지 궁금해져 문을 열어본 것이다. 네 명의 아이 중 두 아이는 소영이의 인형을 갖고 인형놀이를 하고 있었고, 한 아이는 소영이의 피아노책을 보면서 혼자 피아노를 치고 있었다. 그리고 소영이는 혼자 구석에 앉아서 책을 보고 있었으며, 주위에 있는 친구들에게는 관심이 없는 것 같았다.

아이가 또래관계에 적극적으로 어울리려는 모습을 보이지 않으면 사회성이 떨어지는 것 아닐까 걱정하는 부모가 많다. 그렇지만 서너 살 정도의 아이들은 실제로 또래에 큰 관심이 없으며, 아이들보다는 오히려 어른들 주변에 있으려 하고 자신에게 관심 가져주기를 바라는 경우가 많다. 또래가 많은 곳에 데려다놓으면 긴장하고 당황하는 모습을 보일 수도 있고, 다른 아이들에게는 별 관심을 보이지 않은 채 혼자만의 놀이를 하는 경우도 많다.

심지어 네다섯 살 정도의 어린아이들 중에는 활동적인 또래아이를 무서워하면서 우는 아이들도 있다. 다섯 살이나 여섯 살 정도가 되면 이런 행동은 줄어들면서 또래아이들의 주의를 끌거나 인정받으려는 모습을 보인다. 먼저 다가가서 관심을 보이기도 하고, 보라는 듯이 눈에 띄는 행동을 하기도 하면서 또래 주변을 빙빙 돌기도 한다. 이때 아이들은 친구와 놀고는 싶은데 어떻게 해야 하는지 잘 모르는 것처럼 행동하는 경우가 많다. 따라서 만나서 어울려 놀기까지는 시간이 좀 걸리고, 어른들의 도움을 필요로 할 수도 있다.

소영이가 집에서 아이들과 노는 모습을 본 소영이 엄마는 아이가 사회성이 떨어진다고 생각해서 소영이를 나에게 데려왔다.

"소영이는 학교에 가니까 재미있니?"

"네."

"뭐가 제일 재미있니?"

"친구들하고 노는 거요."

"뭐하고 노는데?"

"노는 시간에 애들이 자기 물건 보여주기도 하고, 어제는 내 짝이 아빠가 해외여행 갔다올 때 선물로 사온 연필도 하나 줬어요."

짝 이름과 앞뒤로 앉은 아이들 이름을 물어보았더니 잘 알고 있었다. 또 어떤 아이가 같은 아파트에 사는지도 알고 있어 또래관계에 큰 문제가 있는 것 같지는 않았다.

"친구가 집에 놀러온 적도 있니?"

"네."

"뭐 하고 놀았어?"

"인형놀이도 하고, 치킨도 먹었어요."

"친구가 있는데 너 혼자 책을 읽은 적도 있니?"

"네."

"친구가 놀러왔는데 왜 혼자서 책을 읽었어?"

"엄마가 그 전날 사준 건데 다 못 읽었어요."

"그럼 다른 친구들은 심심하지 않을까?"

소영이는 이해할 수 없다는 듯 눈을 동그랗게 뜬다.

"아니에요. 어떤 애는 내 인형 갖고 놀고, 또 어떤 애는 내 피아노책이 자기네 집에 있는 것보다 노래가 많아서 좋대요. 그래서 엄마한테 허락받고 빌려줬는데……."

소영이는 놀이의 범주로 봤을 때 협동적인 놀이와 연합적인 놀이, 병행적인 놀이를 함께했던 것이다. 아이들의 성장에 따라 놀이 또한 성장단계를 거치지만, 그렇다고 해서 한 범주의 놀이만 하는 것은 아니다. 협동적인 놀이를 하다 병행적인 놀이를 할 수도 있고, 경우에 따라서는 거의 상호작용을 하지 않은 채 연합적인 놀이만 하면서 시간을 보내는 경우도 있다. 따라서 아이가 또래와 잘 어울리는지 여부를 알아보기 위해서는 짧은 시간 동안의 행동만을 보아서는 판단하기 어렵고, 다양한 상황에서의 행동을 관찰해볼 필요가 있다.

» 아이들의 놀이 성장단계의 특징

아이들은 성장하면서 놀이의 특징이 달라지며, 점차 성숙한 모습을 보인다. 그렇지만 아이들이 크면서 늘 친구들과 적극적으로 상호작용을 하는 것은 아니다. 여러 가지 놀이형태가 복합적으로 나타나는 것이 보통이다.

1. **비사회적인 활동** : 다른 아이들이 노는 모습을 지켜보거나 혹은 혼자 놀면서 다른 아이들을 무시한다. 두세 살 정도의 아이들은 이런 모습을 많이 보인다.

2. **병행적인 놀이** : 아이들은 또래아이들에게 큰 관심이 없으며, 서로 상호작용을 하지 않고 각자 논다. 다른 아이의 행동에 영향을 미치려는 시도는 거의 하지 않는다. 서너 살 무렵까지는 이런 방식으로 놀이를 하는 아이들이 많다.

3. **연합적인 놀이** : 서로 장난감을 나누어주기도 하고 맞바꾸기도 한다. 그러나 아이들은 자신의 관심에 따라 행동하고, 또래와 공동 목표를 세우거나 협력하는 모습은 보이지 않는다. 네다섯 살 이후에야 이 정도가 가능하며, 더 어린아이들에게서는 협력하는 모습이 드물게 나타난다.

4. **협동적인 놀이** : 학교놀이, 엄마놀이 등의 역할놀이를 할 수 있으며, 상호작용이 활발해지고 공동목표를 위해 협력하는 모습을 보인다. 네다섯 살 이후에 이런 놀이의 형태가 나타나기는 하지만, 늘 이런 식으로 놀이가 진행되는 것은 아니다.

내 딸아이는 책을 워낙 좋아해 고학년이 될 때까지도 친구 집에 가면 책만 읽고 왔다. 가끔씩 딸아이의 친구 엄마들이 전화를 하면 아이가 독서를 많이 하니 얼마나 좋으냐며 부러워하는 사람도 있었다. 처음에는 나 역시 가서 책만 읽으려면 친구 집에는 왜 갔나 싶은 마음과 애들하고 못 어울리는 것은 아닌지 걱정스러운 마음도 들었다. 그렇지만 집에 오는 친구와는 활발하게 잘 어울리고 학교에 갈 때도 서로 만나 같이 가는 모습을 보니 걱정할 정도는 아닌 것 같았다.

　하루는 왜 친구네 가서 어울리지 않고 책만 보는지 묻자 딸아이는 보고 싶은 책을 엄마가 다 사주지는 않으니까 그 책을 가진 친구네 가서 읽고 온다고 대답했다. 보고 싶은 책에 관한 한 딸아이의 놀이수준은 비사회적 활동이라고 볼 수 있었다.

　신체활동을 싫어하는 아이의 경우 운동을 할 때는 한쪽에 얌전히 앉아 있지만 조용한 곳에서는 두세 명의 친구와 적극적으로 대화를 나누며 놀 수도 있다. 또한 어린아이들은 주의집중을 하는 시간이 짧기 때문에 한 가지 놀이를 오래 하지 못한다. 조금 놀다가 금방 싫증을 내고 다른 놀이를 찾게 되는데 이때 서로 의견이 다르면 아직은 타협하는 기술이 미숙해 따로 놀게 되는 경우가 많은 것이다. 엄마가 아이의 사회성을 판단하고 도와주기 위해서는 이런 점을 정확하게 알고 다양한 상황에서의 행동을 관찰할 필요가 있다.

조선미의 열린부모교실

어떤 아이는 어려서부터 또래에게 적극적으로 다가가는가 하면, 또 어떤 아이는 반대로 소극적이며 회피하는 모습을 보인다. 사람들과 어울리기를 좋아하는 것은 후천적으로 결정되는 부분도 있지만, 어느 정도는 유전에 의해 영향을 받는다. 특히 엄마 아빠가 소극적이고 내향적일 경우 아이가 비슷한 특징을 보일 가능성이 높다. 따라서 아이의 사회적 관계를 도와줄 때는 기질을 충분히 고려하는 것이 필요하다. 만일 아이가 기질적으로 내향적이고 여러 사람 앞에 나서는 것을 불편해하는데 어울릴 것을 강요한다면 오히려 대인관계에서 위축되는 결과를 가져올 수 있다. 따라서 또래와 어울리는 기회를 다양하게 제공하고, 아이 스스로 관계 속에서 적응해나갈 수 있는 환경을 조성해주는 것이 도움이 된다.

1. 거주지를 정할 때 비슷한 또래들이 많거나 동네에 놀이터가 많은 곳으로 가면 아이가 또래들과 어울릴 수 있는 기회가 증가된다.
2. 비슷한 또래가 있는 이웃집에 자주 놀러가거나 소집단 활동에 참여시킨다.
3. 적절한 나이가 되면 유치원에 보낸다.
4. 큰 문제가 없다면 친구관계에 너무 관여하지 않는다.
5. 친구관계에서 아이가 하는 행동에 대해 강압적으로 지시하거나 혼내지 않는다.
6. 사람들은 저마다 다른 생각을 할 수 있음을 아이의 수준에 맞게 설명한다.
7. 부모가 사교적인 모습을 보임으로써 모델이 되어준다.

20~30분이면 충분히 할 수 있는 숙제를 하면서 왜 그렇게 시간을 끌까요? 매일 숙제할 때마다 제가 큰소리를 쳐야만 숙제를 마칠 수 있으니 정말 짜증이 나요.

나도 숙제를 빨리 끝내고 놀고 싶단 말이에요. 그런데 아직은 글씨 쓰는 게 서툴러 한 줄 쓰는 것도 어려워요. 그리고 수학 숙제와 일기 쓰기는 더 어려워요. 엄마는 혼자 힘으로 해보라고 하지만 아무 생각도 나지 않을 때는 어떻게 해야 해요?

07 30분이면 할 걸 왜 한 시간이 넘게 하는지……

준형이 엄마는 오늘도 9시까지 숙제를 끝내지 못한 준형이 때문에 짜증이 나 있다. 숙제라고 해야 받아쓰기에서 틀린 문제 세 개를 다섯 번씩 쓰고, 수학익힘책 세 쪽을 푸는 게 고작이고, 일기야 어차피 매일 써야 하는 것인데 도대체 왜 빨리 끝내지 못하는지를 알 수가 없었다.

"준형아, 숙제 빨리 해라."

"지금 하고 있어요."

"도대체 시작한 지가 언제인데 아직도 하고 있어?"

"에이씨, 하고 있단 말이에요."

"뭐라고? 이 녀석이!"

결국 언성을 높이는 것으로 끝나는 입씨름을 준형이가 학교에 들어가면서부터 하루도 거른 적이 없다. 엄마가 보기에는 차분히 앉아서 하면 20~30분이면 충분히 끝낼 것 같은데, 그나마 한 시간에 끝내면 다행이고 두 시간이 넘어서는 경우도 허다했다.

가만히 들여다보면 아주 노는 것은 아니다. 그렇지만 몇 글자 쓰고 지우개 찾고, 또 몇 글자 쓰고는 연필이 부러졌다며 연필을 깎는다. 그러다 갑자기 다른 연필을 찾는다며 온 집 안을 뒤지고 다니다 엄마에게 혼이 나면 투덜거리며 다시 방으로 들어간다. 이제 좀 하나 싶으면 금방 목이 마르다고 물을 먹으러 나온다. 조금 있으면 화장실에 간다고 또 방을 나온다. 화장실에 가겠다니 어쩔 수 없지만 속이 끓는 건 참을 수 없다. 이 시간쯤이면 반은 했겠지 싶을 즈음 전화가 온다. 좀 늦겠다는 준형이 아빠의 전화다. 전화수화기를 들자마자 준형이가 또 뛰어나온다.

"아빠야? 아빠 올 때 과자 좀 사 오라고 해. 아빠가 어제 사준다고 했단 말이야."

그 말을 아빠에게 전할 때까지 했던 말을 하고 또 하고 결국은 또 혼나는 것으로 마무리가 된다. 이제 엄마는 참기 어려운 지경에 이르렀다. 화가 폭발해 심하게 소리치고, 20분 내에 숙제를 끝내지 않으면 일요일까지 컴퓨터 게임을 못하게 하겠다고 하니 그제야 준형이는 울상을 짓고 부랴부랴 숙제를 마쳤다.

20~30분이면 충분히 할 수 있을 것 같은 숙제를 하면서 아이들은 왜 그렇게 시간을 끌까? 숙제하는 시간에 영향을 미치는 요인은 여러 가지

가 있다.

첫 번째 요인은 숙제를 제시간에 시작해서 빨리 마쳐야겠다는 '동기'이다. 아이가 느끼기에 숙제 양이 너무 많아 보인다거나 어려운 것 같으면 동기부여가 안 되고, 숙제를 마치지 못할 수도 있다. 두 번째로 고려할 점은 주의를 집중할 수 있는 시간이다. 아이들은 어른에 비해 한 가지 일에 주의를 집중하는 시간이 훨씬 짧기 때문에 초등학교 1, 2학년이면 숙제시간이 20~30분을 넘지 않도록 해야 집중해서 숙제를 끝낼 수 있다. 세 번째는 나이에 맞게 숙제시간을 줄여주어도 쉽게 주의산만해지는 아이라면 시간이 길어질 수 있다. 이런 아이들은 숙제를 하면서 끊임없이 다른 생각을 하고, 옆에서 나는 작은 소리에 쉽게 마음을 빼앗기기 때문에 책상 앞에 앉아 있어도 실제로 숙제를 하는 시간은 짧을 수 있다.

아이의 능력에 비해 숙제의 난이도가 어떤가 하는 점도 중요하다. 이제 막 읽고 쓰기를 배운 아이라면 글씨를 읽는 시간, 읽은 것을 이해하는 시간, 생각한 것을 글로 옮기는 시간이 예상보다 훨씬 오래 걸린다. 이 밖에도 학습하는 분위기나 엄마가 공부를 시키는 방식 등 숙제시간에 영향을 미치는 요인은 상당히 많기 때문에 과제를 하는 데 드는 시간만을 갖고 강요하면 안 된다.

준형이는 1학년 아이의 평균과 비교해볼 때 지능이나 다른 능력에 있어서도 크게 떨어지는 점은 없는 것 같았다. 학교수업도 무리 없이 따라가고 산만하다거나 집중이 어렵다는 말도 들어본 적이 없다. 모든 면에서 평균을 벗어나는 점은 찾아보기 어려웠다.

"준형아, 숙제하는 게 힘드니?"

"네."

"뭐가 힘들어?"

"숙제가 많아요. 일기 쓰기도 힘들고……."

"일기 쓰는 게 왜 힘 드는데?"

"매일 뭘 써야 할지 모르겠고, 얼마나 써야 할지도 모르겠어요. 다섯 줄 쓰면 엄마가 더 쓰라고 하는데 더 이상 쓸 게 없어요."

"엄마가 도와주시지는 않니?"

"엄마는 내 생각을 쓰라고 하는데, 아무 생각도 나지 않아요."

"그럼 일기 쓰는 게 제일 힘드니?"

"받아쓰기 하는 건 좀 나은데 자꾸 딴 생각이 들어요."

가만히 들어보니 아직 준형이가 1학년밖에 되지 않아 30분 이상 주의를 집중하는 게 어렵고, 또 자기 생각을 글로 표현하는 것도 쉽지 않은 듯했다.

주의력을 조절하고 길게 유지하는 능력은 초등학교 무렵에 급격하게 발달하므로 1학년과 6학년 사이에는 현격한 차이가 있다. 초등학교 고학년 아이들은 어느 정도 주의집중을 조절할 수 있기 때문에 오랜 시간 한 가지 활동에 집중할 수 있으며 또 다른 과제로 주의를 옮기는 것도 가능하다. 하지만 1, 2학년 아이들은 긴 시간 동안 주의를 유지하는 게 어려울 뿐 아니라, 주의를 빨리 다른 데로 옮기기도 어렵다. 그래서 한 가지 숙제를 하다가 다른 숙제로 과제를 옮기는 것은 상당한 노력이 필요하다. 게다가 흥미를 느끼지 못하는 과제라면 더 빨리 주의가 산만해진다. 따라서 저학년 아이들에게는 숙제의 양이나 난이도를 조절해주고 한꺼번에 하기 힘들어하면 두세 번에 나누어 할 수 있도록 시간안배를 도와주어야 한다.

준형이 엄마에게 준형이가 어떤 상황에서 숙제를 하는지 알아보았다.

"아무래도 거실에는 텔레비전도 있고 동생이 있으니까 제 방에 가서 하라고 하지요. 준형이가 초등학교에 들어가면서 책상과 책꽂이를 방에 들여놓아서 혼자 공부할 수 있게 방을 꾸며줬어요. 그런데 방에 들어가서 공부를 하라고 하면 방에 들어가기를 싫어하고 엄마와 같이 하면 안 되냐고 해요. 억지로 들여보내도 거실에서 조금만 소리가 나면 금방 나와서 참견을 해요. 공부는 하지 않고 밖에 무슨 일이 있나 하고 그것에만 신경 쓰는 것 같아요."

아직 저학년이라면 혼자서 자기 방에서 공부하는 게 힘들 수 있다. 학교에 들어갔다고 해서 아이들이 혼자 공부할 준비가 된 것은 아니다. 긴 시간 동안 과제에 주의를 집중하는 게 힘들 수 있고 어려운 문제에 부딪히면 스스로 해결하지 못해 이럴까 저럴까 하는 사이에 산만해지는 경우도 많다. 또한 아직 엄마의 관심을 받고 싶어 하는 아이를 억지로 분리시키는 것도 심리적으로 안정감을 빼앗아 집중력을 저하시킬 수 있다.

물론 저학년 중에도 알아서 숙제를 잘하는 아이도 있고, 일기를 잘 쓰는 아이들도 있다. 그렇지만 대부분의 아이들은 교실에서 정해진 시간만큼 앉아 있는 것부터 훈련해야 하는 어린아이들이다. 학교에서 하는 오전 수업은 아이들의 하루치 주의집중력을 다 소진하기에 충분하다. 그런 아이를 집에 오자마자 숙제부터 하라고 책상에 앉히는 것은 아이의 주의력 조절능력을 고려하지 못한 요구이다.

아이가 숙제를 빠른 시간에 할 수 있도록 하기 위해서는 관찰과 적절한 도움이 필요하다. 우선 숙제를 하는 데 적합한 환경을 만들어주고 숙제의 내용이나 양을 확인한다. 혼자서 할 수 있는 것과 그렇지 않은 것을 구별해 도움이 필요한 것들은 엄마가 옆에서 적절하게 단서를 준다. 모르는 것은 즉각 물어볼 수 있게 하고 엄마가 설명해준다. 이런 식으로 훈련받은 아이는 학년이 올라가면서 스스로 숙제를 해결하고, 집중력이 길러지면서 엄마를 괴롭히는 횟수가 점차 줄어드는 것이다.

조선미의 열린부모교실

아이의 숙제를 도와주기 위해서는 숙제하는 환경과 부모가 어떤 식으로 숙제를 관리하는지 체크해보고 문제가 되는 부분을 변화시켜야 한다.

1. 학교에서 돌아오면 일단 좀 쉬면서 에너지를 충전할 수 있게 한다.

2. 아이가 숙제를 할 때는 텔레비전이나 컴퓨터를 끈다.

3. 방에서 혼자 숙제하기 힘들어하는 아이는 식탁이나 거실에서 엄마 옆에 앉아 숙제를 하도록 한다. 이때 엄마는 일일이 가르치고 참견하는 것이 아니라, 아이가 어려워하거나 모르는 것만 도와준다.

4. 동생이 있다면 동생도 책을 읽거나 장난감을 갖고 조용히 놀도록 한다. 이때 두 아이 간에는 거리를 두어 서로 참견하지 않도록 한다.

5. 지루해하는 기색을 보이면 기지개를 켜도록 하거나 심호흡을 하게 하여 주의를 환기시켜준다.

6. 오랜 시간 집중하는 것을 힘들어하면 중간중간 시간을 알려준다.

7. 일기 쓰는 것을 힘들어하면 우선 그날 무슨 일이 있었는지 하나씩 이야기하게 하고 그때 아이의 기분을 묻는다. 엄마와 이야기한 것을 쓰게 하고, 다른 사건이 있었으면 같은 식으로 이야기를 나누고 그 내용을 쓰도록 한다.

8. 숙제하는 동안 기분 좋은 분위기를 만들어서 숙제는 지겨운 것이라는 생각이 들지 않도록 해주고 숙제를 마친 다음에는 반드시 칭찬해준다.

요즘은 애들이 시험 보면 못해도 80점은 받잖아요. 그런데 아이가 60점을 받고도 창피한 걸 몰라요! 자기보다 잘한 애들도 많은데, 왜 자기보다 못한 애 점수만 얘기하는지……

왜 엄마는 나를 깎아내리기만 해요? 60점이 그렇게 못한 점수인가요? 지난 번 시험은 90점을 맞았잖아요. 이번에는 시험이 좀 어려웠고, 아는 걸 잠깐 착각해서 아깝게 틀린 것도 많았어요. 나도 속상한데 엄마까지 그러면 나는 어떡해요?

08 무슨 애가 60점을 받고도 창피한 걸 몰라요!

진수는 종례시간에 선생님의 호명을 기다리고 있었다. 어제 본 수학 시험지를 나눠주고 있었는데, 이미 시험지를 받은 아이들은 시끌벅적 떠들면서 수업 끝나고 축구를 하다 갈 건지 아니면 학교 옆에 있는 애견센터에 새로 온 강아지를 보러 갈 건지 등을 이야기하고 있었다.

시험지를 받은 진수는 이름 옆에 '60'이라고 쓰여 있는 점수를 보았다. 밑에는 동그라미와 틀렸다는 표시가 반 정도씩 섞여 있었다. 답이 애매해서 이럴까 저럴까 고민하다 찍은 문제 두 개가 틀린 게 보였다.

'이럴 줄 알았으면 3번으로 답을 쓸 걸.'

뒤에 앉은 친구가 시험 잘 봤냐고 물었다.

"별로……. 너는?"

"나도 별로야."

그러고 나서 둘은 곧 어제 보았던 한국과 일본의 축구경기에 대해 이야기하다 집에 돌아왔다. 문을 열어준 엄마는 다짜고짜 시험점수부터 물었다.

"엄마, 나 억울하게 두 개 틀렸어. 1번 쓸까, 3번 쓸까 고민하다가 두 문제 모두 1번을 썼거든. 그런데 그게 둘 다 3번이 답이야. 두 개 더 맞을 수 있었는데……."

"그래서 몇 점인데?"

"60점이야."

"뭐라고? 그걸 점수라고 받았어?"

"왜? 나보다 못 본 애들도 있어."

"너는 어쩌면 시험을 그렇게 보고도 창피한 걸 모르니? 너 그 점수면 낙제야, 낙제! 그리고 왜 너보다 못한 애만 얘기해? 너보다 잘 본 애가 더 많을 거 아니야?"

"아니야. 못 본 애도 많단 말이야!"

아이가 학교에 들어가면 부모는 자기 아이를 다른 아이와 비교하기 바빠진다. 다른 애는 몇 살에 한글을 떼었는지, 덧셈·뺄셈은 어느 정도나 하는지, 영어실력은 얼마나 되는지 궁금한 게 한두 가지가 아니다. 다른 애와 비교해 떨어진다 싶으면 속상하고 어떻게 해서든 따라잡게 하고 싶은 마음이 든다. 그렇지만 진수 같은 반응을 보이면 애는 왜 이렇게 욕심도 없나, 친구보다 잘하고 싶지 않나 하는 생각 때문에 마음이 더 복잡해진다.

　초등학교 저학년 아이들은 자기 자신과 친구들을 평가할 때 외적인 특징이나 행동을 가지고 판단한다. 이를테면 '나는 로봇이 두 개인데, 영철이는 다섯 개나 있어' '우리 집에는 강아지가 있는데 현우네는 없어'라는 것이 저학년 아이들이 하는 또래 비교의 기준이다. 그렇지만 고학년이 되면서 판단의 기준이 행동이나 외적 특징보다는 내적인 면과 심리적인 면에 초점이 맞춰진다. '내 친구는 나한테 친절하게 대해주고 공부도 잘해' '나는 착하기도 하지만 화도 잘 내'라는 식으로 생각하면서 판단기준도 이런 특징으로 바뀐다. 따라서 자신의 시험점수를 친구와 비교해 우월감을 느끼거나 창피함을 느끼는 것은 고학년이 되어서야 가능하다. 청소년기가 되면 이런 경향이 더욱 심해져 또래집단의 평가를 과도하게 신경 쓰지만, 그 기준이 반드시 성적이 되는 것은 아니다. 오히려 옷차림이나 어울리는 친구들의 특징 같은 것에 더 치우칠 수도 있다.

　진수의 말을 들은 엄마는 기가 막혔다. 60점을 받아온 것도 용서가 안 되는데, 그걸 잘 본 것이라고 우기기까지 하니 아이가 어쩌면 저렇게 창피한 걸 모를까, 좀 모자라는 애가 아닌가 하는 생각까지 들었다. 분명히 알려줘야겠다는 생각에 앞으로 시험을 보면 적어도 80점은 맞아야 한다고 하니까 진수는 왜 그래야 하냐고 볼멘소리를 한다. 그 말을 들은 진수 엄마는 한편으로는 어이가 없었지만, 진수에게 뭐라고 설명해야 할지 얼른 생각나지 않았다. 시험을 보면 80점 정도는 맞아야 하는 이유를 아이에게 어떻게 설명해야 할까?

"네가 학교에서 선생님 말씀을 열심히 들었다면 그 정도는 맞아야지."

"난 열심히 들었단 말이야. 이번에는 선생님이 가르쳐주지 않은 것에서 나왔어. 다른 애들도 다 어렵다고 했고, 경철이는 60점도 못 맞았어. 걔는 학원도 다니는데 그 정도 받았단 말이야."

진수는 나와 상담하는 중에도 엄마에게 했던 말을 반복했다. 진수 말을 들어보니 시험점수라는 게 무엇을 의미하는지 엄마와는 생각이 많이 다른 것 같았다. 엄마입장에서는 점수가 낮다는 것은 실력이 떨어진다는 것을 의미하고, 아이가 공부를 못하다보면 좋은 학교에 가고 좋은 직장을 얻기 힘들어질까봐 걱정된 것이다. 그렇지만 진수는 엄마처럼 먼 미래를 볼 수 없었다. 지난번에는 좀 잘 보고 이번에는 못 본 것뿐인데 도대체 엄마가 왜 그렇게 야단인지, 그리고 왜 다른 애들과 비교를 하는지 이해하기 어려웠다.

어린아이들은 시험점수를 무엇이라고 생각할까? 유치원생이나 초등학교 저학년 아이들은 비록 낮은 점수를 받거나 주어진 문제를 풀지 못해도 하려고만 하면 자신은 뭐든 할 수 있다는 태도를 보인다. 이런 태도는 어른들이 어린아이들에게 열심히 하는 것을 무조건 잘했다고 칭찬해주고, 하려고만 하면 얼마든지 잘할 수 있다고 격려해왔기 때문이다. 그렇지만 초등학교 3, 4학년이 넘어서면 서서히 노력과 능력을 구별하게 되어 아무리 노력하고 연습해도 안 되는 일이 있다는 것을 깨닫게 된다. 또한 부모와 교사도 이 시기부터는 노력보다는 아이의 능력에 대해 칭찬한다. 그렇지만 능력이 부족한 것을 안다고 해서 창피하게 느끼고 공부를 열심히 하게 되는 경우는 별로 없으며, 오히려 고학년이 되면서 학업성취를 하찮은 것으로 여기며 자신에게는 공부가 맞지 않는다고 생각한다. 따라서 점수를 가지고 비교하고 자존심을 깎는 것은 오히려 공부를 더 싫어하게 만들고 반항적인 행동을 하도록 만들 수 있다.

나는 진수 엄마에게 보통 다른 아이들이 몇 점을 받는지에 대해 알고 있는지 물었다.

"요즘은 애들이 대부분 못해도 80점은 받잖아요. 70점은 못하는 거고, 그 이하는 최하위권이라고 하던데 굳이 다른 애들 점수를 확인할 필요가 있을까요?"

"그럼 아이가 뭘 틀렸는지는 보셨어요?"

"이번 문제가 좀 어려웠던 것은 사실이에요. 지난 학기에 배운 것도 좀 있었고, 문제를 응용한 게 많았어요. 하지만 배우지 않은 것도 아닌데, 어느 정도는 맞아야 하지 않을까요?"

물론 진수 엄마 이야기가 맞을 수도 있다. 요즘 초등학교 시험은 우열을 가리기보다는 배워야 할 학습내용을 충분히 이해했는지 확인하는 차원에서 보는 것이기 때문에 대부분 아이가 알고 있는 수준에서 나오는 경우가 많다. 그렇지만 때로는 예외적으로 시험이 어려울 때도 있고 아이가 특별히 취약한 부분이 있을 수도 있다. 따라서 점수를 가지고 이야기할 때는 이런 점들을 꼼꼼히 따져볼 필요가 있다.

아이들이 시험점수를 갖고 창피해하는 것은 커가면서 자연스럽게 나타나는 현상이다. 일부러 창피하게 느끼라고 해서 느낄 수 있는 것은 아니다. 고학년이 되면 자의식이 발달하면서 오히려 아이가 성적에 너무 예민하게 반응해서 엄마가 달래줘야 하는 일이 생길 수도 있다. '공부 좀 못하면 어때'라는 식으로 성적을 무시하는 아이라고 해서 또래비교를 하지 않는 것은 아니다. 오히려 비교결과가 너무 고통스러우니까 시험점수가 뭐 대수야 하는 식으로 무시하는 태도를 보이는 것일 수 있다. 엄마가 아이를 자극하기 위해 점수만 갖고 나무라거나 다른 아이와 비교하면 아이는 앞으로 잘해야겠다는 생각을 하며 분발하기보다는 점수를 무시하고 싶은 마음이 더 강해질 수밖에 없다.

조선미의 열린부모교실

시험점수나 평가결과에 대한 개인의 태도는 자신감을 유지하고 스트레스를 다루는 데 상당히 중요한 영향을 미친다. 평가결과에 민감하면 스트레스를 많이 받을 수 있고, 결국 과도한 불안 때문에 효율성이 떨어지는 결과를 가져온다.

반면 시험에 대한 긴장감이 너무 낮으면 노력하려는 동기가 낮고 결과에 대한 책임감이 제대로 발달하지 못할 수 있다. 아이가 시험결과를 어떻게 받아들이는지는 부모가 시험점수에 대해 보이는 반응과 밀접한 관련이 있다.

1. 시험지를 받아오면 일단 아이에게 수고했다고 말해준다. 이때 아이가 시험을 준비하며 애쓴 노력에 대해서도 관심을 갖고 칭찬해준다.

2. 시험점수에만 관심을 주지 말고, 우선 어떤 문제를 틀렸는지부터 살펴본다. 그리고 틀린 문제를 다시 풀어보게 한다. 오답노트를 활용하는 것도 좋다.

3. 몰라서 틀렸다면 원리를 정확하게 설명해주고 같은 유형의 문제를 다시 풀어보도록 하고, 아는 것을 틀렸다면 실수하지 않는 방법을 알려준다.

4. 다음 시험에는 좀 더 높은 점수를 받을 수 있도록 목표로 정한다. 이때 지나치게 높은 점수를 정하지 않도록 하고 아이가 노력해서 달성할 수 있는 정도를 생각해본다.

5. 목표를 달성하면 칭찬해주고 다음번에는 좀 더 높은 목표를 정하도록 한다.

6. 다른 아이와 점수를 비교하며 시험결과를 탓하지 않는다.

아이가 2학년이나 됐는데도 시간개념이 없어요. 아침마다 시계를 보라 하고, 시간을 일일이 알려주면서 학교 갈 준비를 시켜야 하니까 여간 힘든 게 아니에요.

엄마, 나는 뭘 하려고 할 때 시간이 얼마나 걸릴지 잘 모르겠어요. 그리고 시간은 왜 그렇게 빨리 가는지도 모르겠고, 도무지 시간에 대해서 감이 안 와요. 친구들과 놀 때는 시간이 너무 빨리 가고, 공부할 때는 시계 바늘이 멈춰 있는 것 같아요.

09 시계는 볼 줄 알면서 왜 시간개념은 없을까요?

네 시까지 치과에 갈 준비를 하고 있어야 한다고 말은 해놨지만 슬기 엄마는 슬기가 과연 병원 갈 준비를 하고 있는지 걱정이 되었다. 준비라야 별 것은 아니지만 옷도 갈아입고 밥도 챙겨먹고 있어야 하는데 또 아무 생각 없이 만화책에 빠져 있을지도 모른다고 생각하며 집을 향해 발걸음을 더욱 재촉했다.

현관문을 열고 들어서는데 집 안이 어수선하고 시끄러웠다. 슬기는 친구 두 명과 함께 냉장고에 있는 식빵을 꺼내 잼을 발라먹고 있었다. 부엌은 한참 어질러져 있었고 가방은 거실 한가운데 던져져 있어 슬기 엄마는 냅다 소리부터 질렀다.

"너, 병원에 갈 준비하고 있으라고 했는데 어떻게 된 거야?"

"아, 참! 벌써 시간이 그렇게 됐어?"

"시간이 그렇게 됐어가 뭐야? 넌 시계 볼 줄 몰라?"

친구들 앞이라는 사실도 잊은 채 슬기 엄마는 화가 나서 슬기를 노려보았다.

"아까 시계 봤는데 세 시밖에 안 돼서 괜찮은 줄 알았는데……."

"옷도 갈아입고 밥도 먹어야 하는데 그때부터 준비를 시작했어야지."

"엄마가 그렇게 말하지 않았잖아."

"네 시까지 준비하라고 했는데 그 정도도 생각을 못하니?"

결국 치과 예약시간을 놓쳐 다음번에 가야만 했지만 시간개념이 부족한 슬기 때문에 화가 나는 것은 오늘 하루만의 일이 아니다. 아침에 깨워주면 억지로 일어났고 일어나서도 마치 슬로비디오를 보는 것처럼 느리게 행동해서 등교시간을 맞추려면 빨리 하라는 말을 열댓 번은 해야만 했다. 시계를 보라고 해도 흘낏 쳐다보기만 할 뿐 촉박한 시간이 아이에게는 아무 느낌도 주지 않는 것 같았다. 시계가 잘 안 보여서 그런가 하고 큰 시계로 바꾸었지만 결과는 마찬가지였다.

시계 보는 법은 유치원 다닐 때 한 시간 정도 가르치자 바로 배워서 오히려 다른 아이들보다 빠른 편이었다. 그런데 학교에 다니고 2학년이 될 때까지도 시간개념이 제대로 생기지 않아 일일이 알려주고 시켜야 하는 게 엄마는 여간 힘든 게 아니었다.

시계를 볼 줄 아는 아이가 시간에 맞추지 못한다며 실랑이를 벌이는 것은 아이를 키우는 집에서는 상당히 흔한 일이다. 그렇지만 시계를 보는 것과 시간에 맞추는 것은 아주 다른 능력이다. 시계를 보는 것은 두 개의 바늘이 어떤 규칙을 가지고 움직이는지를 배우는 것이다. 즉 큰 바늘이 한 바퀴 도는 동안 작은 바늘은 한 눈금을 가는 것이고, 작은 바늘은 시간을, 큰 바늘은 분을 가리킨다는 것을 이해하면 시계를 읽을 수 있다. 보통 시계를 보는 것은 7~9세경에 가능하다.

그렇지만 어떤 행동을 시간에 맞추어 하려면 시계를 제대로 볼 수 있어야 하는 것은 물론 하루가 몇 시간이고, 자신이 몇 시에 무엇을 시작해서 몇 시에 끝나는지, 자유로운 시간이 얼마나 되고 그 시간에 해야 할 일이 무엇인지 파악하고 있어야 한다. 또한 일의 유형이나 순서에 내재된 특징과 관계를 파악하고, 일을 할 때 어떤 순서로 해야 하며 각각의 행동에 시간이 어느 정도나 걸리는지도 알고 있어야 한다. 그리고 시간에 맞추기 위해서는 준비하는 시간이 얼마나 걸리는지도 계산한 후 그 시간에 맞추어 행동을 개시해야 한다. 이런 능력은 초등학교 고학년 정도나 되어야 가능하기 때문에 어린아이는 스스로 계획을 세워 시간을 맞추는 것이 가능하지 않다.

"슬기야, 엄마가 몇 시까지 뭐 해놓으라고 하면 시간을 맞추어 해놓는 게 힘드니?"

"네."

"시간에 맞춘다는 게 무슨 말이지?"

"늦지 말라는 거 아니에요?"

"맞아. 그런데 늦지 않으려면 어떻게 해야 할까?"

"빨리 해야죠."

"그럼, 만일 엄마가 다섯 시까지 숙제를 다 해놓으라고 하면 어떻게 해야 하지?"

"숙제를 빨리 해요."

"몇 시부터 시작하면 될까?"

"네 시?"

"네 시에 시작하면 다할 수 있을까? 숙제가 많을 때도 있고 적을 때도 있잖아. 또 학교 갔다 와서 피아노학원도 가야 한다면서?"

슬기는 눈만 껌벅껌벅할 뿐 대답하지 못한다. 이런 슬기에게 몇 시까지 뭘 해놓으라는 엄마의 말은 소귀에 경 읽기나 마찬가지였던 것이다.

시간에 따라 순서대로 일을 하기 위해서는 여러 단계가 필요하다. 다섯 시까지 숙제를 하기 위해 우선 슬기가 해야 할 일은 오늘 해야 할 숙제가 무엇인지 파악하는 것이다. 숙제의 종류와 각각의 숙제에 걸리는 시간을 계산한 후 특징에 따라 순서를 정한다. 그냥 베끼는 숙제는 먼저 해놓을 수도 있고, 준비물이 필요한 숙제를 하기 위해서는 먼저 문방구에 다녀올 수도 있다. 이처럼 순서도를 작성한 후에는 그 내용을 머릿속에 저장한다. 그 다음에는 시간표에 따라 행동을 개시해야 한다. 친구가 잠깐 놀자고 해도 거절해야 하고, 비디오 게임을 하고 싶은 유혹도 물리쳐야 한다. 심지어 숙제를 하다 피곤해서 쉬고 싶을 때도 끝내야 하는 시간을 염두에 두고 행동해야 한다.

숙제를 하다 문제가 생길 수도 있다. 필요한 물감이 집에 없을 수도 있고, 자료를 찾아야 할 경우도 있다. 이때 민첩하고 적절하게 문제해결을 하지 못하면 자칫 시간이 길어지거나 다른 데로 주의가 일탈될 수도 있다. 숙제하는 짬짬이 시간을 확인하면서 계획에 따라 잘해내고 있는지 확인해야 한다. 좀 늦는다 싶으면 속도를 내고, 여유가 있으면 주스 한 잔 마시고 한숨 돌릴 수도 있다.

시간에 맞추어 과제를 못하는 아이들은 흔히 게으르다는 지적을 많이 받는다. 그렇지만 이런 지적은 맞지도 않을 뿐더러 아이의 자신감을 꺾을 수도 있다. 아이들은 어른에 비해 시간을 효율적으로 관리하고 시간의 틀 안에서 일사불란하게 움직이기가 어렵다. 마감시간을 반드시 지켜야 한다는 생각도 없고, 어떤 일을 하려면 시간이 얼마나 필요한지 계산하기도 복잡하고, 그러다 보니 시간배분을 어떻게 해야 할지 알지 못한다. 막상 책상 앞에 앉아도 어디서부터 어떻게 해야 할지 알 수 없어 허둥지둥하다가 금방 다른 일에 마음을 뺏기고 누군가가 일러주기 전까지는 숙제로 돌아오기 어렵다.

게으르다는 말은 충분히 할 수 있는데도 하기 싫어서 일부러 꾀를 부린 경우에나 할 수 있는 지적이다. 그렇지만 숙제하는 과정을 철저히 분석해서 할 수 있는 부분과 그렇지 않은 부분을 구분해 살펴본다면 아이들이 게을러서 시간을 못 맞추는 것이 아니라는 사실을 알 수 있다.

어른들 중에서도 마감시간을 맞추지 못해 난처한 경우를 겪는 사람이 많다. 예약된 시간에 병원에 도착하지 못해 진료가 지연되거나 마감시한까지 일을 끝내지 못해 시간 외로 일을 하는 경우는 드물지 않다. 시간을 관리하고 행동을 조절하는 능력은 상당히 복잡한 기능이기 때문에 어른이라고 해도 잘해내는 사람과 그렇지 않은 사람이 있으며, 어린 시절부터 잘 훈련되지 않으면 나중에도 생활에 지장을 받을 수 있다.

조선미의 열린부모교실

주어진 과제를 지시에 따라 하는 것과 스스로 계획을 세워 해나가는 능력은 상당히 다르다. 초등학교 저학년 아이들 대부분은 인지적 미숙함 때문에 관리능력과 계획능력이 부족하다. 따라서 부모는 아이가 하는 일의 단계를 나누고 각 단계를 무리없이 할 수 있는 방법을 함께 찾고, 어려움이 생겼을 때 해결하는 과정을 함께 나누어야 한다. 아이는 이런 과정을 반복하면서 스스로 계획을 세우고 시간에 맞추어 일을 효율적으로 할 수 있는 능력이 키워진다.

1. 숙제나 주어진 과제들을 시작하기 전에 엄마와 함께 미리 계획을 세워본다. 우선 주어진 시간 안에 해야 할 일이 무엇인지 확인하고, 과제를 하는 데 필요한 시간을 고려해 계획표를 만들어본다.

2. 해야 할 일을 시간에 따라 나열하고 전체시간을 고려해 시작시간을 정한다.

3. 그 일을 할 때 필요한 물품이나 자료가 있는지 생각해서 미리 준비한다.

4. 하루 계획과 일주일치 계획을 동시에 짜고, 계획대로 잘해나가고 있는지 매일 확인한다.

5. 한 가지 일을 마칠 때마다 목록에 있는 항목을 지우고 새로 해야 할 항목을 추가시킨다.

6. 계획했던 행동이 끝난 다음에는 제대로 잘 되었는지, 다음에는 어떤 점을 좀 더 고려해야 하는지 확인한다. 처음에는 부모가 주도적으로 계획 세우기를 이끌어가지만, 점차 아이 스스로 할 수 있도록 기회를 주고 격려해준다.

다섯 살 때 할머니한테 선물 받은 옷 색깔까지 기억하는 아이가 왜 매일 자기가 해야 할 일은 잊어버릴까요?

수업이 끝날 때면 오늘은 집에 가서 엄마가 해놓으라는 것 다 해놓고 칭찬 받아야겠다고 생각해요. 그런데 막상 집에 오면 무엇을 해야 할지 아무 생각이 나지 않아요. 그러다 보면 어느새 엄마가 오고, 엄마는 또 해놓으라는 걸 안 했다고 화를 내요. 나도 이런 내가 싫어요.

10 매일 하는 당연한 일을 못한다는 게 말이 되요?

직장에 출근한 지수 엄마는 점심시간이 지나 오후가 되자 일이 손에 잡히지 않고 불안해졌다. 퇴근하기 전까지 해놓아야 하는 일들이 책상에 쌓여 있지만 자꾸 지수 얼굴이 눈앞에서 어른거렸다. 집에 돌아온 지수가 오늘도 어영부영 엄마가 집에 갈 때까지 아무것도 하지 않고 시간을 보낼까봐 걱정이 된 것이다. 집에 전화해보니 마침 지수가 전화를 받았다.

"지수야, 집에 왔으면 먼저 씻고 숙제부터 해라. 숙제 다 하고 나면 엄마가 어제 사다놓은 간식 먹고 수학학습지 풀어놔. 알았지? 그리고 어제 들어야 할 영어테이프도 듣지 않았지? 오늘은 어제 것까지 다 듣고 문제도 풀어놔. 너 어제도 제대로 안 해서 엄마한테 혼났잖아. 오늘도 제대로 안 해놓으면 정말 혼난다."

설득과 협박을 반복한 후에야 전화를 끊었지만, 엄마 마음은 영 편하지 않다. 3학년이면 충분히 할 수 있는 정도로 시킨다고 생각하는데, 웬일인지 지수는 엄마가 하라고 하는 것을 제대로 해놓는 경우가 거의 없다. 숙제도 많지 않고 학원도 보내지 않은 채 영어하고 수학학습지만 시키는데도 알아서 하는 경우는 거의 없고 결국 퇴근한 엄마가 지수를 붙잡고 일일이 가르치고 지시해야만 한다.

엄마는 집에 와서도 제대로 쉴 수가 없어서 피곤이 누적되는 생활을 계속 해왔다. 그러다 보니 집에 와서 지수얼굴만 보면 짜증이 나고 언성을 높이는 일이 반복되어 왔다. 엄마가 지수의 행동을 이해할 수 없는 것은 이것뿐이 아니다. 왜 할 일을 제대로 안 해놓았냐고 하면, 아이는 늘 '잊어버렸다'고 하지만 지수는 주변에서 인정할 만큼 기억력이 뛰어난 아이다.

"지수가 매일 할 일을 기억하지 못한다는 것은 정말 말도 안 되는 얘기예요. 지수는 다섯 살 때 할머니한테 선물 받은 옷 색깔까지 기억하는 아이예요. 재작년 여름에 제주도에 갔을 때 묵었던 호텔방 번호도 잊어버리지 않고 있어요. 그런 애가 도대체 왜 자기가 뭘 해야 하는지는 잊어버릴까요?"

과거의 일을 기억하는 것과 자신이 해야 할 일을 기억하는 것은 서로 다른 걸까? 기억력의 종류에는 여러 가지가 있는데, 그 중에는 일화기억과 절차기억이 있다. 일화기억은 살면서 일어났던 일, 자신이 겪었던 일들을 기억하는 것이다. 예전에 어디에서 살았는지, 유치원에 다닐 때 친구 이름은 무엇인지, 어디에 가서 누구를 만났는지 하는 것은 모두 여기에 해당한다. 흔히 기억력이 좋다고 할 때는 일화기억이 뛰어난 경우를 일컫는 경우가 많다.

절차기억은 어떤 일을 할 때 일의 절차와 순서를 기억하는 것이다. 예를 들어 아침에 일어나면 바로 목욕탕에 가서 이를 닦고 세수를 하고, 밥을 먹은 뒤 옷을 입고 가방을 챙겨서 나가는 일련의 과정을 한 묶음으로 기억하는 것이 여기에 해당한다. 수업시간이 되면 책과 공책, 연필을 꺼내 수업준비를 하는 것도 여기에 해당하고, 집에 와서 숙제하고 가방을 챙기는 일들도 모두 절차기억이 제대로 형성되어 있어야 가능하다. 아이들이 할 일을 잊어버리는 것은 흔히 절차기억이 견고하게 형성되지 않아서 그런 경우가 많다.

지수 엄마의 이야기를 들어보니 지수는 아직 엄마가 말하는 '할 일'이라는 묶음 속에 들어가는 여러 가지 행동들을 조직화시켜서 기억하지 못하는 것 같았다. 지수에게 직접 확인해보았다.

"지수는 학교에 갔다 오면 뭘 해야 하지?"

"숙제요."

"일단 집에 들어왔다고 생각해봐. 자, 가장 먼저 해야 하는 게 뭘까?"

"아, 맞다. 엄마가 먼저 씻으라고 했어요. 손부터 씻어요."

"그래. 그 다음에는 뭘 해야 할까?"

"숙제요. 아닌가? 참, 뭘 먹으라고 했는데……. 근데 그건 그때마다 달라요."

"지수는 집에 오면 뭘 해야 하는지 금방 생각이 나니?"

"아니요. 사실은 생각이 안 나요. 어떤 때는 생각났다가도 금방 잊어버려요."

나는 지수에게 수학문제를 내보았다. 지수는 두 단계까지 풀더니 못하겠다고 했다. 조금 단서를 주니 그제야 알겠다며 문제를 마저 풀었다. 가만히 보니까 계산능력은 괜찮은데 문제를 푸는 과정을 기억하지 못하는 것 같았다. 2학년만 되어도 한 단계로 풀이과정이 끝나는 수학문제는 거의 없다. 저학년 아이들은 수학의 원리를 이해하기 전 과정이기 때문에 풀이과정의 일정부분은 암기해서 풀어야 하는데, 지수는 그 부분이 잘 되지 않았다. 나는 문제풀이 과정을 설명해주고 비슷한 유형의 문제를 몇 개 더 내주었다. 두 문제 정도를 더 풀더니, 이제는 큰 노력 없이 문제를 풀었다. 약간 어려운 응용문제를 내주어도 척척 푸는 모습을 보니 지수에게 근본적으로 문제가 있다기보다 연습이 부족한 게 문제인 것 같았다.

자신이 해야 할 일을 기억해서 하는 것이 연습과 어떤 관련이 있을까? 악기를 연주하거나 자전거를 타는 것, 운전을 하는 것은 모두 절차에 대한 기억이 필요하다. 운전을 처음 배울 때의 기억을 되살려보자. 강사가 가르쳐줄 때는 다 아는 것 같다가도 막상 운전대를 잡으면 무엇부터 해야 할지 생각이 안 나서 쩔쩔매는 단계를 누구나 거친다. 그렇지만 운전을 배운 다음에는 이야기가 달라진다. 머릿속으로 굳이 단계를 떠올리지 않더라도 손발이 다 알아서 한다. 운전에 필요한 절차를 모두 익히고 기억하기 때문이다. 따라서 절차에 대한 기억이 충분히 이루어지지 않으면 다음 단계에 뭘 해야 하는지 생각이 나지 않고, 효율적으로 일을 하지 못하게 되는데 반복훈련을 하면 기억이 견고해져 자동적인 일처리가 가능해진다.

어른들의 경우 살면서 여러 가지 상황을 다양하게 반복적으로 겪었기 때문에 아이들에 비해 훨씬 풍부한 절차기억을 갖고 있다. 따라서 다음 단계에 무슨 일을 해야 하는지 굳이 생각하지 않아도 자동적으로 그 다음 단계에 필요한 일을 할 수 있다. 그렇지만 아이들의 경우 기억의 종류도 적고, 충분히 몸에 익지 않았기 때문에 아무것도 아닌 것처럼 보이는 일을 제대로 못해내는 경우가 많다.

지수 엄마가 지수에게 지시를 하는 스타일에 대해 알아보았다.

"이제 3학년이면 학교를 2년 이상 다닌 건데, 제가 일일이 말해줘야 하나요? 저는 당연히 아이가 뭘 해야 하는지 알고 있다고 생각했어요. '너 오늘 뭐 해야 되는지 알지?' 하면 아이는 안다고 했거든요. 그리고 학교 갔다 와서 씻고, 숙제하고 학습지 하는 게 말로 할 만한 일도 아니잖아요. 너무 당연한 건데……."

지수가 학교에 처음 들어갔을 때, 차분히 가르치면서 몸에 익힐 수 있도록 도와줬는지 물어보았다.

"제가 그때 몸이 아파서 지수한테 신경을 많이 쓰지 못했어요. 그냥 애가 학교에서 오면 잘 갔다 왔니, 가방 챙겨라, 간식 먹어라, 그 정도만 했던 것 같아요. 애가 숙제도 제대로 못해가고 준비물도 못 챙겨가는 날이 많았지요. 미리 선생님께 말씀드려 양해를 구했기 때문에 크게 혼나지는 않았어요. 그러니까 집에 오면 마냥 놀고 제시간에 뭘 해야 된다는 건 없었던 것 같아요."

어떤 일련의 과정을 배울 때는 첫 단계가 상당히 중요하다. 운동이나 악기를 배우기 시작할 때 좋은 선생님에게 제대로 배우는 게 중요하다는 말은 이런 점을 강조한 것이다. 절차에 대한 기억은 한번 습득되면 바꾸기 어렵기 때문에 명확하게 단계를 나누어 정확한 내용을 입력시켜야 한다. 한번 몸에 밴 자세를 바꾸기 위해 배우는 시간보다 훨씬 더 많은 시간을 자세 교정에 들이는 운동선수의 이야기도 마찬가지 의미이다.

따라서 아이가 뭔가를 처음 배울 때 엄마는 정확하게 무엇을, 어떻게 가르칠지 잘 생각해보아야 한다. 그리고 순서에 따라 단계적으로 가르치고 모니터하는 과정을 되풀이하여야 좋은 습관을 들여줄 수 있다.

조선미의 열린부모교실

대부분의 아이들은 주어진 과제를 하기 위해 계획을 짜고, 시간에 맞추어 해내는 것을 어려워한다. 계획 및 관리능력을 키우는 데는 반복적인 훈련이 필요하고, 일상생활에서 부모와 함께하는 여러 가지 활동이 중요한 역할을 한다.

1. 아이가 해야 할 일을 계획에 맞추어 하는 것은 상당히 어려운 일임을 부모가 인식한다.

2. 아이에게 지시할 때는 할 일을 하라는 식으로 막연하게 지시하지 말고, 지금 당장 해야 할 일을 구체적으로 알려준다.

3. 아이가 배워야 할 행동을 단계별로 적고 가르쳐준다. 예를 들어 가방을 챙길 때는 '시간표를 본다-시간표대로 책과 공책을 챙겨서 가방에 넣는다-필통 속에 연필과 지우개가 제대로 들어있는지 확인한다-준비물이 있는지 알림장을 본다-사야 할 물건이 있으면 엄마에게 이야기한다-가방을 다 챙긴 후 빠진 것이 없나 확인한다'와 같은 일련의 과정을 그림표로 만들어 놓고 가방을 쌀 때마다 그것을 보고 아이가 그대로 따라 하도록 한다.

4. 아이가 잘 못하는 단계는 더 세부적으로 나누어본다. 예를 들어 필통을 제대로 챙기지 못한다면 '필통을 연다-연필이 세 개 이상 들었는지 확인한다-연필이 모두 잘 깎여 있는지 본다-지우개가 있는지 확인한다-색연필이 두 가지 이상 있는지 확인한다-가방에 넣는다'라는 식으로 다시 조직화한다.

5. 어떤 일을 할 때 그 과정을 자주 설명해주고, 순서에 따라 말해보도록 시킨다.

아이가 할 일을 스스로 하게 하려면?

어떤 부모든 아이가 자기 할 일을 일일이 알려주지 않아도 알아서 하는 것을 바랄 것이다. 같은 과제를 하더라도 부모가 하나하나 지시하고 잔소리하면서 시켰을 때는 '매사 저런 식이면 커서 문제가 되지 않을까?' 하는 걱정을 하게 되지만, 아이가 스스로 할 일을 하면 훨씬 더 대견하고 기특하게 여긴다. 그렇다면 아이로 하여금 자기가 할 일을 스스로 하도록 하려면 어떻게 양육해야 할까?

아이가 제 할 일을 스스로 하기 위해 필요한 것은?

무언가를 스스로 알아서 한다는 것은 주변의 강요나 압력이 없어도 자신이 결정해 어떤 행동을 하는 것을 말한다. 부모는 아이가 숙제나 공부, 동생 돌보기, 등교준비 등 아이가 일상생활에서 스스로 해야 하는 것들을 부모가 말하기 전에 동기를 갖고 해내는 것을 원한다. 그렇다면 아이가 제 할 일을 스스로 하기 위해서 필요한 것은 무엇일까?

어떤 행동을 자발적으로 하기 위해서는 무엇보다도 동기가 있어야 한다. 그 행동을 했을 때 좋은 결과가 온다는 것을 분명히 알고 있으면 사람들은 누가 시키지 않아도 그 행동을 하게 된다. 좀 먼 곳에 있더라도 맛있는 식당을 찾아가서 밥을 먹는 것, 힘들어도 저렴한 가게를 찾아가는 것은 그 결과를 분명히 알고 확신할 수 있기 때문에 기꺼이 노력을 지불하는 것이다.

그 결과가 부정적이거나 아무런 결과도 내지 않는다고 생각하면서 자발적으로 노력하는 사람은 없을 것이다. 따라서 동기를 부여하기 위해서는 반드시 좋은 결과를 기대할 수 있는 환경을 만들어주어야 한다.

결과에 대해 상을 주는 것은 어떨까?

많은 부모들이 아이가 숙제를 하면서 "이거 하면 게임해도 돼? 아이스크림 사줄 거야?"라고 말하면 당연히 자기가 해야 할 일인데도 보상을 바란다고 여겨서 걱정을 많이 한다.

그렇지만 아이들의 경우 먼 미래의 결과가 동기로 작용하지 못한다. 숙제를 잘하면 다음날 선생님한테 칭찬을 받을 수도 있고, 공부를 잘하면 나중에 좋은 직업을 갖고 훨씬 더 풍요로운 생활을 할 수 있다는 것이 아이에게는 당장 할 수 있는 게임에 비해 훨씬 더 미미한 효과를 갖는 것이다. 따라서 아이에게 동기를 부여하기 위해서는 그것을 위해서라면 기꺼이 스스로 움직이게 할 수 있는 뭔가를 활용해야 하고, 아이가 어릴수록 그것은 즉각적이고 구체적인 것으로 주어져야 한다.

많은 부모들이 "아이가 숙제를 하라고 하면 꿈쩍하지 않다가도 다 하고 나서 뭘 사준다고 하면 바로 숙제를 한다"며 이런 행동을 부정적으로 생각하지만, 아이의 이런 반응은 지극히 자연스러운 것이다. 오히려 나이에 맞지 않는 목표를 갖고 노력할 경우 그 이면에 다른 원인이 있을 가능성을 고려해야 한다. 예를 들어 동생이 예쁘다며 스스로 챙기는 아이들은 동생에 대한 미움을 누르고 착한 아이 노릇을 해야 사랑받을 수 있다는 것을 알고 있으며, 그것이 강력한 동기가 된 것이다.

동기를 부여하고 자발성을 키우려면 어떻게 해야 할까?

자발성을 키우는 첫 단계는 아이로 하여금 자발적으로 했을 때와 그렇지 않을 때는 비교해 자발적으로 했을 때 훨씬 더 좋은 결과가 온다는 것을 알려주는 것이다. 그렇게 하려면 부모가 관심을 갖고 아이의 행동을 지켜보다가 무언가를 자발적으로 했을 때 그렇지 않을 때에 비해 훨씬 더 칭찬을 많이 해주어야 한다. 자발적인 행동에 대해 보너스로 상을 더 주거나 특별상을 주는 것도 한 방법이다.

"너는 왜 네 일을 자발적으로 하지 않니?"라는 말은 아이에게는 뭔가를 제대로 하지 않는다는 질책으로 밖에는 받아들여지지 않는다. 따라서 이런 말을 자주 듣게 되면 자신감이 떨어지고 위축되면서 자발성은 더 저하되는 결과를 가져온다. 반면 아이가 우연히 어떤 행동을 했는데 부모가 크게 관심을 보이면서 칭찬하고 상까지 준다면 아이마음에는 '아! 엄마가 시켜서 하는 것보다 내가 먼저 알아서 하면 훨씬 더 좋은 결과가 오는구나'라는 것을 배우게 되고 다음에는 그런 행동을 보일 가능성이 더 높아지는 것이다. 부모가 잔소리를 반복하면 아이는 하려고 해도 자발적으로 할 기회조차 갖지 못하게 되고 결과는 잔소리와 말 안 듣는 행동을 반복하는 악순환을 초래할 것이다.

어떤 행동을 격려해야 할까?

부모가 아이에게 하는 지시를 크게 나누어보면 '해야 할 행동을 하라'는 것과 '하면 안 되는 행동을 하지 말라'는 것으로 볼 수 있다. 두 가지 행동은 모두 아이에게 분명치 가르쳐야 하며 어느 것 하나 소홀히 다룰 수 없

다. 그러나 어느 쪽에 더 역점을 두느냐에 따라 아이의 인성이나 자신감에는 아주 다른 결과를 초래할 수 있다.

  부정적인 행동에 초점을 맞추게 되면 부모는 주로 아이의 좋지 않은 행동에 더 관심을 보이게 되고 행동을 제재하는 지시와 잔소리를 반복하게 된다. 이런 일을 많이 겪은 아이들은 행동이 위축되거나 자신감이 손상되기 쉽다. 반면 아이가 어떤 행동을 하는 게 바람직한가에 초점을 맞추게 되면 격려와 칭찬을 하는 경우가 훨씬 늘어나면서 아이의 자신감은 높아지는 결과를 가져온다.

아이가 일단 뭔가 하고 싶은 마음이 들면 주변상황을 전혀 생각지 않은 채 조르는 경우가 많아요. 하지 않기로 철썩같이 약속해놓고도 언제 그랬냐는 듯이 약속을 무시해버려요.

엄마하고 약속한 다음에는 사달라고 조르지 않으려고 많이 애썼어요. 그런데 새로 나온 머리띠가 너무 예쁘잖아요. 다른 애들도 많이 갖고 있다고요. 그런데 엄마가 약속도 안 지키는 애라고 화내니까 나도 속상해요. 내가 그렇게 나쁜애인가요?

11 믿은 내가 잘못이지, 약속하면 지켜야 하잖아요!

"은비야, 엄마하고 약속하자. 엄마가 오늘은 사줄 테니까, 다음부터는 밖에 나와서 뭐 사달라고 하지 않기다!"

"알았어."

"정말 약속한 거야. 엄마가 은비 믿어도 되지?"

"알았다니까, 엄마."

"정말 이번이 마지막이야."

엄마는 다짐 또 다짐을 하면서도 내심 믿기지 않았다. 그렇지만 이제 여덟 살이나 되었으니 엄마와의 약속을 지키겠지 싶었다.

다음날, 은비와 함께 백화점에 가면서 은비 엄마는 어제의 약속을 아이에게 상기시켰다. 기억하고 있다는 은비의 말에 엄마는 안심했다. 그렇지만 막상 백화점에 도착해보니 상황은 달라졌다. 요즘 아이들 사이에서 유행하는 머리띠를 보자 은비가 졸라대기 시작한 것이다.

"엄마, 저 머리띠 예쁘다. 나 하나만 사줘."

"너 머리띠 많잖아."

"그래도 저런 건 없잖아. 집에 있는 건 다른 색깔이야."

"어제 엄마하고 밖에 나와서 뭐 사달라지 않기로 약속했잖아. 그런데 왜 또 사달래?"

"딱 한 번만! 저 머리띠 사주면 앞으로는 안 그럴게."

은비 엄마는 약속을 지키지 않는 은비에게 너무나 화가 났다. 엄마가 보기에 은비는 일단 뭔가 하고 싶으면 주변상황을 전혀 생각지 않은 채 조르는 경우가 많았다. 하지 않기로 약속을 해도 마찬가지여서 아이가 너무 참을성이 없고 약속 같은 걸 우습게 아는 것 같아 걱정이 되었다. 이렇게 철썩같이 약속하고 쉽게 저버리는 모습을 친구들 사이에서도 보이면 따돌림을 당할 수도 있겠다 싶은 생각까지 들었다.

자기 마음대로 하려는 어린아이와 이를 통제하는 부모 사이의 갈등은 상당히 자주 발생한다. 감정과 행동, 욕구를 조절하는 아이의 능력은 부모가 이 상황을 어떻게 다루느냐에 따라 상당한 차이를 보인다. 부모가 아이에게 단호하게 '안 돼!'라고 말하고, 왜 안 되는지를 아이가 알아듣게 설명하는 경우 아이는 크게 저항하지 않고 엄마 아빠의 지시에 따른다. 특히 평상시에 아이와 자주 놀아주고 잘 돌보아준 경우 아이는 엄마 아빠의 지시에 따름으로써 부모를 기쁘게 하려는 모습을 보일 수 있다. 이런 아이는 부모가 통제하는 데 큰 어려움을 겪지 않는다.

반면 평상시 아이와 좋은 관계를 유지하지 못하면서 때리거나 위협하고 야단을 치는 부모의 경우 아이는 반항하거나 무력에 굴복하는 비저항적 행동을 보인다. 이런 아이는 당장은 굴복하지만 기회가 되면 쉽게 반항하고 제멋대로 하려는 행동을 보이게 된다.

다른 사람과의 약속을 지킨다는 것은 한 사회의 구성원으로 살아가면서 상당히 중요한 능력이다. 그래서 많은 부모들은 자녀를 책임감 있고 약속을 잘 지키고 스스로 정한 것을 끝까지 지키는 사람으로 키우고자 애쓰는 것이다. 그렇지만 약속이란 눈으로 보거나 손으로 만져볼 수 없는 매우 추상적인 개념이다. 어린아이가 이런 추상적인 개념의 의미를 이해하고, 그것을 행동으로까지 연결시키는 것은 상당히 어려운 일이다. 약속이 중요하다, 다른 사람과 약속하면 지켜야 한다는 점을 반복적으로 교육시키면 좀 나아질 수 있지만 약속이라는 걸 왜 지켜야 하는지, 그게 왜 중요한지를 마음으로부터 이해하는 데는 한계가 있다. 나이가 들어 다른 사람들과 좀 더 성숙한 교류를 할 수 있게 되어야 약속의 참다운 의미를 알게 된다. 은비는 그러기에는 아직 어린 1학년이었다.

"은비야, 은비는 엄마한테 뭐 사달라고 많이 조르니?"

"조금이요."

"그런데 네가 너무 많이 사달라고 조르면 엄마가 힘들지 않을까?"

"네."

"그럼 선생님하고 오늘부터는 엄마한테 사달라고 조르지 않기로 약속할 수 있어?"

"네."

은비는 순순히 대답한다.

"그런데 집에 가다가 백화점에 갔는데 너무 예쁜 지갑이 있는 거야. 네가 좋아하는 캐릭터 무늬도 있고 그런 지갑을 보면 어떨 것 같아?"

"사고 싶어요."

"선생님하고 약속했는데도 사달라고 할거야?"

"그래도 너무 갖고 싶으면 사달라고 할 거 같아요."

은비 나이에는 이렇게 생각하는 것이 당연하다. 이 나이 아이들에게 조르지 않는다는 약속은 멋진 장난감이 보이지 않는 그 상황에서 조르지 않겠다는 의미이지 다가오지 않는 미래의 행동까지 통제하겠다는 의지의 표현은 아닌 것이다. 따라서 엄마와 은비 사이의 약속은 약속이라기보다는 엄마의 일방적인 지시이다. '다음에는 졸라도 사주지 않을 거니까 사달라고 하지 마'라는 것을 '네가 엄마하고 약속한 거니까 지켜'라는 식으로 바꿔 말한 것이고, 자신도 이해하지 못하는 약속을 한 아이는 나중에 약속을 지키지 않았다는 것 때문에 지시를 어겼을 때보다 훨씬 혼나게 된다. 은비는 아직 약속을 이해하지도 못하고 지키지도 못할 나이이기 때문에 사실은 약속을 한 것이 아니다.

그렇다면 아이들의 자기조절 능력은 어느 정도나 될까? 여러 연령대의 아이들에게 과자가 담긴 그릇을 보여준 후 당장 먹는다면 두 개를 주고 20분을 기다렸다 먹으면 다섯 개를 준다고 하고 어떻게 행동하는지 알아보았다. 여덟 살 이하의 아이들은 눈앞에 있는 과자의 유혹을 물리치기 어려웠다. 대부분의 유치원 아이들은 20분을 기다리지 못하고 그 자리에서 두 개의 과자를 받았다. 학년이 올라갈수록 참았다가 더 많은 과자를 받는 아이들이 늘어났지만 1, 2학년 정도의 아이들도 즉각적인 즐거움을 참고 기다리는 게 쉽지 않았다. 초등학교 4, 5학년이 지나서야 많은 아이들이 더 많은 과자를 받기 위해 20분 동안 즐거움을 포기하고 기다릴 수 있었다.

나는 은비에게 친구들하고도 약속을 하는 경우가 있는지 물어보았다.

"학교 끝나고 집에 갔다가 놀이터에서 만나기로 한 적도 있고, 어떤 때는 일요일에 같이 도서관 가기로 해요."

친구들과 한 약속을 꼭 지키는지 묻자, "엄마가 나가 놀아도 된다고 하면 가고 안 된다고 하면 안 가요. 친구들도 엄마가 못 나가게 하면 그냥 집에 있어요."라고 하였다. 못 나가게 된다고 해서 연락을 해주거나 나중에 미안하다고 하는 아이는 별로 없다는 것도 은비를 통해 알게 되었다.

은비와 은비 친구들에게 그 상황에서 중요한 것은 친구들과 한 약속보다는 엄마의 허락 여부였다. 그렇기 때문에 엄마가 안 된다고 하면 당연히 친구들이 그렇게 이해해줄 것이라고 생각해서 미안한 마음을 갖지 않고, 혹시 바람을 맞은 친구가 있어도 그러려니 넘어가준다. 따라서 은비가 약속을 잘 지키지 않는다고 따돌림을 당하지 않을까 걱정한 엄마의 생각은 맞지 않는 것이다.

그렇지만 학년이 올라가면서 이런 태도는 서서히 변한다. 자기통제와 규칙을 지키는 것이 중요하다는 것을 내재화하고, 교육을 통해서도 이렇게 하는 것이 필요하다는 것을 배워가기 때문이다. 다른 사람과 한 약속뿐만 아니라, 자기와 한 약속을 지키는 능력은 아이들의 성장에 매우 중요하다. 이런 능력을 잘 개발시킨 아이들은 커서 사회적으로 능력 있고, 자신감이 있으며, 자기능력을 신뢰하고 스트레스를 잘 견뎌내는 어른으로 성장한다.

조선미의 열린부모교실

아이에게 약속을 지키는 게 왜 중요한지를 납득시키는 것은 쉽지 않다. 아이가 약속의 의미를 충분히 이해하기도 전에 약속을 지키지 않았다고 야단을 치면 아이는 이유도 모른 채 위축되는 결과만 가져올 수 있다. 따라서 약속을 잘 지키는 아이로 키우기 위해서는 엄마가 아이의 사회성 발달정도를 이해하고 순차적으로 가르치는 것이 필요하다.

1. 초등학교 고학년이 될 때까지는 약속하자고 강요하거나 약속을 지키지 않는다고 야단치지 않는다.

2. 아이가 스스로 정한 일을 해냈을 때는 약속을 잘 지켰다고 칭찬해준다.

3. 어떤 일을 지시할 때 "엄마는 네가 잘할 거라고 믿는다. 너는 참을성이 많은 아이다"라는 식으로 서서히 자기통제력을 강화한다. 이때 아이가 잘 못해도 야단치지 말고 뭐가 제대로 안 됐는지에 대해서만 이야기한다.

4. 물건을 사달라고 조르는 아이와는 사달라지 않기로 약속하기보다는 일주일에 한 번, 한 달에 한 번만 사준다고 시한을 정해놓는다.

5. 약속을 지키는 게 왜 중요한지 예를 들어 설명해준다.

6. 부모가 모델이 되어 아이에게 한 약속을 반드시 지키도록 한다. 그러기 위해서는 약속을 할 때 해줄 수 있는지 없는지를 잘 생각한 후 약속을 하고 지키지 못했을 경우 미안하다는 표현을 한다.

| 아이마음 |

2장 엄마, 나도 잘하고 싶어요!

아이를 사랑하면서도
아이를 힘들게 하는 이유

선생님께

큰아이 동수가 중학생이 되고 처음으로 맞는 중간고사에서 한 달간 공부한 것에 비해 점수가 좋지 않았습니다. 걱정이 되어 학원선생님께 물어보았더니 다른 아이들이 열심히 공부하는 동안에도 동수는 멍하니 있다가 지적하면 머리가 아프다며 공부를 하지 않았다고 합니다. 시험기간 내내 머리 아프다고 하고 늘 힘이 없어 보이고 힘들어하기에 저 또한 이렇게까지 공부를 시켜야 할까 생각을 많이 하게 되더군요. 아이가 커서 조심한다고 하지만 이런 결과가 나오면 저 역시도 속이 많이 상합니다.

며칠 전 아이들과 함께 외출하기로 약속을 했는데, 큰아이가 친구들과 놀고 싶다며 약속을 번복하기에 제가 화를 냈습니다. 가족과 약속을 했으면서 지키지 않은 아이를 나무라다보니 이야기가 중간고사 시험결과에 대한 추궁으로까지 이어지게 되었습니다. 처음에는 말대꾸도 하고 심드렁하게 반응하던 아이가 결국은 펑펑 울면서 하고 싶은 것을 좀 하게 해주면 안 되느냐고 하더군요. 저는 "네가 잘하는 게 뭐 있어? 공부를 못하면 운동을 잘하든가, 아니면 특기가 있든가……"라고 했고, 아이는 그 말을 듣고 "그래, 나 잘하는 거 아무것도 없어. 공부도 못하고 운동도 못하고 게임만 좋아해." 하며 제 방으로 들어가서 문을 닫아 버렸습니다.

제가 생각해도 제 행동이 잘못된 것 같습니다. 아이에게 바라는 게 없다고 하다면서 결국은 시험도 잘 보고, 모두 다 잘하기를 바라는 셈이 됐네요. 상처를 받았을 아이가 걱정이 됩니다. 어떻게 하면 좋을까요?

동수 어머니께

아이가 성장하면서 더 이상 고분고분하지 않고 따지기까지 하니 키우기가 더 어려우시죠? 이제는 자기도 나름대로 생각이 있다고 말대꾸하고 대들고, 봐주자니 제 할 일은 제대로 하지도 못하고 야단치면 반발하고……. 이런 일들이 반복되는 때가 청소년기인 것 같습니다.

원래 자식은 클수록 손에서 놓아 보내야 하는데 우리 현실은 아이가 커갈수록 학업과 취업에 대한 압박이 늘어나기 때문에 오히려 부모가 점점 더 간섭할 수밖에 없고 갈등이 깊어가는 경우가 많은 것 같습니다. 그렇더라도 이제는 큰 아이니까, 스스로 알아서 하도록 맡기는 부분이 점차 더 늘어나야 하고 그 부분에 대해서는 책임지도록 하는 것을 반복하면서 서서히 어른으로서의 준비를 시키는 수밖에 없는 듯합니다.

이를테면 어머니가 시험 때문에 야단을 치면 아이는 야단맞은 것으로 죄책감이나 부담감을 벗어버리고 점차 자기 성적에 대한 책임을 자기 스스로 지지 않으려 할 수 있습니다. 이런 일이 반복되면 일이 잘못되었을 때 "엄마 때문이야"라며 부모에게 탓을 돌리거나 "나는 잘하는 게 하나도 없어"라며 자신감이 떨어질 수 있습니다. 어머니 말씀을 들어보니 아이가 많이 지쳐 있는 상태인 것 같은데 당분간은 기운을 북돋워주면서 다시 학업에 몰두할 수 있는 기력을 불어넣어주는 것이 급선무인 것 같습니다. 엄마가 보기에는 아이가 태평하고 공부에 관심이 없어 보여도 사실 아이는 스트레스를 상당히 많이 받습니다. 힘들기는 한데 어떻게 해야 할지 모르거나 해도 잘 안 된다는 생각에 빠져 있을 때 아이는 무기력해지기 마련입니다. 이때 아이에게는 잔소리가 아니라 격려와 도움이 필요한 때입니다.

선생님께

동수 어머니가 남기신 글을 읽고 조금 다른 의견을 갖고 있어서 제 생각을 이야기해보려 합니다. 큰 아들 민성이도 이번에 중학교에 들어갔습니다. 성격도 원만하고 공부도 잘하는 아이로 인정을 받는 편이지만 성격 탓인지 목표를 갖고 도전하기보다는 현재에 안주하는 스타일입니다. 제가 보기에는 너무 태평스럽고 욕심이 없어 보입니다.

이번 중간고사 때 일입니다. 아이가 힘들어하는 암기과목을 옆에서 도와주었는데 그 과목은 좋은 성적이 나왔고, 반면 자신 있어 했던 중요과목의 점수는 기대만큼 좋은 성적을 받지 못했습니다. 그 일로 아들과 많은 이야기를 했습니다. 제 생각에는 엄마의 기대가 아이에게 부담이 되지 않았을까 싶어 공부에 관여를 덜 하겠다고 했습니다. 그랬더니 의외로 아이는 공부할 때 제가 옆에 있어주고, 제대로 못하면 잔소리를 해달라고 하더군요.

아이 말로는 자기도 스스로 하고 싶지만 자기에게 모든 걸 맡긴다면 자기통제를 제대로 못해 후회할 것 같다고 합니다. 공부보다는 운동과 친구들에게 더 관심이 많은데 엄마가 그냥 둔다면 자기는 통제하지 못할 것 같다며 제게 계속적인 통제와 잔소리를 요구하는 겁니다.

선생님, 어떤 방법으로 교육을 해야 할까요? 어떤 것이 정말, 아이에게 필요한 교육방법일까 가르쳐주세요.

동수, 민성이 어머니께

두 분의 상황이나 의견은 사실 전혀 다르지 않습니다. 그렇지만 일상생활에서 이런 문제를 만난다면 생각을 정리하거나 결론을 내리는 게 쉽지 않으리라 생각됩니다. 아이 키우는 데 정답이라는 게 없겠지만 특히 아이의 자신감과 자율성을 존중하는 부분에 있어서는 어디까지 허용하고 어디까지 통제해야 할지 애매한 부분이 많습니다.

아이가 어릴 때는 아이에 관한 대부분을 부모가 결정합니다. 아이가 커갈수록 쉽고 간단한 것부터 아이 스스로 해나가게 되고, 이런 과정은 아이가 자신의 일을 혼자서 다 할 때까지 반복적이고 지속적으로 이루어집니다. 청소년이 되어서도 마찬가지이지요. 전보다는 통제를 훨씬 덜

받지만 여전히 생활의 핵심에는 부모와 학교의 통제가 존재합니다.

이처럼 아이를 키운다는 것은 길게 보면 일거수일투족을 다 통제하고 돌보아주는 시기에서 아이가 전적으로 자신의 행동을 결정하고 책임지는 시기로의 이행이라고 할 수 있습니다. 따라서 보호와 통제는 아이가 성장해가면서 당연히 그 정도나 방법이 변화합니다. 부모의 통제와 보호는 아이의 발달수준과 환경, 타고난 기질이나 가정 분위기에 따라서 많은 차이를 보일 수 있습니다.

그렇지만 분명한 것은 부모가 민감하게 아이를 살펴보면서 이런 것들을 조정해주어야 아이의 자율성이나 독립심, 자신감이 무리 없이 커나갈 수 있다는 점입니다. 과도하게 통제하면 아이는 수동적·의존적이 되고, 자신감이 길러지지 않고, 불만에 찬 채 성장할 수 있습니다. 반대로 너무 통제하지 않으면 아이는 행동의 경계를 모른 채 버릇없이 굴거나 그 나이에 해서는 안 될 행동에 대한 경계를 스스로 하지 못해 문제에 휘말려들 가능성이 높아집니다.

그러면 내가 통제를 과도하게 많이 하는지, 아니면 지나치게 적게 하는지는 어떻게 알 수 있을까요? 그것은 아이들을 보면 알 수 있습니다. 아이가 주로 보이는 행동이 위축되어 있고 자신감이 부족하고 활력이 결여되어 있다면 대체로 그 아이는 통제를 많이 받아왔고 지적을 당하며 자랐을 가능성이 높습니다. 이럴 경우에는 통제를 줄이고 격려를 많이 하는 게 필요하지요. 반대의 경우도 마찬가지입니다.

동수 어머니께 아이를 격려해주라고 말씀드린 것은 아이의 행동으로 보아 지금까지 통제를 많이 받아왔거나, 아이 스스로 알아서 잘한 부분에 대해 격려가 부족했거나, 무언가 기대에 미치지 못한다는 말을 반복해서 듣고 자라온 것 같은 부분이 있어서입니다. 이런 아이들은 지금부터라도 칭찬과 격려를 통해 자신감을 회복해나가는 게 가장 중요합니다.

반면 민성이의 경우 아이가 스스로를 통제하기 어려워한다면 어머니께서는 그 부분을 도와주시는 게 맞습니다. 아이가 아직 어리기 때문에 결심을 하거나 마음 먹어도 그대로 하기는 어렵습니다. 아이 스스로 이런 점을 깨닫고 도움을 청한다면 함께 의논해서 효과적으로 도와주시되 결국은 네가 스스로 해낼 일이라는 것을 알려준다면 아이는 잘 자랄 것으로 생각됩니다.

많은 엄마들과 고민거리를 함께 나누면서 절실하게 느낀 점은 이 세상에 자식을 사랑하지 않는 부모는 없다는 것이다. 자식에 대한 기대가 커서, 내 맘같이 되지 않아서, 어떻게 해야 할지 몰라서 아이를 힘들게 하는 것뿐이지 사랑이 부족해서 스트레스를 주는 경우는 없다.

부모가 아이를 사랑하면서도 아이를 힘들게 하는 가장 큰 이유는 아이의 마음을 잘 모르기 때문이다. 부모의 질책 때문에 아이가 얼마나 낙담하고 좌절하는지 알 수 있다면 어떤 부모도 아이에게 고함을 치거나 인상을 쓰지 않을 것이다. 부모에게 인정받지 못하는 것이 아이의 평생에 얼마나 족쇄가 되는지를 이해한다면 그 마음에 못을 박는 행동은 하지 않을 것이다.

이제 아이 마음속으로 들어가보자. 아이 마음을 이해하고, 있는 그대로의 아이를 받아들이게 되는 순간 당신은 행복한 부모로 아이와 마주 보며 웃을 수 있을 것이다.

가끔은 엄마가 동생한테 하는 것처럼 나하고도 놀아주고, 아프다고 하면 머리도 쓰다듬어주고 안아줬으면 좋겠어요. 동생하고 있다가 동생이 울면 나도 울고 싶어지고, 머리가 아프다고 하면 내 머리도 깨질 것처럼 아파요. 그래도 엄마가 걱정하실까봐 참는데 이제는 너무 아파서 참을 수가 없어요.

남들은 우리 아이 보고 의젓하다고 하지만, 아직도 아픈 동생하고 싸우기나 하고 철이 없어요. 엄마 아빠가 일 때문에 바쁜데, 제 할 일도 스스로 알아서 못한다니까요.

01 내가 언니니까 잘해야 하는데, 너무 힘들어요!

내가 윤주를 처음 보았을 때 윤주는 잠깐 화장실에 간 엄마를 대신해 동생을 돌보고 있었다. 동생은 혼자서도 충분히 과자를 먹을 수 있을 것 같은 나이인데도, 누나가 먹여주는 게 당연하다는 듯이 받아먹고 있었다. 엄마가 돌아오자 작은 녀석이 얼른 엄마에게 가서 매달렸다. 엄마는 칭얼거리는 둘째를 달래고 우유를 준다고 가방을 뒤지면서도 윤주에게는 눈길 한 번 주지 않았다. 엄마가 둘째를 달래는 사이 윤주 옆에 있던 아주머니가 엄마를 보며 윤주를 칭찬했다.

"누나가 몇 살이에요? 애가 아주 어른스럽네요. 우리 손녀도 얘 또래인데, 아직 아기 같기만 한데."

"3학년이에요. 밖에서나 그러지 집에서는 아직도 동생하고 싸우고 철이 없어요."

"그렇지 않은데요. 아주 의젓하고 착해 보이네. 요즘 아이들은 이 정도 하기도 힘들어요."

"아직 멀었어요. 엄마가 집에 없으니까 다른 애들보다 집안일을 좀 하기는 해도 저 혼자 다 알아서는 못해요."

어른들이 이야기를 하는 동안 윤주는 혹시나 칭찬받을까 하는 표정으로 엄마를 쳐다봤지만, 아직도 멀었다고 말하는 엄마의 표정은 단호해 보였다.

윤주는 뚜렷한 이유 없이 복통과 두통을 호소하는 경우가 많았고, 소아과 진료를 몇 번 받았지만 아무런 이상이 없는 것으로 나타났다. 별일 아니겠지 하던 윤주 엄마는 일주일 전부터 아이가 머리가 아프다며 떼굴떼굴 구르고 우는 일이 반복되자 결국 병원에 데려오게 된 것이다.

뚜렷하게 병이 없는데도 계속해서 복통이나 두통을 호소하는 아이들이 있다. 소아과나 내과에서 아무 이상이 없다고 하는데도 아이가 계속해서 아프다고 할 때는 심리적 문제가 신체증상으로 바뀌어 나타났을 가능성을 생각해보아야 한다. 이때 아이는 아프지 않은데도 아프다고 꾀병을 부리는 것이 아니라 실제로 몸이 아프다고 느낀다.

이처럼 이유 없이 몸이 아픈 것은 학교에 가기 싫다거나 시험을 보기 싫을 때처럼 무언가를 피하고 싶을 때 나타날 수도 있고, 엄마의 관심을 즉시 끌 수 있는 방법으로 아플 수도 있다. 이때 아이의 마음속에는 엄마의 사랑과 관심에 대한 충족되지 못한 욕구가 자리 잡고 있다고 할 수 있다. 특히 아이가 평상시에 요구를 잘 못하거나 표현력이 부족한 경우라면 더욱더 내면의 불편한 감정을 직접 표현하지 못하고 윤주처럼 신체증상을 통해 표출할 수 있다. 이런 증상은 아이뿐 아니라 어른에게도 흔히 나타나며 스트레스를 받으면 소화가 안 된다거나 큰일을 앞두고 머리가 아픈 증상, 화를 삭혀야 할 때 가슴이 답답한 것도 모두 여기에 해당한다.

어디가 어떻게 아프냐는 질문에 윤주는 머리와 배가 아프다고만 하였고 더 자세히 설명하지 못했다. 소아과에서 문제가 없다고 하니 심리적인 원인이 있을 것 같아 가정환경에 대해 물어보았다. 윤주의 엄마 아빠는 모두 가게 일을 하느라 아침 일찍 나가 밤늦게 들어오고, 윤주는 학교에서 돌아오면 동생을 돌보며 저녁까지 챙겨서 먹는다고 했다. 이제 3학년인 윤주에게는 힘들지 않을까 싶어 물어보았지만 윤주는 괜찮다고 대답하였다. 동생이 아파서 잘 돌봐줘야 하기 때문에 친구들과 어울리는 시간도 거의 없는 것 같았다.

"동생이 어디가 아픈데?"

"머리에 뭐가 있어서 전에 수술한 적이 있어요. 요즘도 감기 걸리거나 그러면 머리 아프다고 해요."

동생이 병이 있어 머리가 아프다는 말을 듣자 윤주의 두통이 동생과 관련이 있지 않을까 싶었다. 아픈 동생이 있으니 윤주는 부모로부터 거의 관심을 받지 못하고 자라왔을 것이다. 이렇게 자란 윤주는 무의식중에 자신이 아파야 엄마가 관심을 줄 것이라고 생각했을 수 있다. 이런 일은 형제 중에 특별히 손이 가거나 아픈 아이가 있는 가정에서 흔히 나타나는 현상이다.

아이가 나이답지 않아서 다시 한 번 힘들지 않은지 물어보았다.

"동생은 자꾸 떼쓰면서 울고, 엄마가 집에 오면 화장실도 못 가게 해요. 그러니까 엄마가 너무 힘들어서 제가 도와드려야 해요. 저는 이제 3학년이나 됐는데 엄마한테 뭘 해달라고 하면 안 되잖아요. 엄마는 우리들 때문에 몸이 아픈데……."

아무리 물어봐도 '엄마가 집에 없어서 힘들다, 동생 때문에 짜증난다, 나도 놀고 싶다'는 말은 하지 않았다. 말 잘 듣는 아이라도 열 살이라면 불만을 말하는 게 훨씬 자연스럽다. 윤주는 열 살다운 감정을 모두 억누른 채 엄마에게 인정받기 위해 힘겨운 노력을 하고 있는 것 같았다.

형제 중에 아픈 아이가 있으면 가족 분위기에 많은 영향을 준다. 외출이나 휴가, 식사 등 생활의 많은 부분이 아픈 아이를 중심으로 이루어지고, 부모는 아무래도 아픈 아이에 대해 더 많은 관심을 쏟게 된다. 그러다 보니 건강한 아이는 당연히 부모로부터 관심을 받기 어려워지고 부모가 신경 써주지 않으면 소외감이나 외로움을 느끼게 된다. 또한 건강한 아이는 아픈 형제를 돌봐야 한다는 책임감을 갖게 되는 경우가 많은데, 특히 손아래 형제가 아플 경우 평생 동안 동생을 돌봐야 한다는 압박감을 느낄 수도 있다.

이런 이유들로 건강한 아이는 자기역할을 하는 데 긴장감을 많이 느끼게 되고, 기간이 길어질수록 이런 가족 상호작용의 특징이 아이의 성격 형성에 영향을 미치기도 한다. 뿐만 아니라 건강한 아이는 아픈 형제를 대신해 부모에게 더 잘해야 한다는 부담을 갖는다. 부모가 말하지 않더라도 알아서 공부를 잘하려고 하거나 성공해야 한다는 생각을 많이 하는데 이런 부담이 오히려 방해가 될 수도 있다. 따라서 아이들 중 오래 아프거나 낫기 힘든 병을 가진 아이가 있을 경우 부모는 아픈 아이뿐 아니라 건강한 아이가 원만하게 자랄 수 있도록 신경 써주는 게 필요하다.

윤주에게 언제가 제일 힘든지 묻자, 동생이 엄마 보고 싶다고 울거나 아프다고 할 때라고 대답했다. 역시 윤주는 자신의 감정이나 욕구보다는 동생의 감정과 욕구를 우선으로 하고 있었다.

"동생하고 싸울 때도 있니?"

"전에 한 번 그랬어요. 가족신문 만들기 숙제를 해놨는데 동생이 낙서해서 망쳐놨어요. 너무 화가 나서 한 대 때린 적이 있어요."

"그때 엄마는 뭐라고 하셨지?"

"싸우면 무조건 저만 야단맞아요. 동생은 아픈 앤데 그것도 모르냐고 하세요."

아이의 서열이나 특징에 따라 부모가 자녀를 다르게 대하는 것은 어느 가정에서나 있는 일이지만 윤주의 경우는 상식적인 범위를 넘고 있었다.

윤주 엄마는 첫눈에 보기에도 지치고 피곤해 보였다. 24시간 하는 가게를 하다 보니 아빠는 밤늦게까지 일하고 새벽에 들어와 오전 시간에

> » 형제 서열에 따라 성격에 차이가 있을까?
>
> '적극적 부모의 역할훈련'으로 유명한 Popkin은 형제 서열에 따른 특징과 부모가 주의해야 할 점을 다음과 같이 말하고 있다.
>
> | 위치 | 아이의 특징 | 부모의 역할 |
> |---|---|---|
> | 첫째 아이 | 다른 형제들에 대한 책임감이 강하고, 스스로 옳고 완전하고 우월해야 한다고 생각한다. | 성공을 지나치게 강요하지 말고, 실수는 실패가 아니라 배울 수 있는 기회임을 알려준다. |
> | 둘째 아이 | 위의 형제를 따라잡고 맞수가 되려고 애쓴다. 독특성을 인정받을 때까지 반항적일 수 있다. | 아이의 독특성을 격려하고 형제들과 비교하지 않는다. |
> | 막내 아이 | 어린애로 취급받으면서 응석받이가 될 수 있다. 영특함과 창조성을 보일 수 있다. | 혼자서 할 수 있는 일을 해주지 말고, 형제간의 싸움에서 편들어 주지 않는다. |
> | 외동 아이 | 관심의 대상이 되는 것에 익숙하고 여러 측면에서 자신감이 약할 수 있다. | 다른 아이와 함께하는 기회를 많이 만들어주고, 친구 사귀는 것을 격려한다. |

잠을 자고, 엄마는 새벽에 나가 저녁 늦게까지 일을 하고 집에 와서는 아이들을 돌보고 밀린 집안일을 하는 상황에서 몇 년을 살았다고 한다.

"둘째가 아기 때 뇌에 뭐가 생겼다고 해서 큰 수술을 두 번이나 받았어요. 경기를 할지 모르니까 치료를 받아야 한다고 해서 벌써 몇 년째 약을 먹고 있어요. 항상 신경을 써줘야 하는데 제가 돌봐주기 어려우니까 윤주한테 많이 맡겼어요."

"윤주가 힘들어하는 것 같지는 않았나요?"

"저도 어린앤데 힘들겠지요. 그래도 제가 일을 하다보니까 아이한테 '네가 도와줘야지 동생이 아프지 않고, 엄마도 안 아프다'는 말을 많이 했어요. 동생 때문에 엄마가 가게 일을 못하게 되면 너희들 학교도 못 보내는데 그러면 큰일 아니냐고 하면 아이가 알아들어요. 또 실제로 집안 상황이 그렇기도 하고요."

요즘은 맞벌이를 하는 부모들이 많다. 부모가 맞벌이를 한다고 해서 무조건 아이에게 나쁜 영향을 미치는 것은 아니다. 엄마가 직장을 나가면서 일에 대한 스트레스를 받지 않고 직업에 대해 자부심을 가질 경우 아이들은 오히려 또래보다 성숙한 행동을 보인다. 그렇지만 일에 대한 스트레스가 많고 직장생활에 대한 확신이 없으면 이런 엄마의 심리상태가 아이에게도 좋지 않은 영향을 미칠 수 있다.

부모가 직장에 나가 일하는 동안 아이들은 믿을 만한 곳에 맡기는 것이 가장 좋다. 그러나 윤주네 집의 경우처럼 다른 대안이 없어 큰아이에게 버거운 역할을 맡기게 되는 경우도 있을 수 있다. 이때 엄마가 분명히 염두에 두어야 할 사실은 엄마가 해야 할 일인데 큰애에게 대신 맡기고 있다는 점이다. 아이는 당연히 그 일을 해야 하는 것이 아니라 상황이 그렇기 때문에 어쩔 수 없이 엄마를 대신하고 있는 것이며, 아이 스스로도 이런 점을 알 수 있도록 해주어야 한다. 즉 네가 큰애니까 당연히 해야 한다가 아니라, 엄마가 해야 할 일인데 너한테 맡겨서 미안하다, 엄마는 정말 네가 대견하고 자랑스럽다고 해주어야 아이의 심리적 부담이 덜어지고 아이답게 자라나게 된다.

몸에 이상이 없는데도 심리적 이유 때문에 아픈 것이 확실하다면 증상을 없애는 데는 몸과 마음의 관련성을 깨닫는 것이 가장 중요하다. 즉 몸이 아픈 게 아니라 문제는 마음에 있다는 것, 몸과 마음이 함께 움직인다는 것을 알아차리면 아픔은 사라지게 마련이다. 그렇지만 윤주의 경우 어린아이이기 때문에 이런 관련성을 깨닫게 하는 것이 쉽지 않다. 아이들에게는 신체증상의 원인이 되는 불안이나 박탈감을 직접적으로 해소시켜주는 것이 필요하다. 윤주 역시 동생에게 빼앗긴 사랑을 어느 정도 되찾고 힘든 역할을 덜어주어야 좋아질 수 있다.

일반적인 가정에서도 동생이 태어나면 큰아이는 더 이상 엄마의 독점적인 관심을 받지 못한다. 두 아이 모두 어린아이인데도 어리고 손이 더 많이 가는 작은아이에게 관심이 집중되기 때문이다. 이때 동생의 방해를 받지 않고 엄마와 보내는 놀이시간은 박탈감을 느끼는 큰아이에게 상당한 치유효과를 낸다. 이런 시간을 통해 엄마가 여전히 자신을 사랑하고 있고, 자신이 소중한 존재임을 깨닫게 되기 때문이다.

> » 아이마음을 치유하는 놀이
>
> 1. 동생이 자는 시간이나 유치원에 간 시간을 이용해 일대일로 놀아준다. 주중에 시간이 나지 않을 때는 주말에 아빠에게 동생을 맡기고 아이와 단둘이 보낼 수 있는 시간을 만든다.
>
> 2. 놀이는 아이가 좋아하는 놀이를 우선으로 선택한다(단, 텔레비전 시청이나 컴퓨터 게임은 좋지 않다). 집 안에서는 아이가 좋아하는 만들기, 그리기, 게임 등을 할 수 있고, 바깥활동으로는 자전거 타기, 공차기, 함께 산책하기를 해볼 수 있다. 어떤 것이든 아이가 좋아하는 것이면 된다.
>
> 3. "빨간색을 위에 놓았구나" "네 것이 더 빨리 가네"라는 식으로 아이가 하는 행동을 즐거운 말투로 이야기한다.
>
> 4. 놀이방식도 아이에게 맡기고 이 시간만큼은 아이에게 지시하거나 문제를 지적하지 않는다.
>
> 5. 이런 시간을 일주일에 서너 번 이상, 한 번에 30분 이상 갖는다.

조선미의 열린부모교실

아이가 별 이유 없이 아프다고 할 때 우선은 소아과에 데려가 진료를 받고 정말 이상이 없는지 확인해야 한다. 특별한 문제가 없다는 것이 밝혀지면 아이가 아프다는 의미를 파악해야 한다. 즉 최근 들어 아이가 스트레스를 느낄 만한 환경의 변화나 어려움이 없었는지 생각해본다. 아이의 학교생활이나 친구관계, 성적에 어려움은 없는지, 가족과의 관계가 원만하고 아이가 안정감을 느끼고 있는지 살펴보고 아이와 충분한 대화를 갖도록 한다. 또 다음과 같은 방식으로 아이와 시간을 보내주는 것이 상당한 효과를 볼 수 있다.

1. 스트레스가 확인되면 환경을 바꿔주고 문제해결을 도와준다.

2. 아프다는 호소에는 약간 무관심하게 대하면서 아파도 자기역할은 할 수 있도록 지도해야 한다. 아프다고 학교를 빠지거나 해야 할 일을 면제해주면 아이는 비슷한 상황에서 다시 아프다고 할 가능성이 높아진다. 아프다는 이유로 일상적인 의무나 과제를 면제해주지 않고 격려해서 스스로 완료할 수 있도록 한다. 그 과정에서 지속적으로 격려하고 칭찬한다.

3. 가정에서 부모가 스트레스에서 비롯된 신체증상을 자녀에게 표현하거나 과도한 부담을 주지 않도록 조심한다.

4. 평상시 건강을 유지하기 위한 습관을 길러주고, 신체의 건강이 중요함을 알려준다.

엄마, 나는 정말 수학에 재능이 없나 봐요. 수학시험지만 봐도 앞이 깜깜하고 아무 생각도 나지 않아요. 수학을 잘 하고 싶은데 어떻게 해야 할지 모르겠어요. 그렇게 중요한 수학을 못하니 나는 앞으로 공부를 잘하기는 틀렸죠?

아이가 다른 과목은 곧잘 해요. 하지만 다른 걸 아무리 잘하면 뭐해요. 수학 때문에 전체평균을 깎아 먹는데……

02 왜 제일 못한 점수만 말해요?

혜원이가 학기말 시험을 마치고 집에 돌아오자 엄마는 혜원이가 신발을 채 벗기도 전에 시험점수부터 묻는다.

"시험 어떻게 봤어? 수학은 잘 봤어? 몇 개나 맞았어?"

"엄마, 사회는 전보다 쉽게 나왔어. 하나 빼고 다 아는 문제야."

"수학은? 엄마가 지금 수학시험 물어보잖아."

"다른 애들도 전부 수학이 어려웠대. 수업시간에 배우지 않은 것도 나왔어."

"그래서 몇 개나 못 썼는데?"

"아이참, 엄마는 왜 맨날 수학성적만 갖고 그래? 내가 잘 본 과목은 안 물어보고."

"넌 수학을 제일 못하잖아. 3학년 때 학기말 시험에서도 70점을 맞아 놓고 왜 큰소리야!"

결국 혜원이는 쿵쾅거리며 제 방으로 들어가 문을 쾅 닫아버린다. 엄마는 그 뒤에다 대고 이번에도 수학시험을 제대로 못 봤으면 각오하라며 소리친다.

혜원이의 수학시험이 문제가 된 것은 이번이 처음은 아니다. 혜원이는 독서량도 많고 국어나 사회는 공부하지 않고도 곧잘 좋은 점수를 받아왔지만, 수학은 자신 없어하고 시험점수도 다른 과목에 비해 낮았다. 혹시 주의력이 떨어져서 그런가 싶어 혜원이 엄마는 급기야 나를 찾아왔다.

혜원이를 데리고 여러 가지 검사를 해보니 주의집중력에는 문제가 없었다. 다만 자신감과 자아존중감이 많이 떨어져 있는 점이 눈에 띄었다. 혜원이를 데리고 이런저런 이야기를 나누어보았다.

"혜원이는 너의 장점이 뭐라고 생각하니?"

"글쎄요. 저는 장점이 없는 것 같아요."

"장점이 없는 사람은 없는데, 잘 생각해봐."

"책을 많이 읽는다는 거?"

"그럼 단점이 있다면 뭐가 있지?"

"수학 못하는 거요. 그리고 엄마 말 잘 안 듣고, 동생하고 많이 싸우는 거요."

아이들은 무슨 근거를 가지고 자기 자신을 평가할까? 학교에 다니기 이전의 어린아이들은 자기에 대해 잘 알지 못하며 자기에 대해 말해보라고 하면 "나는 자전거가 있어" "나는 친구하고 놀아"라는 식으로 물리적·행동적 특징을 말한다. 그렇지만 학령기가 되어 마음의 이론을 발전시키면서 점차 자신의 심리적 특징·가치·믿음 등을 자신의 특징으로 인식하기 시작한다.

초등학교 2, 3학년 이상의 아이들은 다른 사람들이 자신을 얼마나 좋아하는지, 공부를 얼마나 잘하는지, 운동을 얼마나 잘하는지에 대해 구별해서 자신을 평가할 수 있으며, 평가의 근거는 자기 자신에 대해 다른 사람들이 어떻게 평가하는지에 근거한다. 즉 다른 사람들이 '너는 착한 아이야. 너는 공부를 못해. 너는 양보를 잘하는구나!'라는 식으로 평가하면 아이는 이것을 그대로 받아들여 자신을 평가한다. 특히 부모가 아이에게 하는 평가가 가장 중요한 역할을 하며 부모와 애착이 잘 형성된 아이는 스스로를 더 좋게 평가한다.

혜원이의 자기평가는 아주 형편없었다. 그리고 혜원이가 스스로에 대해 한 묘사는 한 글자도 틀리지 않고 그대로 엄마에게 들은 말들이었다. 평가를 할 때 나는 아이들에게 자신의 성격과 장점, 단점을 이야기해보라고 하는데 이때 아이가 얼마나 확신을 갖고 이야기하는지, 얼마나 자세하게 자신에 대해서 설명할 수 있는지를 가지고 자신감을 평가한다.

초등학생 아이가 '저는 집중력이 부족하고 산만해서 공부를 해도 성적이 올라가지 않아요.' '말을 안 듣고 하라는 걸 안 해서 엄마 아빠를 속상하게 해요'라고 정확하게 말한다면 그 아이는 집에서 엄마에게 하루 세 번 이상 이런 말을 들은 것이다. 장점을 물었을 때 우물쭈물하면서 '게임을 잘해요'라고 말한다면 그 아이는 칭찬을 받은 일이 별로 없는 것이다.

혜원이의 경우 수학은 좀 못하지만 다른 과목의 성적은 우수한 편이고 특히 그림을 잘 그려 미술대회에서 상을 받은 적도 있었고, 주변에서도 미술을 전공하라고 권할 정도라 그렇게까지 스스로를 낮게 평가할 이유가 없었다. 하지만 아이가 스스로를 공부도 못하고 잘하는 게 없는 아이라고 생각하는 것은 뭔가 이유가 있는 듯했다. 초등학교 4학년이면 이제 또래비교가 가능한 나이다. 혜원이가 자신을 평가할 때 다른 아이와 자신을 정확하게 비교할 수 있는지 알아보기 위해 다시 질문을 했다.

"혜원아, 너는 국어도 잘하고 사회도 잘하잖아. 다른 애들은 국어나 사회를 너만큼은 못하지 않니?"

"제가 보기엔 다른 애들도 저만큼은 하는 것 같아요."

"다른 애들한테 점수를 물어봤니?"

"아니요. 그래도 다른 애들은 저만큼 수학을 못하지는 않아요."

나이가 들어갈수록 또래비교도 아이의 자기평가에 중요한 준거가 된다. 초등학교 3, 4학년이 되면 아이들은 여러 영역에서 친구들과 자기를 비교할 수 있게 된다. 가령 시험을 보면 짝이 몇 점이나 맞았는지 알고 싶어 하고 얼마나 맞았는지 물어보기도 한다. 이런 종류의 비교는 나이가 들어갈수록 더욱 심해지고 아이들의 자신감 형성에 큰 영향을 준다.

따라서 아이를 격려해준다고 엄마가 '그 정도면 잘한 거야'라고 하면 이 나이 아이들은 '다른 애들은 나보다 더 잘했단 말이야'라는 식으로 대꾸할 수 있다. 청소년기가 되면 또래비교는 더 큰 영향을 준다. 그렇지만 이 시기의 아이들은 친구보다 뭔가를 더 잘해서 자신감을 얻는 것이 아니라 친구와의 좋은 관계를 통해 자신감을 높인다. 친한 친구와 안정된 우정을 나눈 아이들은 이런 경험을 자기 삶에서 의미 있고 자신감을 높이는 사건으로 기억한다. 따라서 엄마가 아이를 다른 아이와 비교하는 것은 자신감을 떨어뜨릴 수 있으며, 자신감을 키우기 위해서는 아이로 하여금 좋은 우정을 쌓을 수 있도록 도와주는 게 필요하다.

혜원이 엄마에게 혜원이의 자신감 수준이 가장 못하는 수학점수와 비슷한 수준이고, 그것 때문에 시험을 볼 때 너무 긴장해서 점수가 더 떨어지는 것 같다고 했다. 혜원이 엄마는 금방 이해가 안 가는 듯했다.

"물론 혜원이가 다른 과목을 잘하는 건 알아요. 그렇지만 수학 때문에 전체평균을 깎아 먹으니 그것 때문에 걱정이 돼서 그러는 건데 그렇다고 자신감이 떨어지나요?"

"어머니가 수학점수를 말할 때 다른 과목은 잘했다고 칭찬하시나요?"

"그건 아니죠. 그래도 자기가 잘 본 건 알 텐데."

"애들은 엄마가 해주는 말을 가지고 자기 상을 만들어요. 100점을 맞아도 엄마가 잘했다고 해야 잘한 거구나 생각하고, 0점을 맞아도 엄마가 괜찮다고 하면 자신감이 떨어지지 않아요."

지능이나 주의집중력에는 아무 문제가 없다는 말에 혜원이 엄마는 일단 안심한 듯했다. 그리고 수학공부를 할 때 유난히 시간이 많이 걸리고 자주 물어본다는 것, 집에서 공부할 때는 다 풀었던 것도 막상 시험을 보면 틀려오는 것, 자신은 수학을 못한다는 말을 반복해서 하는 것들을 기억해내고 자신감 저하가 성적저하의 원인일 수 있다는 데 동의했다.

혜원이 엄마는 혜원이에 대한 기대가 높았다. 지금부터 열심히 시키면 좋은 대학에 보낼 수 있을 것 같은데 유독 수학시험만 점수를 못 받아오니 '수학, 수학' 노래를 부르게 된 것인데 결국 엄마의 이런 태도가 아이의 자신감을 떨어뜨리는 결과를 가져온 것이다.

아이는 엄마가 비춰주는 대로 자신을 보고 평가한다. 아이가 잘하는 것에 엄마가 초점을 맞추어주면 아이의 자신감은 그 정도 수준에 맞춰 높아진다. 아이가 잘하는 게 많은데도 불구하고 부모가 아이의 단점만을 지적하게 되면 아이의 자신감은 가장 못하는 수준에 맞추어지고 결국은 학습동기나 의욕을 떨어뜨리는 결과를 가져올 수 있다.

조선미의 열린부모교실

학년이 올라갈수록 시험점수는 그 아이의 능력처럼 평가되면서 자신감 형성에 큰 영향을 미친다. 그러나 시험점수는 노력여부에 따라 상당히 달라질 수 있기 때문에 부모는 아이가 점수 때문에 실망하고 의기소침해지지 않도록 신경 써 주어야 한다.

1. 못한 점수를 지적하기 전에 잘한 과목을 먼저 칭찬해준다. 아이가 가장 잘 하는 과목에 대해서는 재능이 있다고 말해줌으로써 호기심과 탐구심을 유지 하고, 자신감을 끌어올리도록 한다.

2. 사람은 누구나 잘하는 게 있으면 못하는 게 있다는 것을 알려준다. 엄마 아 빠의 예를 들어주는 것도 도움이 된다.

3. 부족한 과목은 어떤 방식으로 공부를 하는 것을 제일 편안해 하는지 살펴 본다. 엄마와 같이 하는 것, 혼자 하는 것, 과외선생님의 도움을 받는 것 등 다양한 방법을 써보고 아이의 반응을 본다.

4. 부족한 과목 중에서도 아이가 잘한 부분에 집중해준다. 예를 들어 "너는 계산은 좀 틀려도 도형은 진짜 잘한다. 도형 잘하는 사람이 수학에 재능이 있는 거다"라는 식으로 자신감을 심어준다.

5. 전보다 조금이라도 점수가 올랐으면 칭찬해준다.

6. 엄마 스스로 단점을 보완하는 것보다 강점을 키워주는 게 중요하다는 식으 로 생각을 바꾼다.

학교 가는 게 너무 무섭고 싫어요. 선생님은 나만 혼내요. 수업시간에 선생님 말씀도 안 들리고 뭘 해야 할지도 모르겠어요. 그런데 엄마도 나보고만 잘못했다고 해요. 내가 그렇게 나쁜 앤가요? 정말 어른들은 잘못하는 게 없나요?

아이가 좀 느리고 말수가 적긴 했지만 친구들하고 그런대로 잘 어울리고 학교에 가는 것도 좋아했어요. 그런데 작년 2학기 때부터 학교 가는 걸 무서워해요. 알고 보니 선생님이 애를 많이 혼내고 무섭게 하셨던 것 같아요.

03 어른들은 한 번도 잘못한 적 없나요?

현주는 얼른 보기에도 겁이 많고 순하게 생긴 아이다. 2학년인데도 엄마와 떨어지는 것을 힘들어했고, 이야기를 나누기 위해 함께 방으로 들어가자는 나의 권유에도 얼른 나를 따라오지 않았다.

"1학년 초까지만 해도 현주가 이렇지 않았어요. 애가 좀 느리고 말수가 적긴 했지만 친구들하고 그런대로 잘 어울리고 학교에 가는 것도 좋아했어요. 그런데 작년 2학기 때부터 학교 가는 걸 무서워하고 저하고 안 떨어지려고 했어요. 알고 보니 선생님이 애를 많이 혼내고 무섭게 하셨던 것 같아요."

초등학교에 아이를 처음 보낸 부모는 누구나 어떤 선생님을 만날까 기대 반 걱정 반으로 반 배정을 기다린다. 다행히 좋은 선생님을 만나면

일 년을 마음 편안히 보내고, 어려운 선생님을 만나면 아슬아슬한 마음으로 한 해를 보내게 된다.

현주를 어렵게 엄마에게서 떼어내 마주 앉았다. 현주는 내 눈을 피했고, 긴장한 듯 가만히 있었다. 한시 바삐 내 눈길에서 벗어나 안전한 엄마 품에 가고 싶은 것 같았다. 몇 가지 검사를 해보니 현주가 사람들을 굉장히 무서워하고 다른 사람들이 모두 자신을 벌줄 거라는 생각이 많았다.

"현주야, 엄마가 무섭니?"

"아니요."

"그럼 아빠가 무서워?"

"아니요."

"선생님이 무서운 분이니?"

"1학년 때 선생님이요."

"어떻게 무서운데?"

"그냥 무서워요."

짧게 대답했지만, 그 가운데서도 선생님으로 인해 위축된 아이의 마음을 알 수 있었다. 나를 무서워하는 것도 선생님의 연장으로 보기 때문인 것 같았다.

"현주가 뭘 잘못해서 선생님한테 혼났지?"

"빨리 안 한다고요."

"선생님이 어떻게 할 때 제일 무서웠니?"

"때릴 때요."

일반적으로 아이들이 가장 두려움을 느끼는 상황은 자신에게 가해지는 위협을 느낄 때이다. 예를 들면 매를 맞는다거나 다친다거나 하는 일은 아이에게 가장 큰 두려움을 준다. 특히 어른으로부터 체벌을 받게 되면 두려움은 물론 슬픈 감정까지도 강렬하게 느끼기 때문에 아이로서는 가장 힘든 상황이 벌 받는 상황이라고 할 수 있다. 또한 자신이 아닌 다른 사람에게 위협이 가해지는 것을 볼 때도 상당한 두려움을 느끼기 때문에 부모 간에 다툼이 있을 때나 또래가 혼나는 것을 보는 것만으로도 무서움을 느낄 수 있다.

현주의 모든 반응은 불안과 위축으로 일관되어 있었다. 세상을 두려워하며 자기껍질 속에 숨어버린 것 같은 모습이었다. 도대체 현주에게 무슨 일이 있었던 것일까? 현주 엄마에게 1학년 때 일을 자세히 물어보았다.

"현주가 원래 말이 없고 대답을 잘 안 하는 편이에요. 그렇다고 반항하거나 그런 것은 아닌데 대답을 빨리 안 하는 게 선생님한테는 상당히 거슬렸나 봐요. 또 뭘 시켜도 똘똘하게 못하니까 선생님 바로 앞자리에 앉혀놓고 아이를 계속해서 지적하고 혼낸 모양이에요."

"그런데 제가 더 잘못한 것 같아요. 학교에서 자꾸 혼난다고 하니까 속상해서 현주를 심하게 다그쳤어요. 네가 얼마나 잘못하면 선생님이 그렇게 혼을 내겠느냐, 선생님이 괜히 그러시겠냐는 식으로 아이를 몰아붙

였지요. 하루는 화가 나서 막 야단을 치는데 아이가 울면서 선생님은 잘못하는 게 없냐고 하더라고요. 왜 엄마는 내 말을 들어보지도 않고 그러느냐, 어른들이 하는 건 무조건 다 맞느냐고 하는데 뜨끔하더라고요. 그때 얘기를 잘해줬어야 했는데, 다 네가 잘못했기 때문이라고 더 화를 냈지요. 그 다음부터는 아이가 저한테도 마음을 닫고 말을 잘 안 해요."

아이들의 학교생활 적응에 있어서 선생님은 상당히 중요한 역할을 한다. 선생님에 따라 교육방식이나 아이를 대하는 태도가 많이 다르기 때문에 반드시 어떠해야 한다고 규정지울 수는 없지만 아이들에게 끼치는 영향이 큰 만큼 신중해야 한다. 선생님의 기대가 높고 칭찬을 자주 해주면 아이들은 그 기대에 부응하려는 모습을 보이고 즐겁게 학교생활을 할 수 있다. 그러나 자꾸 꾸중을 듣고 지적받게 되면 아이들은 학교를 무서운 곳, 가기 싫은 곳으로 인식하게 된다.

학교생활에서의 어려움과 모든 잘못을 자기 탓으로 돌리게 되면서 현주의 문제는 더 악화된 것 같았다. 눈에 띄게 눈치를 보면서 밖에 잘 나가지 않으려고 했다. 애교도 잘 부리던 아빠에게조차 다가가지 않고 조금만 야단을 쳐도 눈물을 뚝뚝 흘리곤 했다.

1학년이 끝나고 현주와 같은 반 친구 엄마를 만난 현주 엄마는 뜻밖의 말을 들었다. 1학년 선생님이 임신 중이라 아이들에게 상당히 예민하고 짜증스러운 모습을 보였고, 현주를 비롯한 몇 명 애들이 특히 집중적으로 야단을 맞았다는 것이다. 견디다 못해 한 학부모가 항의해 선생님이 사과를 한 적도 있다고 하면서 선생님이 너무 했다는 이야기가 많았다는 말도 들었다. 그 말을 들은 현주 엄마는 그제야 아이를 혼낸 걸 후회했지만 이미 엎질러진 물이었다.

　그 말을 듣고 있으니 딸아이가 3학년 때 일이 떠올랐다. 한번은 길을 가는데 빨간색 머리띠가 눈에 띄어 딸아이 생각이 나서 사다주었다. 당시 유행하던 스카프 모양의 머리띠였는데 양쪽 끝에는 땋은 머리카락이 달려 있어 알프스 소녀 하이디를 연상시켰다. 내 딴에는 예뻐서 사줬던 것인데 다음날 새 머리띠를 하고 학교에 간 아이가 시무룩한 얼굴로 돌아왔다. 이유를 물어보니 담임선생님이 3학년이나 된 아이가 그렇게 유치한 것을 했냐며 하지 말라고 했단다. 선생님에 대한 서운함이 몰려왔으나 당장 아이에게 무슨 이야기를 해야 할지가 더 난감했다. 선생님이 옳다고 하면 아이와 내가 틀린 셈이 되고, 선생님이 틀렸다고 하자니 교육적이지 못한 것 같았다.

　나는 아이에게 사람마다 생각이 다르고 좋아하는 게 다른데 선생님 취향이 엄마나 너와는 다른 것 같다고 하였다. 아이는 용케 이해하는 것 같았고, 학교에서는 선생님 말씀을 따르는 게 좋을 것 같으니 학교에 갈 때는 하지 말라고 하자 별 어려움 없이 내 말을 받아들였다.

　아이들은 자신과 타인을 판단하는 데 있어서 타율적이고 고지식한 기준을 갖고 있으며, 자라면서 점차로 자율적이며 융통성 있는 기준으로 바뀐다. 어른은 잘못하지 않는다, 그러니까 아이인 네가 잘못한 게 분명하다는 식의 권위주의적인 태도를 보이면 아이는 그 말을 그대로 받아들이면서 자신은 중요하지도 않고 힘도 없는 존재로 생각한다. 또 이런 태도는 아이의 자신감을 꺾을 뿐 아니라 다양한 관점을 받아들이는 능력발달을 저해한다.

조선미의 열린부모교실

아이들은 지시나 규칙에 순응하는 것을 배워야 하지만, 다른 한 편으로는 건강한 비판의식을 갖고 자기의견을 표현하는 것도 배워야 한다. 어려서부터 '어른들 말에는 순종해라' '어른 말이니까 무조건 들어라'는 식으로 강요하면 아이는 상대적으로 자신은 무조건 틀렸고, 자기주장을 말해봤자 소용없다는 식의 무기력감을 학습하면서 소극적인 성격으로 자라게 된다.

1. 어른이니까 무조건 옳다는 식의 말은 하지 않는다. 마찬가지로 아이니까, 어리니까라는 말도 하지 않는다.

2. 어른들에 의해 상처받았다면 일단 상처받은 마음을 이해하고 다독여준다.

3. 야단을 맞았다면 야단맞은 이유를 여러 가지 면에서 생각해볼 수 있도록 이야기를 나눈다. 예를 들어 '선생님은 네가 좀 더 잘할 수 있다고 생각한 것 같아. 아마 걱정이 돼서 그러지 않았을까?'라는 식으로 말해볼 수 있다.

4. 아이가 어른들과 갈등을 겪었을 때 일방적으로 어른을 옹호하는 것은 좋지 않지만, 그렇다고 무조건 비난하는 것도 좋지 않은 영향을 준다.

5. 어른이든 아이든 다른 사람을 때리거나 욕하거나 모욕을 주는 것은 옳지 않다고 분명히 알려준다. 마찬가지로 누구에게나 해당하는 기준을 기회가 될 때마다 가르쳐준다.

6. 평소에 아이의 말에 귀를 기울여주고, 아이의 생각이 옳으면 이를 인정해준다. 부모도 실수할 수 있고 잘못할 수 있음을 인정한다면 좋은 모델이 된다.

학습지도 잘해놓고, 공부도 잘해서 엄마를 기쁘게 하고 싶어요. 하지만 엄마는 동생이 60점을 받으면 잘했다고 하면서 내가 80점을 받아도 야단치잖아요. 엄마는 나랑 동생을 똑같이 사랑한다고 하지만, 내가 보기에는 그렇지 않단 말이에요.

동생을 일찍 봤어요. 저도 아기인데 금방 큰애 노릇을 하게 됐죠. 작은애를 돌보느라 너무 힘들어서 아이를 안아줬던 기억이 별로 없어요.

04 나도 동생처럼 사랑받고 싶어요

초등학교 1학년인 민정이는 누가 봐도 얌전하고 예쁘게 생긴 아이였다. 학교에 입학한 지 두 달밖에 안 되었지만 엄마 도움 없이 준비물도 잘 챙기고 심부름도 잘해 이웃이나 친척들은 민정이 정도만 되면 걱정할 게 없겠다는 말을 한다고 했다.

내 앞에 마주앉은 민정이는 바른 자세로 앉아 내 눈길을 피하듯 시선을 아래로 향한 채 고개를 들지 않았다. 질문에는 가능한 한 짧게 대답했고 좀 더 이야기해보라고 하면 생각해보지도 않은 채 바로 모른다고 했다. 과제를 주면 충분히 풀 수 있는 문제인데도 손을 대지 못하는 경우가 많았는데 스스로 문제를 풀 수 있다는 자신감이 부족해보였다.

지금까지 자라온 과정이나 학습에 대한 이해 정도를 볼 때 민정이가 가진 기본적인 능력이 부족한 것 같지는 않았다. 민정이는 언어발달이나 인지발달이 순조로운 편이었고, 일찍부터 시작한 읽기·쓰기 능력도 떨어지지 않았으며, 유치원 선생님으로부터 총명하다는 칭찬도 많이 받았다고 했다.

"민정이는 공부를 잘하니?"

"아니요."

"학습지는 몇 개나 하지?"

"많이요."

"왜 그렇게 많이 하는데?"

"동생도 그만큼 해요."

민정이는 묻지도 않은 동생 이야기로 대답을 했다.

"그렇게 학습지가 많은데 다 할 수 있니?"

대답이 없었다.

"선생님이 보니까 너무 많은 것 같은데 그만 두면 어떨까?"

"안 돼요!"

소극적으로 의사표현을 하지 않던 모습과는 다르게 고개까지 저으면서 강하게 부정하였다. 평소에 기분이 저조하고 잘 운다는 점으로 보아 민정이는 우울하고 활기가 없고 자신감이 떨어진 상태인 것 같았다. 그리고 이런 모습 이면에는 사랑받지 못한다는 좌절감이 있는 듯했다.

민정이가 지금 보이는 행동이 사랑받고자 하는 욕구의 좌절로 인한 것 같다고 설명하자 민정이 엄마는 민정이가 어렸을 때의 이야기를 꺼내놓았다.

"민정이가 동생을 일찍 봤어요. 15개월 차이밖에 나지 않아서 저도 아기인데 금방 큰애 노릇을 하게 됐죠. 사실 그때 작은애를 돌보느라 너무 힘들어서 민정이를 안아줬던 기억이 별로 없어요."

그러니까 민정이는 엄마의 사랑을 충분히 받아야 할 시기에 동생에게 사랑을 빼앗긴 셈이었다. 부모가 두 아이를 낳는 것은 흔한 일이고 특별한 사건은 아니다. 그렇지만 혼자서 부모의 사랑을 독차지하던 큰애에게 동생의 출생은 상당히 충격적인 변화일 수 있다. 동생이 생기면 대부분의 큰아이들은 엄마의 사랑과 관심을 동생에게 빼앗겼다고 생각하여 동생이나 부모에게 분노를 느끼는 것이 보통이다.

둘째가 태어나면 대부분의 엄마들은 첫째 아이에게 전에 비해 애정이나 관심을 덜 쏟게 된다. 갓 태어난 아이에게 손이 많이 가는 것도 있고, 아무래도 어린아이가 더 사랑스럽게 느껴지기 때문이다. 따라서 큰애는 자신이 거부당하고 사랑받지 못한다는 느낌을 갖게 되고 여기서 비롯된 스트레스를 까다롭고 신경질인 행동이나 아기처럼 행동하는 퇴행현상으로 표현하기도 한다. 어떤 아이들은 엄마의 사랑을 다시 찾기 위해 '착한 아이'로 행동하기도 한다. 어른스럽게 동생을 돌보고 부모에게 요구를 하지 않고 감정표현을 별로 하지 않는 아이는 이런 부류에 속할 가능성이 높다.

"민정이가 1학년이 되면서 학습지를 네 과목이나 한다고 욕심을 부려 놓고는 막상 제대로 해놓지를 않아요. 선생님이 오면 아이가 문제를 풀어놓지 않으니까 진도도 못 나가고, 너무 힘들어서 그런가 싶어 학습지를 끊자고 하면 울고불고 난리를 쳐서 끊지도 못해요. 야단을 치면 잘하겠다고 하고서는 또 하지 않고……. 그러다 보니 제가 어떻게 해야 할지를 모르겠어요. 다른 사람들은 애가 공부욕심이 많아서 그런데 뭐가 걱정이냐고 부러워하는데 저는 도저히 이해를 못하겠어요."

스트레스 때문에 힘든 민정이가 학습지에 집착하고 힘들면서도 끊지 못했던 이유는 무엇일까? 이것도 어머니와 관련이 있었다.

"제가 딸만 셋인 집에 둘째인데 제일 공부를 못했어요. 언니하고 동생은 공부를 잘해서 매일 칭찬을 받는데 저는 성격만 순했지 잘하는 게 없었어요. 자라면서 '나는 참 잘하는 게 없구나' 하는 생각을 많이 해서 지금도 사람들 앞에 나서는 게 자신이 없어요. 그러다 보니 제 아이들은 어떻게 해서라도 나같이 마음 아픈 일을 겪지 않게 해주고 싶었어요. 민정이를 낳자마자 얘는 똑똑하고 총명해서 누가 봐도 부러워할 그런 아이로 키워야겠다는 생각 때문에 자연히 아이를 닦달하게 되었고……."

동생에게 빼앗긴 사랑을 다시 찾기 위해 민정이는 엄마가 원하는 대로 공부에 집착할 수밖에 없었고, 학습지에 과하게 욕심을 냈던 것이다. 그렇지만 의욕과 동기, 에너지 수준이 떨어진 민정이는 과제나 학습지를 제때 하지 못해서 인정받지 못하는 것은 물론 오히려 지적을 더 많이 받게 되었고 이 때문에 더욱 우울해지는 악순환이 반복되었던 것이다.

민정이가 자신감을 회복하려면 성적이 좋지 않고 뭔가를 잘하지 않아도 사랑받을 수 있음을 확인시켜주는 게 필요하다. 또 사랑받지 못할까봐 불안하고 걱정스러운 마음을 있는 그대로 표현하는 기회를 주는 것도 필요하다. 겉으로 표현되지 못한 감정은 민정이 내부에서 계속 자책을 하도록 만들거나 이유 없이 화가 나도록 할 수 있다. 우선 아이의 솔직한 감정표현을 돕기 위해 미술이나 음악, 신체활동을 할 기회를 주도록 하였는데 이런 활동들은 내부에 있는 부정적인 감정을 해소하고 승화하는 데 상당한 도움을 준다.

또 민정이 문제가 엄마와 연결되어 있는 만큼 민정이 엄마에게는 하루에 최소한 세 번 이상 아이에게 신체접촉을 하고 사랑을 표현하는 말을 하도록 하였다. 막상 칭찬을 하려고 하니 쑥스럽기도 하고 무슨 말을 해야 할지 모르겠다고 하는 민정이 엄마를 돕기 위해 쉽게 쓸 수 있는 표현목록을 주고 잘 보이는 곳에 붙여두고 자주 보도록 하였다.

아이들이 공부를 잘하려고 욕심을 부리는 것은 자발적인 동기수준이 높아서일 수도 있다. 그렇지만 평가에 지나치게 민감한 반응을 보이고, 과도할 정도로 칭찬받으려는 모습을 보인다면 이것은 오히려 인정이나 관심에 대한 결핍감이 크다는 것을 반영할 수 있다. 아이들은 부모의 인정과 사랑을 자양분으로 삼아 자신감을 형성하고 정서적 안정을 유지한

사랑을 느끼게 하는 신체적 표현	인정을 나타내는 언어적 표현
껴안아준다. 머리나 어깨를 두드려준다. 머리를 쓰다듬는다. 어깨에 팔을 두른다. 미소 가벼운 뽀뽀 엄지손가락을 들어 보이는 것	"우리 민정이, 정말 예쁘구나!" "민정이가 이렇게 할 때 정말 좋구나." "엄마는 민정이 같은 딸이 있어 정말 좋아." "혼자서 그만큼이나 하다니!" "정말 대단한데!" "와아, 잘했어!" "이건 엄마보다도 잘하네." "우리 딸 최고다!"

다. 따라서 충분히 사랑받는다고 느끼지 못할 경우 아이는 안정감이 떨어지면서 여러 가지 문제행동을 보일 수 있다. 아이에 따라서는 우울해하고 자신감이 떨어지는 모습을 보일 수도 있고, 어떤 아이는 좌절감을 과격하고 공격적인 행동으로 드러낼 수도 있으며, 민정이처럼 무리한 욕심을 낼 수도 있다.

따라서 아이가 성취나 학습에 대해 평상시와 다른 태도를 보인다면 행동이 변화한 이유를 알아야 한다. 또한 문제해결의 열쇠는 부모가 갖고 있으므로 아이가 뭔가 잘했을 때만 칭찬하고 관심을 보였는지, 아니면 평상시에도 아이가 사랑받고 있다는 느낌을 가질 수 있도록 대했는지 돌이켜볼 필요가 있다.

조선미의 열린부모교실

어린아이도 스트레스가 쌓이면 우울증을 보일 수 있으며, 적당한 때 도와주지 않으면 학업이나 일상생활에 큰 지장을 초래할 수 있다. 아이가 평상시 기분이 좋지 않은 경우가 많고, 신경질적이며 짜증이 심하고 잘 운다면 우울감을 느끼고 있는 것은 아닌지 관심을 갖고 살펴보아야 한다.

1. 아이가 느끼는 감정에 대해 지나치게 걱정하거나 과민하게 반응하지 않으면서 공감하는 태도를 보여주도록 한다.

2. 아이를 우울하게 만드는 스트레스의 원인이 무엇인지 생각해보고, 그것이 지금 왜 이런 행동으로 드러나는지 살펴본다.

3. 우울감 때문에 일상생활에서 해야 할 것들을 제대로 못한다고 판단되면 전문적인 평가를 받아본다.

4. 우울한 감정을 말로 표현하도록 격려하고 어떤 감정이든지 들어준다.

5. 삶을 활기있게 해주는 운동, 캠프 등 다양한 활동에 참여할 기회를 늘린다.

6. 학업이 저하되지 않도록 필요한 지원을 한다.

7. 부모가 아이에게 따뜻하고 긍정적인 감정을 전달하도록 하고, 함께 놀이시간을 갖도록 한다.

8. 아이의 기분이 좋아진 후에도 또 그런 상황이 일어날 수 있음을 염두에 두고 평상시 아이의 생활을 신중하게 관찰한다.

아동기 우울증, 어떤 장애일까?

어린아이라 하더라도 우울감을 느끼고 스트레스를 받을 수 있다. 우울증이란 우울하고 슬픈 느낌이 지속되고 일상적인 활동에 대한 흥미와 활동이 줄어들며 식욕부진, 두통, 수면장애 등의 증상을 보이는 장애이다. 또한 자신감이 떨어지고 삶에 대한 의욕이 저하되고 평소 무난하게 해왔던 활동을 해내는 데 어려움을 느낀다.

초등학교 이전의 어린아이의 경우 우울증은 흔하지 않지만 나이가 들어갈수록 우울증의 발병률은 더욱 증가하고, 청소년기에는 약 5%가 우울증을 보이기도 한다. 우울증의 원인은 한 가지로 설명하기는 어렵지만 뇌의 신경전달물질과 같은 생물학적 이상이나 가족력 등의 유전적 요인에서 비롯되는 우울증과 외부 스트레스로 인해 발생하는 우울증으로 크게 분류된다. 보통은 이 두 가지 요인이 서로 상호작용하면서 우울증을 발생시킨다는 이론이 받아들여지고 있다.

우울증은 나이에 따라 어떻게 다르게 나타날까?

우울은 나이에 따라 보이는 현상이 다를 수 있으며, 특히 어린아이들의 우울은 어른과는 달리 얼핏 보기에 구별하기 어려울 수 있다. 6세 이전의 아이들은 기분이 좋지 않으면 직접 이를 행동으로 표현하고 비교적 단기간에 이런 기분이 지나간다. 따라서 어린아이들이 지속적으로 기분이 좋지 않고 매사에 과민하게 반응한다면 우울증의 가능성을 생각해보고 적절한 시기에 도움을 줄 수 있도록 신경 써야 한다. 경우에 따라 기질적으로 까다로운 아이들이 비슷한 모습을 보일 수도 있는데, 기질적인 특징의 경우 유아기부터 기분조절이 어렵고 과민성을 보이기 때문에 이런 점에서 우울증과 구별이 된다.

우울한 아이들은 흔히 변덕스럽고, 까다롭고, 시무룩하고, 쉽게 흥분하며, 분노발작을 보일 수 있기 때문에 겉보기에 우울해 보이기보다 불만이 많고 반항적인 모습으로 보일 수 있다. 이때 대부분의 부모와 교사들은 아이가 비순응적이라고 생각해서 강압적으로 다룰 수 있는데, 아이가 평상시와 다른 행동을 보인다면 비난하기 전에 어떤 문제가 생긴 것은 아닌지 세심하게 관찰해볼 필요가 있다.

청소년기에는 일탈된 행동의 범주가 더 커지면서 반항적인 행동과 가출, 무단결석, 약물남용 등 비행의 양상으로 나타나는 경우도 있다.

우울증 발현에 영향을 미치는 것은 무엇일까?

아이들은 부모의 이혼이나 재혼, 동생의 출생, 어머니의 취업, 양육자의 변화, 이사, 전학과 같은 사건을 통해 상실감을 느낄 수 있으므로 이런 일이 있을 때 우울한 기분을 느낄 가능성이 높아진다.

아이들은 자신에게 일어나는 일들을 잘 이해할 수 없을 뿐더러 위협을 느끼는 일에 대해 자신이 할 수 있는 것이 별로 없기 때문에 상실의 경험에 대해 어른보다 더 무기력감을 느끼고 심지어 모든 문제의 원인으로 자신을 탓하는 모습을 보일 수도 있다.

급격한 환경변화가 있다면 아이들에게 충분히 설명하고 안심시켜주어야 하며, 다른 면에서의 변화는 최소화해야 한다.

우울한 아이, 어떻게 도와주어야 할까?

우울감이 심해서 일상생활에 지장을 준다고 판단되면 반드시 전문가와 상의해야 한다. 그리고 중요한 것은 아동을 둘러싼 환경과 부모, 교사 등 주변사람들이 아이를 도와주기 위해 최선을 다해야 한다는 것이다.

부모가 해야 할 가장 중요한 것은 아이의 감정을 인정하고 존중하는 것이다. 아이가 감정의 어려움을 호소할 때 잘못된 것이라고 하거나 그렇게 느낄 이유가 없다는 식으로 무시해버리면 결정적으로 문제를 악화시킬 수 있다. 반면 아이의 기분에 대해 부모가 지나치게 염려하고 긴장하는 모습을 보이면 아이는 자신에게 정말로 끔찍한 일이 닥쳤다고 받아들이면서 불안감이 더 심해질 수 있다.

다음으로는 아이가 자신의 감정을 자유롭게 표현하도록 하고, 이때 감정 표현에 대해 비난하거나 방해해서는 안 된다. 부모입장에서는 아이의 감정이 합당하지 않고 부모를 비난하는 것처럼 느껴질 수도 있지만, 가급적 아이의 기분을 그대로 받아주도록 한다. 다만 아이가 부정적인 감정을 행동으로 옮긴다면 이는 단호하게 제재해야 한다.

어른과 달리 아이들은 스스로를 위로하고 안심시키는 능력이 부족하다. 특히 우울한 아이들이 매사를 부정적으로 보고 자기 자신을 비난할 경우 아이를 위로해주는 것이 필요하다. 아이가 걱정하는 일이 실제로는 일어나지 않을 것이며, 어떤 방법을 써서라도 부모가 도와줄 것임을 확인시킨다. 그

리고 부모는 아이를 진심으로 사랑하고 있으며, 지금 안전하다는 것을 아이에게 자주 표현해준다.

》 우울한 아이는 어떤 특징을 보일까요?

1. 정서적인 면
- 평상시에 비해 짜증이 많고 신경질적이며, 대들거나 반항적인 모습을 보이기도 한다.
- 자주 아프다고 하거나 지친 모습을 보이고, 식욕이 줄어들거나 잠을 못자는 경우도 있다.
- 감정기복이 심해지고, 아무것도 아닌 일에 쉽게 울어버린다.

2. 인지적인 면
- '난 그런 거 못해'라는 식으로 자신의 능력을 비하하고 자신감 저하를 보인다.
- 집중을 못하고 같은 일을 하는데도 이전에 비해 시간이 많이 걸린다.
- 상황에 맞지 않게 자기를 탓하고, '나는 해도 안 될거야'라며 지레 포기한다.

3. 행동적인 면
- '재미없다'는 말을 자주 하고 평상시 좋아하던 활동에도 흥미를 보이지 않는다.
- 행동이 느려지고 활력이 떨어져 일상적인 활동에서도 힘들어한다.
- 학교생활이나 또래관계에 관심이 줄어들면서 잘 적응하지 못한다.

나는 정말 나쁜 아이예요. 학원도 잘 다니고 착한 아이가 되고 싶지만, 항상 잘할 자신은 없어요. 학원에 안 가면 엄마가 나를 미워할 텐데 어떻게 하죠? 엄마가 나를 버린다고 할 때는 세상이 깜깜하고 너무나 무서워서 아무 생각도 나지 않아요.

아이가 어릴 때부터 고집이 세서 너무 힘들었어요. 그래서 화가 나면 '너 엄마 아들 하지 말자'라며 집 밖으로 내쫓은 적이 있는데……

05 엄마, 나를 버릴 수도 있나요?

종이와 연필을 준 지 5분이 지났지만 정민이는 땀을 뻘뻘 흘리며 손바닥을 바지에 문지르기만 할 뿐 그림을 그리려고 하지 않았다. 초등학교 3학년이면 가족그림을 그리는 게 그리 어려운 일은 아닐 텐데 웬일인지 얼굴이 핼쑥해진 채 종이에 손도 대지 않았다. 할 수 없이 종이를 치우고 가족에 대해 말로 설명하도록 하였다. 아빠 직업이 무엇인지, 엄마는 집에서 주로 무슨 일을 하는지 정도의 질문인데 이번에는 대답을 못하는 정도가 아니라 눈을 감고 머리를 문지르며 고통스러운 표정을 지었다. 너무 힘들어하는 모습이라 잠깐 쉬도록 하였다.

잠시 후 이번에는 간단한 수학문제를 내주었다. 언제 아팠냐 싶게 대답을 잘한다. 몇 문제 풀고 나서 다시 가족에 대해 물으니 또 얼굴을 찡그리고 머리가 아프다고 했다. 아무래도 가족관계에 문제가 있구나 싶었다.

"정민아, 엄마가 무섭니? 언제가 제일 무섭니?"

"매 맞을 때요. 근데 그건 제가 잘못해서 그래요."

"그럴 때는 엄마가 널 안 좋아하는 것 같다고 생각하니?"

"네."

"그러면 엄마가 너를 미워해서 버릴 수도 있다고 생각하니?"

"네……. 선생님, 머리 아파요. 못 하겠어요."

정민이를 내보내고 정민이 엄마와 이야기를 해보았다. 정민이가 그림을 그리면서 보였던 행동을 이야기하면서 엄마에게 버림받을지도 모른다는 생각을 하고 있다고 하니 최근 엄마와 많이 부대끼는 것은 사실이라고 하였다.

"요즘 정민이가 학원을 가기 싫어하고, 허락도 받지 않은 채 제멋대로 몇 번을 빠졌어요. 세 번짼가 네 번째 빠진 날 제가 애를 붙들고 네가 정 이렇게 하면 엄마는 너무 힘들어서 너를 키울 수가 없다. 한 번만 더 그러면 그때는 할머니네나 부모 없는 애들이 가는 데로 너를 보낼 수밖에 없다고 했어요. 이런 말을 하면 안 된다는 걸 알지만 너무 힘들어서 그렇게라도 말하면 좀 나아질까 해서……."

어떤 아이도 부모의 보살핌 없이 이 세상을 자기 힘으로 살아나갈 수 없기 때문에 부모에 대한 의존은 절대적이다. 즉 생존을 위해서는 반드시 부모와 애착관계를 맺어야 한다. 애착관계가 단절되거나 혹은 단절하겠다는 위협은 아이에게 상당한 고통을 주며 심할 경우 정신병리로 이어질 수도 있다. 일반적으로 아이가 낯선 환경에 놓이거나 부모와 갑자기 떨어지거나 어두운 곳에 가게 되면 생존에 대한 위협을 느끼면서 부모에게 애착하려는 행동을 보인다. 그런데 애착의 대상인 부모가 아이를 버린다는 위협을 하게 되면 아이는 극단적인 불안과 공포에 놓이게 되고, 이때는 정상적으로 생각하거나 행동하기 어려워져 여러 가지 문제행동을 보일 수 있다. 결국 말을 잘 듣게 하려고 했던 말이 문제를 더 불거지게 하는 결과를 가져온다.

아이가 너무 속을 썩이거나 엄마가 화를 자제하지 못할 때 간혹 아이에게 버린다는 위협을 하는 경우가 있다. 또 이렇게 해서 아이가 말을 잘 들으면 효과가 있구나 생각해서 자주 쓰기도 한다. 그렇지만 다른 말은 안 듣고 이 말에만 반응을 보인다는 것은 버린다는 말이 그만큼 아이에게는 공포스럽다고 하는 의미다.

정민이는 어릴 때부터 고집이 세서 키우기 힘들었고, 그런 정민이 때문에 화가 나면 정민이 엄마는 '너 엄마 아들 하지 말자. 할머니네 가라'는 말을 자주 했고, 문 밖으로 내쫓은 적도 있다고 했다. 그래도 엄마와 아이가 실제로 오래 떨어져 본 적은 없었다. 그런데 얼마 전 부부싸움 때문에 아이에게 미리 알리지 않은 채 이틀 동안 집을 비운 일이 있다. 영문을 모르는 정민이는 엄마가 자기 때문에 집을 나갔다며 내내 울고 밥도 잘 먹지 않았다. 그러다가 엄마가 돌아오자 이번에는 엄마 지갑에서 돈을 훔쳤다. 아무리 다그쳐도 끝끝내 이유를 말하지 않자 정민이 엄마는 아무래도 문제가 심각하다 싶어 나를 찾아온 것이다.

나는 다시 정민이를 불러 혹시 돈이 필요한 일이 있는지 물어보았다. 처음에는 대답하지 않으려고 하였지만 네가 무슨 말을 해도 다 이해할 수 있다고 하자 머뭇거리며 말했다.

"차비로 갖고 있으려고요. 저번에 엄마가 집을 나가는데, 따라 나가다가 차비가 없어서 차를 못 탔어요. 막 울었는데 그래도 차가 가버렸어요. 그리고 만약에 저를 할머니네 데려다놓으면 차 타고 집으로 돌아와야 하는데 차비가 없으면 안 되잖아요. 그래서 갖고 있으려고 했어요."

어린아이들은 부모가 버리겠다고 위협하면 이것을 사실로 받아들여 심한 불안과 공포심을 느낀다. 부모가 사실은 자신을 버릴 마음이 없으면서도 그렇게 말한다는 것을 이해하지 못하기 때문이다. 어떤 발달심리학자는 이때 아이가 느끼는 극단적인 감정을 '이름 모를 엄청난 공포'라고 표현하였다. 본능적인 긴장감이 유발된 상태에서 스스로를 지킬 수 없어서 무기력해지는 감정을 이렇게 표현한 것이다.

반복해서 이런 위협을 받은 아이는 심리적으로 불안정해지고 소심해지고 눈치를 많이 보게 된다. 악몽을 꾸거나 소변을 지리는 아이도 있다. 또 정말 엄마가 나를 버릴 것인지 알기 위해 엄마를 시험하는 행동을 보일 수도 있다. 버리겠다고 위협했던 바로 그 행동이 더 잦아지는 것은 이런 이유 때문이다. 또는 위협에 대한 분노 때문에 전보다 더 말썽을 많이 부리고 공격적인 행동을 보일 수도 있다. 자신감도 떨어지고 심할 경우 친구관계나 학교생활에서 적응하지 못할 수도 있다.

부모가 아이의 행동을 통제하기 위해서 혹은 장난으로라도 이런 말을 하면 아이는 내심 긴장하고 불안이 고조된다. 그렇지만 버린다는 위협을 계속하면서도 이런 일이 일어나지 않으면 아이는 부모의 위협을 무시하고 더 말을 듣지 않거나 신경질적으로 반응할 수 있다.

실제로 아이를 위협하지 않더라도 아이가 버려질 것 같다는 위협을 받는 상황들은 더 있다. 이를테면 가정 분위기가 좋지 않거나 부모 사이에 갈등이 있을 때 직접적이든 간접적이든 아이들은 버림받을 위기에 놓여 있음을 알아차린다. 갑자기 아이가 말을 잘 듣는다면 자기 때문에 부모 사이가 나빠졌다는 죄책감을 가졌기 때문일 수 있다. 학교에서 집에 빨리 오거나 엄마에게 자주 확인전화를 한다면 이 역시도 불안에서 비롯된 행동일 수 있다. 이럴 때는 아이를 안심시켜주고 확신을 주어야 안정된 생활을 할 수 있다.

갈등이 있거나 위협을 하지 않더라도 부모가 아이와 함께 지내는 시간이 적고 무관심한 경우에도 아이는 버림받은 느낌 속에서 생활하게 된다. 이런 기간이 길어지면 만성적인 스트레스 때문에 아이가 위축되고 불만에 찬 모습을 보일 수 있고 떼가 심해지거나 과격한 행동, 감정폭발 등을 보일 수도 있다. 이때 부모는 아이의 결핍감과 박탈감을 이해하고 전보다 많은 시간을 함께 보내고 관심을 보여주도록 해야 한다.

마지막으로 부모의 외출이나 여행 등 부모와 분리되는 경험이 예측하지 못한 채 갑자기 생기면 아이는 언제 또 부모가 나갈지 몰라 불안해지고 버림받을지 모른다는 느낌을 갖게 된다.

정민이가 아무리 말을 안 듣고 말썽을 부린다고 해도 엄마가 정민이를 버린다는 생각은 꿈에도 해보지 않았을 것이다. 부모 자식 간이니까 이렇게 말해도 이해하겠지, 크게 상처받지 않겠지 하면서 깊이 생각하지 않은 채 말을 하게 되는 것이다. 그렇지만 가까운 사람에게서 듣는 말이 가장 큰 상처를 준다는 것을 우리는 경험으로 알고 있다. 중요하지 않은 사람이 나에게 싫은 소리를 하면 잠깐 기분이 상할 수는 있어도 오래 기억하지는 않는다. 그렇지만 중요한 사람이 해주는 말은 힘들고 지칠 때마다 힘을 주는 원동력이 될 수도 있고, 두고두고 잊기 어려운 상처로 남을 수도 있다. 특히 아이들에게 있어서 부모의 말은 절대적인 영향을 미친다.

많은 부모들이 자녀를 위해 최선을 다한다. 아이를 위해서라면 어떤 희생이라도 감수하려 한다. 그렇지만 부모가 자녀에게 줄 수 있는 최상의 선물은 자신감을 실어주는 격려의 말 이상의 것이 없다.

조선미의 열린부모교실

어린아이들은 부모가 자신에게 어떤 말을 많이 하는지 또 어떤 감정으로 자신을 대해 주는지에 따라 스스로를 좋은 사람으로 생각할 수도 있고, 쓸모없거나 무가치하다고 느낄 수도 있다.

아이를 야단칠 때 부모는 감정이 격해지기 때문에 자신의 말이 아이에게 어떤 식으로 영향을 미칠지 생각하지 못한다. 그렇지만 야단칠 때 하는 말들은 아이에게 강렬한 감정을 유발하며, 특히 같은 지적을 반복해서 들으면 자아상이 부정적으로 왜곡될 수 있다. 따라서 아이를 혼낼 때는 다음과 같은 점을 유념하는 것이 필요하다.

1. 아이를 야단칠 때 어떤 경우에도 버린다는 말이나 행동은 보이지 않는다.

2. 야단맞은 아이들은 부모가 표현하지 않아도 버림받을 수 있다는 불안감을 느낄 수 있다. 따라서 시간이 지난 후 엄마 아빠가 화가 난 것은 네가 미워서가 아니라 네 행동이 잘못되었기 때문이라는 것을 알려주고 아이를 안심시킨다.

3. 평소에 애정표현을 많이 하고, 아이가 부모에게 소중한 존재임을 알려준다.

4. 가정 분위기가 불안정할 때는 부모가 어떤 상황에서도 아이를 버리지 않겠다는 표현을 해준다.

5. 아이를 위협하는 행동이 자신이 자랄 때 부모에게 그런 대우를 받았기 때문이 아닌지 원인을 생각해본다.

엄마가 매를 들고 달려올 때는 너무 무서워 아무 생각도 들지 않아요. 나를 때릴 때의 엄마는 우리 엄마가 아닌 것 같아요. 언제 또 엄마가 나를 때릴지 모른다는 생각 때문에 무서운 꿈을 꾸기도 하고 세상이 점점 무서워요.

화가 나서 손에 잡히는 장난감 골프채로 아이를 몇 대 때렸더니 차츰 얼굴이 하얘지며 쓰러졌어요. 얼마나 놀랐는지…… 그런데 그 다음부터 제가 조금만 목소리가 커지면 애가 부들부들 떨면서 빌고 쓰러질 것 같은 모습을 보여요.

06 엄마한테 맞는 게 너무 무서워요

앞니가 빠진 개구쟁이 우진이는 조잘조잘 말을 잘해서 여간 귀여운 게 아니다. 표정도 밝고 명랑한 편이라 걸핏하면 얼굴이 창백해진 채 쓰러진다는 우진이 엄마의 말이 믿어지지 않았다.

"제가 얼마 전에 우진이를 심하게 혼냈어요. 동생이 자기 장난감을 잠깐 만졌다고 발로 차는 거예요. 작은애가 나가떨어지는 걸 보니 참을 수가 없더라고요. 마침 손에 잡히는 장난감 골프채로 아이를 몇 대 때렸어요. 처음에는 애가 가만히 있길래 무서워하지도 않는구나 싶어 몇 대 더 때렸어요. 그런데 그게 아니었어요. 눈동자가 위로 올라가는 것 같더니 얼굴이 하얘져서 쓰러졌어요. 얼마나 놀랐는지 지금 생각해도 심장이 떨리는 것 같아요. 그런데 그 다음부터 제가 조금만 목소리가 커지거나 화내는 기색을 보이면 애가 부들부들 떨면서 빌고 쓰러질 것 같은 모습을 보여요. 도대체 애가 왜 그러는 걸까요?"

나는 우진이를 데리고 그림 그리기를 하면서 엄마에 대해서 물어보았다. 다른 말은 잘하던 우진이가 입을 다문다. 다른 놀이를 하면서 좀 더 친해진 후에 다시 물어보니 조금씩 말문을 연다.

"우진아, 엄마 무섭니?"

"때릴 때는 되게 무서워요."

"어떻게 무서운데?"

"호랑이처럼 달려들어요."

아이의 얼굴을 보니 농담하는 게 아니다. 표정에 공포감이 잔뜩 배어 있었다.

"뭘로 맞았니?"

"골프채요."

"장난감 골프채?"

"아니 진짜 골프채요."

"아팠니?"

"생각이 잘 안 나요."

우진이의 이야기를 들어보니, 우진이는 엄마에게 매를 맞다가 공포심이 극에 달해 잠시 의식이 흐려졌던 것 같다. 공포영화를 보면 갑자기 괴물이 나타나 주인공이 기절하는 장면이 있는데, 이 아이에게는 엄마의 폭발적인 분노와 매가 그 정도로 무서웠던 모양이다.

우진이뿐만 아니라 부모가 감정을 폭발시키는 상황에서 심한 공포반응을 보이는 아이들이 꽤 있다. 특히 나이가 어릴수록 매와 처벌은 상당한 두려움의 대상이다. 심한 벌을 받거나 위협을 받는 상황에서 아이는 상당한 불안을 느끼지만 이런 감정이 어디에서 비롯된 것인지 알지 못한다. 미숙해서 원인과 결과를 잘 연결시키지 못하는 점도 있지만, 워낙 엄마에게 강하게 애착되어 있기 때문에 애착의 대상인 엄마에게 벌을 받는다는 사실을 받아들이기 어렵기 때문이다. 이런 상황에서 아이들은 엄마가 화를 내는 것만으로도 불안의 중요한 원천이 된다.

불안을 느끼는 상황에서 그 이유와 원천을 아는 것이 불가능하기 때문에 아이들은 불안의 이유를 이해하지 못한 채 이 불안을 지나쳐 버리게 된다. 따라서 심각한 일이 있었는데도 그 사건을 기억하지 못하는 경우가 생기는 것이다. 불안의 원인을 탐색하지 못한 아이는 그냥 그 불안을 끌어안고 살면서 불안이 어디에서 비롯된 것인지 알지 못해 더 위협적으로 느낀다. 어른의 경우에도 알 수 없는 불안을 자주 느낀다면 이런 감정은 어렸을 때 이해하지 못한 채 지나쳐 버린 불안일 수 있다. 대체로 12세 이전 아이들의 기억은 정확하지 않은 경우가 많고, 특히 강렬한 감정이 동반된 사건의 기억은 왜곡되기도 한다. 너무 공포스러운 상황은 위협적이기 때문에 기억에서 지워버릴 수도 있고, 불안이 심했다면 불안한 만큼 사건이 더 과장되게 각색되기도 한다.

나는 아이들을 평가할 때 어떤 경우에 엄마 아빠가 좋고, 어떤 경우에 싫은지를 질문한다. 좋은 기억을 물어보면 '맛있는 거 해줄 때, 장난감 사줄 때, 같이 놀아줄 때, 내 편을 들어줄 때' 등 다양한 대답이 나온다. 그렇지만 언제 엄마 아빠가 싫은지에 대한 대답은 놀랄 만큼 똑같다. 혼나고 매 맞을 때라는 것이다. 심지어 엄마 아빠와의 좋은 경험을 말할 때는 잘 생각나지 않는다며 머뭇거리다가도 혼난 이야기는 망설임 없이 말한다. 얼마나 심하게 맞았는지 어제 일처럼 생생하게 말하는 아이도 많고, 우진이처럼 기억이 과장되어 있는 경우도 있다.

아이들에게는 부모의 부드러운 말과 칭찬보다는 분노에 찬 행동이 훨씬 더 강렬한 인상을 남기고 영향을 미친다. 그 이유는 다른 사람이 나에 대해 보이는 분노는 공격이 가해질 거라는 예고이며 생존을 위협할 수도 있기 때문이다. 따라서 아무리 평소에 부모가 아이에게 애정표현을 많이 하고 관계가 좋았더라도 일단 화를 내면 아이는 위협감과 강렬한 공포심을 느끼게 된다. 그리고 부모에게 혼나는 동안 아이는 공포심을 견뎌야 할 뿐 아니라, 자신을 사랑하는 부모가 자신을 위협했다는 이해하기 어려운 사실도 받아들여야 한다.

부모가 자신을 사랑하지만 화를 낼 수도 있다는 사실을 받아들이는 것이 어린아이에게는 쉽지 않다. 따라서 대부분의 아이들은 부모가 자신에게 화를 내고 때리는 것은 사랑하지 않고 미워하기 때문이라고 받아들인다. 그래서 의기소침해지거나 화를 낼 수도 있고, 그 사실 자체를 부정하면서 여러 가지 문제행동을 보이고 불안한 감정을 드러낼 수 있다.

　어떤 부모는 아이를 혼내고 나서 '이게 다 너를 위해서다'라며 자기행동을 정당화하기도 한다. 부모 입장에서는 아이에게 미안하기도 하고 자책감도 들어서 하는 말이지만, 이 말을 들은 아이는 더 큰 혼란을 겪을 수 있다. 이 나이의 아이들은 사랑하면서 때릴 수도 있다는 것을 이해하지 못하기 때문에 부모의 말을 자기 방식대로 이해하게 된다. 심각할 경우, 아이는 화내고 때리는 것이 사랑을 표현하는 방식이라고 받아들여 나중에 배우자나 자식에게 폭력을 행사하게 될 수도 있다. 잘못 배운 방식이 대를 이어 내려가는 것이다.

　사람에 따라서는 필요할 때는 체벌을 하는 게 효과적이라고 주장하는 경우도 있다. 체벌에 대해서는 찬성과 반대 의견이 모두 있지만 몇 가지 심각한 부작용을 초래할 수 있기 때문에 가급적 쓰지 않는 게 바람직하다. 체벌을 받은 아이는 벌을 받은 것으로 잘못이 모두 감해졌다고 생각해 처벌받은 이후로는 잘못했다는 생각을 더 이상 하기 어렵다. 즉 반성의 효과가 없는 것이다. 또한 벌 받을 때 느끼는 불안이 지나치게 압도적일 경우 아이의 자신감을 떨어뜨리거나 위축시킬 수 있다. 게다가 이처럼 감정에 압도되기 때문에 엄마가 하는 말을 이해하기 어렵고, 벌을 통해 어떤 행동을 하지 말아야 하는지 알지만 대신 어떤 행동을 해야 하는지는 배우지 못한다. 심지어 공격적인 행동을 모방해 다른 사람에게 공격적인 행동을 보일 수 있다.

이런 이유들을 설명해주면서 우진이 엄마에게 벌을 줄 때 화를 자제할 자신이 없다면 가급적 아이를 때리지 말도록 당부했다. 내 설명을 들은 우진이 엄마는 당황스러운 듯이 질문을 하였다.

"선생님, 그러니까 제가 아이를 때리면 아이가 그걸 보고 배울 수도 있다는 거지요? 우진이가 동생을 때리는 것도 관계가 있을까요? 한 번은 우진이에게 컴퓨터를 끄라고 했는데, 하도 말을 안 들어서 녀석을 구둣주걱으로 몇 대 때린 후 손들고 벌을 세웠거든요. 그런데 하루는 잠깐 마트에 갔다 왔더니 작은애가 울면서 형이랑 실랑이를 하더라고요. 무슨 일이냐고 물어보니 우진이는 자기가 컴퓨터 할 차례인데 동생이 안 비킨다고 벌을 세운다고 해서 깜짝 놀란 적이 있어요."

당연한 일이지만 아이들은 부모를 보고 배운다. 좋은 행동만 보고 배우는 것이 아니라, 나쁜 행동도 보고 배우기 때문에 부모는 자신의 행동이 아이에게 어떤 영향을 미치는지 늘 주의해야 한다.

 **조선미의 열린부모교실**

아이가 좋지 않은 행동을 했을 때 제재하기 위해 야단을 치거나 체벌하는 경우가 있다. 체벌이 효과적인 이유는 아이가 좋지 않은 행동을 했을 때 체벌을 함으로써 아이가 '이런 행동을 하면 벌을 받게 되는구나'라고 행동과 결과를 연결시키게 되어 그 행동을 할 확률이 줄어들기 때문이다.

부모들이 체벌을 사용하는 것에 대해 걱정하면서도 아이에게 체벌을 하게 되는 이유는 체벌이 어느 정도 효과가 있고, 또 뚜렷하게 다른 대안이 없기 때문이다. 그렇지만 체벌에는 여러 가지 부작용이 따르기 때문에 다음과 같은 점을 주의해야 한다.

1. 체벌을 할 경우에는 화를 많이 내거나 충동적으로 때리지 말고 미리 어떤 행동에 대해서 어디를 몇 번 맞는다고 정해놓는다.

2. 매를 때릴 때는 네가 뭘 잘못해서 맞는다는 것을 차분히 말해준다.

3. 매를 맞게 된 나쁜 행동이 무엇인지, 그리고 앞으로는 어떻게 해야 하는지 분명하게 알려준다.

4. 매를 때리지 않고 대신 쓸 수 있는 벌을 생각해본다.

5. 내가 어린 시절에 부모로부터 매를 맞았는지, 집안 분위기는 어땠는지 기억해보고 자신의 부모를 모방해 아이를 때리는 것은 아닌지 생각해본다.

나도 돈을 뺏겨서 너무 속상해요. 장난감 사려고 아껴두었던 건데, 이제 장난감도 살 수 없고…… 그런데 왜 엄마한테 야단까지 맞아야 해요? 엄마도 형들이 괴롭히면 돈은 줘버리고 맞지 말라고 그랬잖아요. 엄마가 하라는 대로 했는데, 왜 나만 갖고 그래요?

애가 순해서 말썽도 피우지 않았고, 혼날 일도 많지 않았어요. 그런데 길에서 큰 애들한테 돈을 뺏기면서 반항 한 번 못했다고 하더라고요. 정말 답답하고 속상해요.

07 엄마가 하라는 대로 했는데, 왜 나만 갖고 그래요?

초등학교 2학년 동현이는 학교에서 집으로 오는 길에 같은 학교에 다니는 5학년 아이에게 돈을 빼앗겼다. 할머니께 받은 세뱃돈을 주머니에 넣고 다니다가 빼앗긴 것이다. 아이가 순해 터져서 걱정이었던 동현이 엄마는 이런 일까지 생기니까 속이 상할 대로 상해서 아이에게 화풀이를 했다.

"그러게 엄마가 돈 갖고 다니지 말라고 했지? 엄마 말을 안 들으니까 이런 일이 생기잖아. 너는 왜 그렇게 엄마 말을 안 듣니? 그리고 걔가 돈을 달란다고 그냥 순순히 줬어? 너 바보야? 이건 내 돈인데 왜 달라고 하냐고 말도 못해?"

그리고는 아빠에게 이 사실을 알렸다. 아무래도 동현이가 남자답게 크지 못하는 것 같아 아빠가 육아에 적극적으로 참여해야 한다고 생각해서였다. 이 사실을 들은 동현이 아빠는 엄마가 혼낸 것에 더 보태어 동현이를 심하게 혼냈고, 결국은 아이가 힘이 약해 그런 것 같다고 생각해 태권도학원을 보내는 것으로 결론을 내렸다.

그렇지만 동현이는 태권도학원을 싫어했고, 어떻게 해서든 가지 않으려 했다. 며칠 다니지 않아 학원을 그만 두면 안 되냐고 우는 애를 보고 동현이 엄마는 고민 끝에 나에게 의논을 해왔다.

동현이는 보기에도 얌전하고 유순해 보였고, 엄마 말에 따르면 아기 때부터 있는지 없는지 모를 정도로 순해서 키우기가 쉬웠다고 했다.

나는 동현이에게 비슷한 또래의 그림을 보여주고 질문을 하였다.

"동현아, 애는 어떤 애같이 보이니?"

"착한 애요."

"어떤 애가 착한 애지?"

"말 잘 듣는 애요."

"누구 말을 잘 듣는다는 거야?"

"엄마나 선생님, 아빠, 어른들 말이요."

"그럼 만일 어른이 너한테 나쁜 걸 시키면 어떡하지? 그래도 말을 잘 들어야 할까?"

동현이는 눈만 꿈벅거리며 대답하지 못한다.

동현이 또래아이들은 모두 어른들 말을 잘 들으면 착한 아이이고, 말을 듣지 않으면 나쁜 아이라고 생각한다. 그 이유는 아이들의 도덕발달 수준에서는 좋은 행동과 나쁜 행동을 구별할 때 어떤 행동이 칭찬을 받으면 좋은 행동이고 벌을 받으면 나쁜 행동이라고 생각하기 때문이다.

학교에 들어가지 않은 어린아이들은 규칙에 대한 관심이 별로 없으며 즐겁고 재미있는 것에 더 관심을 둔다. 따라서 무엇이 즐겁고 재미있는지는 확실하게 알지만 뭐가 옳은지 그른지는 정확히 모른다. 학교에 다닐 나이가 되면 다른 사람이 정한 규칙에 따라 옳고 그른 것을 판단한다. 규칙이란 신이나 경찰, 혹은 부모처럼 강력한 권위를 가진 사람들에 의해 만들어진다고 믿으며, 이런 규칙들을 신성불변으로 받아들인다. 따라서 3, 4학년까지는 '엄마가 하라니까 해' '하나님은 우리가 하는 것을 다 보고 계셔' '잘못하면 경찰 아저씨가 잡아간다'는 말이 통한다. 그렇지만 11~12세 이후가 되면 이런 규칙들에 대해 개인이 의문을 제기할 수도 있고 바뀔 수도 있다는 것을 알게 된다. 따라서 '왜 엄마 마음대로만 해?' '내가 잘못한 게 없는데 왜 경찰 아저씨가 잡아 가'라는 식으로 반문을 하게 된다.

그렇다면 아이들은 일상생활을 통해 어떤 것을 옳은 것으로 배우고 있을까? 아이의 하루를 생각해보면 간단하게 답이 나온다. 동현이 아빠는 출근하면서 당부한다.

"동현아, 엄마 말씀 잘 듣고 동생하고 싸우지 마라."

학교에 가는 동현이 등에 대고 이번에는 엄마가 소리친다.

"학교 가면 선생님 말씀 잘 듣고 친구들하고 싸우지 마라."

학교에서는 선생님이 말씀하신다.

"어른들 말씀 잘 듣고 예의 바른 어린이가 되세요."

어쩌다 만난 친척이나 이웃집 아줌마가 건네는 인사도 "엄마 말씀 잘 듣고 공부 잘하지?"이다. 이쯤 되면 '말 잘 듣는 아이 = 착한 아이'라는 공식은 자연스럽게 아이의 뇌리에 박힌다.

아이는 이런 분위기 속에서 어른들이 뭐라고 하면 무조건 순응하고 대들면 안 되고 남과 싸우는 것은 나쁘다고 배운다. 물론 학교생활이나 사회생활에 적응하는 데 집단규칙을 따르는 것은 상당히 중요하다. 문제는 자기표현을 언제 해야 되는지, 어떤 지시는 따르지 않아도 되는지에 대해서는 전혀 가르치지 않는다는 것이다. 이렇게 되면 아이는 자기보다 큰 사람, 센 사람의 말은 무조건 들어야 하는 것으로 받아들인다. 그러다 보니 필요할 때도 자기주장을 못하고 거절을 못해 스트레스를 받는 일이 생기는 것이다.

올바른 판단을 위해서는 어른들의 도움이 필요하다. 아이는 커가면서 점차로 어른들의 권위에 대한 의문을 갖기 시작한다. 3, 4학년 정도의 아이들은 부모가 규칙을 어기거나 선생님의 말이 바뀌는 것에 대해 민감하게 생각하고 의문을 제기한다. 이런 의문을 통해 아이는 자율적으로 옳고 그른 것을 판단하는 능력을 키우게 된다. 이런 능력은 성인이 되었을 때 자기판단을 신뢰하고 행동으로 옮기게 하는 원동력이 된다. 이때 부모가 아이가 제기한 의문을 무시하고, 부모의 생각을 절대적인 교훈으로 강요하면 자연스러운 도덕적 성장은 방해를 받는다. 따라서 부모는 아이가 의문을 제기했을 때 그 의문이 타당하면 타당성을 인정해주고, 새로운 도덕적 관점을 제시해주어야 한다. 예를 들어 119 구급차가 교통신호를 위반하면 누구나 교통신호를 지켜야 하지만, 지금은 아픈 사람이 우선이기 때문에 허용이 된다는 것을 설명해주는 것이 아이의 도덕적 성장을 촉진해준다.

동현이 엄마는 큰 아이에게 돈을 뺏기면서 반항 한 번 못한 동현이가 답답하다고 했지만, 무조건 말을 잘 들으라고 배운 동현이로서는 그 상황에서 대응하기가 어려웠을 것이다. 그 순간 부당하다는 생각이 들었어도 누군가에게 자기생각을 강하게 표현하고, 싫은 걸 싫다고 거절하는 훈련이 되어 있지 않았기 때문이다.

거절한다는 것은 다른 사람의 뜻을 거스르는 것이기 때문에 곧 나쁜 사람이 된다는 것을 의미한다. 나쁜 사람이 된다는 것은 아이에게는 사랑과 관심의 박탈을 의미한다. 그래서 무서워하는 것이다. 싫어서 싫다고 말하면 엄마가 나를 사랑하지 않겠다는 것이니 말을 들을 수밖에 없는 것이다.

그래서 사람들은 거절을 힘들어한다. 거절을 해야 할 상황이 오면 자신도 모르게 '내가 거절하면 저 사람이 나를 싫어할 텐데'라는 어린 시절 마음의 패턴이 작동되면서 불편해지는 것이다. 불편하지 않으려면 좀 힘이 들어도 들어주는 것이 낫다. 그러다 보니 하기도 어렵고 할 필요도 없는 짐을 떠맡게 되고 스트레스를 받는다. 어른들 중에는 거절을 못해서 스트레스를 받는다고 호소하는 사람들이 상당히 많다. 가정교육이 엄격한 분위기에서 자란 사람일수록 거절하는 데 어려움이 크다.

동현이 엄마에게 이런 점을 설명해주며 동현이를 어떻게 키웠는지 물어보았다.

"아까도 말씀드렸지만, 애가 워낙 순해서 크게 말썽도 피우지 않았고 혼날 일도 많지 않았어요. 그런데 아이 아빠가 보수적이라 아빠 말에 순종하지 않는 걸 받아들이지 못하는 편이에요. 동현이가 다섯 살 때인가 별 거 아닌 일로 아빠한테 대들었다가 크게 혼났어요. 많이 맞기도 했고요. 그 다음부터인 것 같아요. 아이가 아빠 얼굴을 똑바로 보지 못하고, 시키면 시키는 대로 무조건 했어요. 그러고 보니 그 일 이후로 애가 소극적이 되고 남들 앞에 잘 나서지도 못했던 것 같아요."

동현이는 아빠 말이면 무조건 들어야 한다는 생각이 점점 일반화되어 다른 사람 말에도 순종적이 되어 갔던 모양이다. 그러다 보니 자연히 자기표현이나 자기주장은 약해지고 성격도 소심해졌던 것이다.

아이가 어렸을 때는 판단력과 분별력이 미숙하기 때문에 무엇이 옳은지에 대한 판단을 부모가 내릴 수밖에 없다. 그렇지만 커가면서 아이도 나름대로 판단력을 갖추어야 사회에 적응할 수 있고, 스스로를 존중하고 남을 배려할 수 있다. 언제까지나 부모나 윗사람의 말이 법이 되면 아이는 수동적이고 타율적이며, 그림자 같은 존재로 살게 되는 것이다.

조선미의 열린부모교실

아이가 어릴 때는 부모와 자신의 생각을 분리하지 못하고 부모의 생각이 곧 자신의 생각이라고 받아들인다. 아이는 커가면서 자신의 생각이 반드시 부모의 생각과 같지 않음을 알고 '싫어, 안 할래'라는 식으로 서서히 자기주장을 하기 시작한다. 아이가 자기생각이나 감정을 주장하기 시작하면 부모는 억압하거나 무조건 수용해주지 않으면서 어떤 방식으로 자기표현을 해야 하는지 가르쳐야 한다.

1. 아이에게 무조건 엄마 아빠 말을 잘 들으라는 말은 가급적 하지 않는다.
2. 아빠가 출근할 때 "하루를 즐겁게 보내고, 네가 해야 할 일을 잘하고, 엄마도 좀 도와드려라"라는 식으로 아이가 해야 할 일을 구체적으로 말해준다.
3. 학교에 보낼 때는 "친구들과 사이좋게 지내고, 학교생활을 재미있게 해라. 수업시간에는 선생님 말씀을 잘 듣고, 그 시간에 해야 할 것은 열심히 해라"라는 식으로 학교에서 해야 할 바람직한 행동을 일러준다.
4. 다른 사람의 기분도 중요하지만 아이의 기분도 중요하다는 것을 인정해준다.
5. 정말로 싫거나 옳지 않다고 생각될 때는 거절해야 한다고 가르친다.
6. 어른들 생각과 아이의 생각이 다를 때는 공손하지만 분명하게 네 생각을 말하라고 가르친다.
7. 시간을 내서 아이를 어른처럼 대하면서 대화하는 시간을 갖는다.
8. 옳고 그름에 대해 보다 상위의 판단을 내릴 수 있도록 도와준다.

나는 정말로 참으려고 애쓰는데 내 몸이 내 마음대로 되지 않아요. 어떤 때는 몸에 너무 힘을 줘서 아플 때도 있어요. 나도 나쁜 버릇을 고치고 싶은데 내 마음대로 되지 않으니까 정말 괴로워요.

선생님이 현수 때문에 수업이 안 된다고 하세요. 이렇게 산만한 애는 처음 봤다고…… 집에서는 얌전하고 많이 움직이지도 않는데, 산만하다니 저는 이해가 가질 않아요.

08 나도 나쁜 습관 고치고 싶은데, 마음대로 안 돼요

현수는 착실하고 책임감이 강한 아이이며 어디에서든 크게 문제되는 행동을 보인 적이 없다. 꼼꼼하고 세심해서 야단맞을 것 같은 일은 아예 하지 않으려 했고, 어려서부터 정리정돈도 곧잘 해서 나이에 비해 의젓하다는 말을 많이 들었다. 그런데 3학년이 되면서부터 선생님에게 산만하다는 지적을 받기 시작했고, 점차로 벌 받는 횟수도 늘어났으며 친구들로부터 소외되는 것 같았다.

현수는 나와 마주 앉아서도 눈을 마주치지 않으려고 밖을 보는 척했고 자리에 앉아서도 금방 시선을 아래로 떨구었다. 내가 이름을 부르자 움찔 놀라면서 고개를 드는데 얼굴 한쪽을 실룩거리고 왼쪽 어깨를 돌리는 모습이 관찰되었다. 또 목에 거북한 것이 있는 것처럼 큼큼거리는 소리를 내기도 했다.

"현수는 몇 학년이니?"

"킁킁, 3학년이요."

"병원에는 왜 왔니?"

"킁킁, 선생님이…… 너무 산만하다고 하고, 엄마는 나쁜 버릇을 고치라고 해서요."

"무슨 나쁜 버릇이 있는데?"

"자꾸 소리를 내고 움직인다고요."

"지금처럼 말이지?"

"네."

"나쁜 버릇을 어떻게 고치라고 하시는데?"

"조심하면 되는데 참지 못한다고요."

엄마 아빠와 담임선생님이 틱 장애에 대해서 모르고 아이에게만 뭐라고 했던 모양이다. 현수를 잠깐 보았는데도 틱 증상이 꽤 심해서 안쓰러워 보일 정도였다.

이런 일로 얼마나 혼났는지 물어보았더니, 맞기도 하고 뒤에 가서 벌을 선 적도 있으며, 나중에는 화가 난 선생님이 밖으로 나가라고 소리쳐서 수업시간에 복도에 서 있기도 했다고 한다. 집에서 엄마는 아이를 좀 이해해주고 많이 혼내지 않지만 아빠는 몸을 가만히 두지 않는 현수를 자주 혼내는 편이고, 평소에도 엄하고 무서운 편이라고 하였다.

현수는 길게 말하려 하지 않았다. 틱 증상을 보이는 아이들은 긴장수준이 높고 환경변화에 예민한데, 현수의 경우에는 그 정도가 좀 심했다. 그래서 주제를 바꾸어 현수가 좋아한다는 과학시간과 만들기에 대한 이야기를 시작하였다. 그러자 현수는 관심을 보이며 자신이 아는 것을 이것저것 설명하기 시작했다. 이야기 내용을 들어보니 꽤 똑똑하고 관심 범위도 넓으며 과학의 원리를 잘 이해하고 있었다. 이런 말을 하면서는 심했던 틱 증상도 약간 줄어드는 것 같았다.

"현수는 이렇게 과학도 잘하고 아는 것도 많은데 학교에서는 무슨 일로 자주 혼나니?"

"선생님이 움직이지 말라 그러는데 제가 자꾸 어깨를 움직이니까 반항한다고 그래요."

"그런 말을 들으면 어때?"

"억울해요. 저도 정말 안 하려고 하는데 마음대로 안 돼요. 그래서 몸에 힘을 꽉 주고 참는데 금방 또 그래요. 어떤 때는 몸이 막 아프고 열나고 그래서 학교에 못간 적도 있어요. 아빠는 제가 잘못해서 그런다고 하시는데 저는 정말 일부러 그러는 게 아니에요. 저도 이 버릇을 고치고 싶어요."

현수 엄마는 틱에 대해서는 잘 모르고 있었고, 담임선생님이 병원에 데려가보라고 해서 현수를 데려왔다고 하였다.

"선생님이 현수 때문에 수업이 안 된다고 하세요. 이렇게 산만한 애는 처음 봤다고……. 얼마나 혼이 났는지 요즘에는 아이가 학교 가기를 싫어해요. 집에서는 얌전하고 많이 움직이지도 않는데, 산만하다니 저는 이해가 가질 않아요."

"집에서는 어떤가요?"

"저하고는 별 문제가 없어요. 현수 아빠 성격이 조금이라도 아니다 싶으면 가차 없이 혼내는 편이라 저는 크게 뭐라고 안 해요. 남편이 워낙 꼼꼼해서 뭐든지 제자리에 있어야 하고, 집이 조금이라도 어질러져 있으면 짜증을 내요."

틱 장애는 강박증과 관련이 높다. 현수 엄마 말을 들으니 아이의 틱 장애가 아버지로부터 생물학적 소인을 물려받았기 때문인 것 같았다. 담임선생님 성격도 깔끔하고 딱 부러지는 게 아빠 성격과 비슷하다는 현수 엄마의 말을 들으니 선생님 역시도 강박적인 면이 있는 듯했다. 그래서 현수의 틱 증상을 더 못 견디고 어떻게 해서든 고치려고 했던 것이 아닐까?

틱 현상을 보이는 아이들이나 그 가족의 경우 지나치게 꼼꼼하고 세심하거나 반복적으로 확인하려는 강박증을 보이는 경우가 많다. 그래서 틱 장애와 강박장애와 생물학적 기제가 비슷하다는 주장이 있다. 강박증은 불안장애의 일종으로 원치 않는 생각이 자꾸 떠오르거나 가스불이나 문 잠근 것을 자꾸 확인하거나 자주 씻는 행동을 보이는 장애이다. 강박증을 가진 사람 중에는 완벽주의 경향을 보이는 경우도 잦아 그렇지 않아도 스트레스에 취약한 사람들에게 스트레스를 가중시키는 결과를 가져온다.

성장과정에서 틱 증상을 보이는 아이들은 의외로 꽤 많다. 그렇지만 대부분은 잠깐 그러다 마는 일과성 틱 장애이기 때문에 크게 문제가 되지 않는다. 그렇지만 틱 증상이 1년 넘게 계속되고 현수처럼 음성 틱과 운동 틱을 함께 보이고 강박증까지 보이면 치료가 필요하다.

다른 틱 장애 아이들도 그렇지만 현수의 경우 가장 중요한 것은 주변 사람들의 이해부족이었다. 담임선생님과 현수 아빠 모두 현수의 틱 증상을 나쁜 버릇, 혹은 산만한 행동, 심지어 반항으로 보면서 강압적으로 제재하려고 했다. 틱 장애가 스트레스에서 직접 비롯되는 것은 아니지만 증상이 악화되거나 유지되는 데 스트레스는 상당한 영향을 미친다. 그래서 틱 증상을 보이는 아이들을 대하는 첫 번째 원칙은 '증상을 지적하지 않기'와 '스트레스 줄이기'다.

처음 틱이 발생하면 눈이나 코에 이상이 있다고 생각해서 안과, 이비인후과를 데려가는 경우가 많다. 안과나 이비인후과에서 문제가 없다고 할 경우 대부분의 부모는 나쁜 습관이 생겼다고 생각해 참으라고 강요하기 쉽다. 심지어 화를 내거나 체벌을 가하기도 하는데 틱 증상은 의지로는 참을 수 없는 움직임이다. 노력하면 잠깐은 참을 수 있지만 잠시 후에 더 폭발적으로 횟수가 증가한다. 또 하지 말라고 지적을 받으면 긴장을 하게 되는데 긴장은 틱 증상을 더 악화시키기 때문에 지적은 전혀 효과가 없을

뿐더러 오히려 증가시키거나 지속시키는 결과를 낳기도 한다.

틱 증상은 좀 나아졌다가도 심해지는 주기를 반복하고 증상도 신체부위를 옮겨가면서 보일 수 있기 때문에 만성적인 경과를 밟아가기 시작하면 이런 점을 미리 예측하고 대비하는 것도 필요하다.

더욱이 틱 증상은 눈에 띄기 때문에 다른 아이들에게 놀림의 표적이 될 수 있고 학교생활에도 지장을 줄 수 있다. 따라서 학교에서 겪는 문제들에 대해서는 선생님의 이해와 도움이 필수적이다. 나는 현수가 반항적인 아이가 아니고 오히려 소심하고 책임감이 강한 아이이며, 이 일로 매우 의기소침해 있는 상태라는 것을 알려주면서 치료를 위해서는 무엇보다 선생님이 중요한 역할을 해야 함을 설명해주었다. 현수 엄마는 선생님을 만나 이런 점을 잘 이야기해보겠다고 했다.

가정에서 아이를 대하는 태도도 중요하다. 아이가 틱 증상을 보이면 대부분의 부모들은 그것을 그냥 봐 넘기기가 힘들다. 안타깝기도 하고 화가 나기 때문이다. 그렇지만 지나친 관심과 지적은 증상을 악화시킬 수 있기 때문에 앞으로는 철저하게 무관심한 반응을 보이도록 알려주었다. 증상이 더 심해지거나 덜해지는지, 신체 다른 부위로 옮겨졌는지 정도만 아이 모르게 관찰하고 진료 때 치료자와 상의하도록 하였다. 그 동안 현수를 지적하던 주변사람들에게도 이런 점을 설명하고 협조를 구하도록 하였다.

아빠의 경우 쉽지는 않겠지만 우선 틱 장애의 특징과 아빠의 지나치게 꼼꼼한 성격에 대한 생물학적 이유를 설명하였고, 이해가 안 가더라도 일단 야단치고 지적하는 것은 가급적 줄이도록 부탁했다.

아이가 만성적으로 긴장과 스트레스가 많은 상황에서 생활하고 있으면 아이에게 부담을 주는 스트레스 원인을 제거하는 것도 필요하다. 아이와 자주 대화를 나눔으로써 무엇을 힘들어하는지, 어떤 일이 스트레스가 되는지 알아보고 그 상황을 완화시킬 수 있도록 적극적으로 도와주어야 한다. 학습량이 지나치게 많으면 과감하게 줄여주는 것이 필요하고, 아이를 편하게 해주기 위해 가정 분위기를 바꾸는 것도 방법이다. 강박증을 함께 보일 때는 훨씬 더 스트레스에 취약할 수 있으므로 이런 점에 더 신경을 써야 한다.

틱 장애를 나쁜 버릇으로 몰아 아이를 자주 야단치거나 사소한 습관 하나 제대로 고치지 못하는 무능력한 아이로 몰게 되면 틱 장애 이상의 문제가 발생할 수도 있기 때문이다.

조선미의 열린부모교실

틱 증상은 그 현상만으로는 크게 문제가 되지 않지만 이런 증상 때문에 아이가 자주 혼난다거나 놀림을 당하게 되면 문제를 일으킬 수 있다. 특히 틱 증상은 의지로 통제하지 못한다는 것을 어른들이 받아들이지 못해 혼내고 지적하면 아이는 이중으로 어려움을 겪을 수 있다. 틱 증상이 지나치게 심해지면 전문적인 치료를 받아야 하며, 이때 의학적 치료 외에도 부모나 교사 등 주변 사람의 도움이 있어야 일상생활을 원만하게 할 수 있다.

1. 틱 증상을 보이면 우선 지적하지 않고 관심을 보이지 않는 게 중요하다.

2. 틱 증상으로 인해 학교생활이나 또래관계에 어려움이 발생하지 않았는지 확인해볼 필요가 있다. 틱 증상은 눈에 보이거나 소리가 들리기 때문에 또래들에게 놀림의 표적이 될 수도 있다.

3. 선생님과 의논해 틱 증상을 보이는 아이가 이것 때문에 친구관계에서 어려움을 겪지 않도록 신경 쓴다. 고학년이라면 반 아이들을 대상으로 어려운 친구와 함께 지내는 방법에 대한 교육을 실시할 수도 있다.

4. 음성 틱의 경우에는 다른 아이들의 주의를 끌어 실제로 수업 분위기를 해칠 수도 있으므로 틱 증상이 너무 심하다 싶으면 잠깐 교실을 나갔다 올 수 있도록 미리 규칙을 정해놓는다.

5. 틱 증상 외에 일상생활에서 스트레스가 있다면 가급적 줄여줄 수 있게 환경을 변화시킨다.

틱 장애란 무엇일까요?

'틱'이란 뚜렷한 목적이나 이유 없이 이상한 몸짓을 하거나 소리를 내는 현상을 말한다. 주변에서 흔히 볼 수 있는 눈을 깜박거리는 증상이나 코를 킁킁거리는 것도 대부분 틱 장애에서 비롯된 것이다.

틱 증상은 어떤 특징을 보이나요?

틱 증상은 운동 틱과 음성 틱으로 나누어볼 수 있는데 운동 틱은 움직임이나 동작으로 나타나는 증상으로 눈을 깜박거리는 증상을 비롯해 코를 씰룩거리는 것, 목이나 어깨를 돌리는 것과 같은 증상이 여기에 속한다. 음성 틱은 소리로 나타나는 것으로 킁킁거리는 소리를 낸다거나 가래 뱉는 소리, 입술 빠는 소리, 침 뱉는 소리 등 상당히 다양한 증상이 있다. 운동 틱과 음성 틱이 함께 나타나는 경우를 뚜렛씨 장애라고 하는데 이런 경우에는 단순한 운동장애가 아니라 성격, 대인관계, 감정적인 영역에 많은 문제를 야기시킨다.

복합성 틱의 경우에는 훨씬 더 복잡한 행동이 나타나는데 신체일부를 친다거나 손을 들고 깡충깡충 뛰거나 욕을 하거나 심지어 외설적인 말을 내뱉는 경우도 있다. 이런 종류의 틱이 나타날 경우 틱에 대해 전혀 모르는 주변사람들에게 상당한 오해를 불러일으키고 싸움이 일어나는 경우도 있다.

틱 장애는 왜 생기나요?

틱의 원인은 뚜렷하게 밝혀져 있지 않으나 가족 중에 비슷한 증상을 가진 경우가 자주 발견되어 유전적인 요인이 관련되어 있는 것으로 알려져 있다. 최근 연구에 따르면 뇌신경 전달물질 중에 일부가 깊이 관여하는 것으로 밝혀져 이에 따른 치료방법 연구도 지속되고 있다. 또한 긴장상태나 흥분상태, 즉 과도한 학습이나 게임, 텔레비전 시청 중에 증상이 악화되는 경우가 많은 것으로 보아 심리적 요인도 강하게 작용하는 것으로 추측할 수 있다.

   스트레스로 인해 틱이 더 심해질 수는 있으나 스트레스가 주요 원인은 아니며 생물학적 원인론이 가장 중요한 것으로 알려져 있다. 이처럼 발병 자체는 스트레스의 영향을 크게 받지 않지만 틱 증상이 유지되거나 악화되는 데는 영향을 미치기 때문에 일단 틱 장애가 발생하면 아이의 생활을 살펴보고 스트레스의 요인을 줄여주어야 한다. 특히 틱 장애를 보이는 아이들 중에는 지속적인 긴장과 스트레스를 겪는 아이들이 많은데 무리한 학습이나 부모 간의 불화, 강압적인 가정 분위기는 틱 장애를 유지시키는 요인이 될 수 있다.

틱 장애를 보이는 아이, 어떻게 도와줘야 하나요?

   틱 장애를 치료하는 데는 약물이 사용되기도 하지만 부모의 도움이 무엇보다도 중요하다. 틱을 보이는 아이들의 부모가 해야 할 첫 번째 원칙은 증상에 대해 무관심한 반응을 보이고 단지 그 양상을 관찰만 하는 것이다. 틱 증상이 참을 수 없다는 것을 알지 못할 경우 부모는 아이가 틱 증상을 보이는 것을 참기 힘들어하고 화를 터뜨리기도 한다. 뿐만 아니라 아이가 증상 때문에 얼마나 힘들어하는지에 대해서도 공감적인 태도를 취해야 한다. 틱 증상을 보이는 아이는 주변사람들로부터 반복해서 지적받으면서 스트레스가 가중되며, 심지어 사람들과 대면하는 상황을 피하려고 할 수도 있다.

엄마 아빠가 다투는 것 때문에 늘 불안하고 불행했지만 정말 내 마음에 상처가 되는 것은 엄마가 우리를 두고 집을 나가겠다고 말한 거예요. 엄마 때문에 이젠 어느 누구도 믿을 수가 없어요. 엄마도 우리를 버릴 수 있는데 내가 누구를 믿을 수 있겠어요?

남편과 싸우면서 화가 많이 났을 때 애들이 크면 이혼하자고 한 적이 있어요. 그래도 애들 듣는 데서는 하지 않으려고 신경을 썼는데……

09 세상을 믿을 수 없어요

민혜를 처음 보았을 때는 그렇게 예쁜 얼굴이라고 생각하지 않았다. 윤곽이 뚜렷하고 이목구비가 큼직해 탤런트를 연상시킬 정도로 예쁜 것에 비해, 표정에 생기가 전혀 없었기 때문이다. 어디가 어떻게 불편한지 물어봐도 잘 대답하지 않았고, 그저 아이들하고 지내는 것이 힘들다고 할 뿐 더 이상 설명하려고 하지 않았다. 반복해서 묻자 처음에는 친구들과 잘 지내고 싶어 노력했는데, 다른 아이들이 좋아하지 않는 것 같고 말하기 싫은데 억지로 말하는 것 같은 느낌이 든다고 했다. 그런 생각이 드는 이유를 묻자 자신의 표정이 어둡고 친구들에게 속 얘기를 잘하지 않기 때문인 것 같다고 했다. 중학교 3학년인 민혜가 이런 느낌 때문에 힘들어 하기 시작한 것은 초등학교 6학년 때부터였다.

친구들과의 문제 외에 다른 어려움이 있는지 묻자, 최근에 가출한 적이 있다는 말을 했다. 2주 전쯤 학교에 가려고 집을 나섰다가 무작정 시외버스를 타고 강릉에 가서 동해바다를 보고 왔다는 것이다.

"그냥 가출했을 것 같지는 않고, 무슨 이유가 있을 것 같은데?"
"학교에 다니는 게 무슨 의미가 있나 하는 생각이 들었어요."

» 청소년기 가출, 어떤 이유가 있을까?

국내 한 지방도시에서 중·고등학생에게 가출을 생각한 적이 있는지 물어보았다. 650명의 학생들 중 75%가 '그렇다'고 대답했고, 이유는 부모의 다툼과 성적저하(각각 16.1%)를 든 학생들이 가장 많았다. 공부에 대한 압박감(14.1%)과 다른 사람과의 비교를 통한 열등감(13.3%)도 높은 비율을 보여 결과적으로 가족 내의 문제 – 부모 간의 불화, 부모의 구타, 공부에 대한 잔소리 – 가 청소년 가출충동의 가장 큰 원인이었다.
가출하고 싶은데 참는 이유는 '가출로는 문제해결이 안 될 것 같다(24.2%)'는 대답이 가장 많았고, 부모님이 걱정하실 것 같아서(21.4%), 용기가 없어서(19.1%)라고 대답한 학생들도 많았다.
10% 가량이 가출을 시도한 적이 있다고 했고, 가출해서 간 곳은 친구네 집(30%)이 가장 많았다. 다시 이 학생들에게 부모님에게 가장 바라는 것이 무엇인지 물었을 때 대부분 '화목한 가정 분위기(58%)와 진솔한 대화(13%)를 원하고 있어 가정 분위기가 바뀌는 것을 가장 원하고 있다는 것을 알 수 있었다.

"친구들 때문에 그러니? 아니면 공부 때문에 스트레스를 많이 받니?"

"성적은 전교 10등 안에 들어요. 공부하는 건 그렇게 힘들지 않아요."

혹시 학업 스트레스 때문인가 했는데 그것도 아닌 듯했다.

"민혜는 참 조용한 성격인가 보네. 원래도 말을 잘 안 하는 편이니?"

"아니요. 원래는 밝은 성격이었는데 엄마 아빠가 싸우고 난 다음부터 바뀌었어요."

처음으로 민혜가 속마음을 내비쳤다. 힘들게 말문을 여는 것을 보니 엄마 아빠 간의 갈등이 민혜에게는 몹시 고민스러웠던 모양이다.

"혹시 이혼하신다는 말씀을 하셨니?"

"네."

"너희들에 대한 이야기도 하셨겠구나."

"애들은 조금만 더 크면 알아서 할 테니 그때는 이혼한다고 했어요."

"그게 언제 일이지?"

"6학년 때요."

친구와의 관계가 어려워진 것이 이 무렵부터라고 하니 아무래도 엄마 아빠 사이의 갈등이 민혜를 이렇게 만든 것 같았다.

부부 간의 갈등은 부모가 상상하는 것 이상으로 자녀들에게 영향을 미친다. 부모가 싸우는 모습을 자주 본 아이들은 이런 행동을 보고 모방을 할 수도 있다. 이런 아이들은 다른 사람이 마음에 들지 않거나 원하는 것을 해주지 않으면 부모의 방식에 따라 화내고 싸우는 것을 통해 문제를 해결하려고 한다. 따라서 다른 애들에 비해 싸우고 욕하는 경우를 더 많이 보인다. 엄마 아빠 사이의 갈등은 한두 살짜리 어린아이에게도 상당한 스트레스가 되고, 학령기 아이들은 스트레스 때문에 학업성적이 저조해지거나 우울해지거나 심지어 건강이 나빠질 수도 있다.

어렵게 말문을 연 민혜의 이야기를 들어보니 엄마 아빠의 성격이 서로 맞지 않는 듯했다. 엄마는 활달하고 사람들과 어울리는 것을 좋아하는데 아빠는 내성적이고 꼼꼼한 성격으로 민혜 엄마가 다른 사람들과 어울려 다니는 것을 극도로 싫어했다. 아빠는 엄마가 외출이 잦아 집안 살림을 제대로 못하고 아이들을 잘 돌보지 못한다며 화내는 경우가 많았다고 한다. 그런데 민혜가 5학년이 되면서 엄마는 보험회사에서 일하게 되었고, 귀가시간이 늦어지면서 엄마 아빠의 갈등은 더욱 심해졌다.

"엄마 아빠가 싸우는 소리를 들으면서도 공부했어요. 그때는 다른 방법이 없으니까 내가 공부라도 잘하면 엄마 아빠가 그만 싸우지 않을까 하는 생각이 들었어요. 엄마가 우리 때문에 참고 사는데 나라도 잘해야지 이런 생각을 많이 했던 것 같아요."

"엄마가 너를 두고 정말로 집을 나갈 수도 있다고 생각했구나?"

"진짜로 집을 나간 적도 있어요, 세 번이나. 그래서 나도 집을 나갔던 거예요."

엄마의 가출은 점차로 위축되어 가던 민혜의 마음에 못을 박았고, 결국 가출까지 하게 만든 것이다. 민혜가 학교에 오지 않자 담임선생님은 민혜 엄마에게 전화를 했고, 민혜가 전과 달리 표정이 너무 어둡다며 돌아오면 병원에 데려가보라고 권했다.

하필이면 왜 바다에 갔는지 묻자 민혜는 선뜻 대답하지 않았다. 혹시 죽고 싶은 마음이 있었던 것은 아닌지 묻자 고개를 숙인 채 끄덕거렸다. 6학년 때부터 간혹 죽고 싶다는 생각을 해왔지만 막상 행동으로 옮기려니 무서웠다고 한다.

우리 나라 중학생들에게 자살할 생각을 한 적이 있는지 물었을 때 전체의 60% 정도가 생각한 적이 있다고 대답했다. 이 중에서 초등학교 때부터 자살에 대해 생각했다는 아이들도 31%나 되어, 어린 나이부터 자살을 생각하는 아이들이 많은 것으로 나타났다. 또 5%의 학생들은 실제로 자살방법을 생각해보거나 시도해보았다고 대답했다. 언제 자살 생각이 드는가 하는 물음에는 '학교에서 따돌림이나 폭력을 당할 때'가 가장 많았고, 그 다음으로는 '성적이 떨어졌을 때, 부모 간에 불화가 있을 때, 희망이 없을 때'로 대답하여 학교생활의 어려움과 가족문제가 가장 큰 원인으로 나타났다.

죽고 싶은 생각이 든다고 해서 모두 자살시도를 하는 것은 아니다. 그렇지만 한 번이라도 자살시도를 한 사람은 다시 시도할 가능성이 매우 높아 지속적인 주의를 필요로 한다. 또 자살방법에 대해 구체적으로 생각했거나 행동에 옮긴 적이 있다면 이 역시도 위험성이 높다는 신호이다. 보통 자살을 생각하는 사람은 남들에게 죽겠다는 말을 하지 않을 거라고 생각하지만, '죽고 싶다. 자살하겠다'는 말을 자주 하는 사람일수록 시도를 많이 하기 때문에 이런 말을 자주 하는 것도 눈여겨보아야 한다. 자살에 대한 어떤 표현도 가볍게 넘겨서는 안 되며 부모가 아이에게 진지하게 물어보고 관심을 보여야 한다. 그리고 위험을 감지했을 경우, 우선 아이들에게 자살을 포함해 자해하지 않겠다는 약속을 받고 위기상황에서는 언제든지 도움을 주겠다는 확신을 심어주어야 한다.

민혜 엄마 역시 문제를 어느 정도는 짐작하고 있었다. 착실하던 아이가 가출까지 하게 된 것은 부모 때문이었을 거라고 단정적으로 말했다.

"혹시 아이들 듣는 데서 이혼하자는 말도 하셨나요?"

"화가 많이 났을 때는 그런 적도 있어요. 그래도 애들 듣는 데서는 하지 않으려고 신경을 썼는데……."

"민혜는 엄마가 아빠한테 애들 크면 이혼하자고 한 말을 기억하고 있던데요."

"그래요? 그러고 보니 사네 마네 하면서 애들 커서 알아서 할 텐데 왜 애들 핑계를 대냐 이런 말은 했던 것 같은데……. 그런 걸 다 기억하고 있어요?"

민혜 엄마에게 결혼생활에 대해 물으니 민혜의 말이 대부분 사실이었다. 민혜 엄마는 남편의 요구에 힘들어했고, 타협이 어렵다고 생각되자 어느 순간부터 남편을 무시하고 마음대로 하기 시작했다. 민혜 아빠는 참다가 한 번씩 폭발했고 그 빈도는 점차 잦아져 작년부터는 물건을 집 어던지는 남편을 피해 며칠씩 집을 나가는 경우도 생겼다.

부부갈등이 심해 이혼 말까지 오갈 정도로 상황이 악화될 때 부모들은 흔히 아이를 위해 참는다는 말을 많이 한다. 부부 간의 갈등보다 이혼이 아이에게 더 나쁠 것이라고 생각하기 때문이다. 그렇지만 실제로 이혼보다 장기간의 부부갈등이 아이에게는 더 나쁜 영향을 미치는 것으로 나타났다. 이혼가정의 아이들은 대부분 부모가 이혼하기 전부터 문제행동을 보이기 시작하는 경우가 많으며, 따라서 이혼 그 자체보다는 이혼에 이르는 과정에서의 부부갈등이 아이에게는 더 치명적인 영향을 미친다. 이런 점은 아이를 위해 부부갈등을 참고 견디는 것보다 오히려 갈등이 없는 상태에서 한쪽 부모가 아이를 키우는 것이 더 바람직할 수 있다는 점을 의미한다.

민혜를 도와주기 위해서는 무엇보다도 가족의 협조가 절실하게 필요했다. 민혜 엄마는 죄책감을 느끼고 있었고, 어떤 식으로든 문제를 풀어야 한다는 것을 알고 있었지만 부부 사이의 골이 너무 깊고 오래 되어 부부문제에 직접 접근하는 것은 쉽지 않았다. 그래서 우선 문제해결의 초점을 민혜에게만 맞추도록 했다. 가족문제를 한꺼번에 해결하기는 어렵지만, 지금 민혜가 겪는 어려움은 엄마가 조금만 노력하면 충분히 도와줄 수가 있다.

최근 민혜는 학교에 가는 것 외에 외출은 거의 하지 않고 집 안에서만 생활하고 있다. 이런 생활패턴은 즐거운 일을 경험할 수 있는 기회를 막기 때문에 우울감이 더 심해질 수 있다. 따라서 또래아이들과 어울려 놀러 다니며 즐거운 시간을 갖도록 격려하기로 하였다. 또 엄마에 대한 신뢰감을 회복하기 위해 민혜 엄마는 가급적 저녁 외출을 자제하고 일주일에 이틀 이상은 늦지 않기로 약속하고 반드시 지키도록 하였다. 그리고 집에 있는 날은 민혜가 학원에서 돌아오는 시간을 기다려 함께 저녁을 먹으면서 그날 있었던 일 중에 즐거운 일을 하나씩 이야기하기로 하였다.

무엇보다도 부모가 진심을 다해 민혜를 사랑하고 있으며, 어떤 상황에서도 버리지 않을 것을 민혜가 믿을 수 있게 표현하라고 하였다. 이런 표현만이 세상에 대한 믿음을 잃어버린 민혜에게 다시 그 신뢰를 회복시켜줄 것이다.

 **조선미의 열린부모교실**

부부 간의 갈등 때문에 아이들이 상처를 받을 경우 부부문제를 해결하는 것이 가장 바람직하지만 이것이 어려울 경우 자녀들에게는 최소한의 영향이 가도록 노력해야 한다. 이런 노력은 부부갈등이 심해 이혼위기에 놓인 경우에도 필요하지만, 그 정도는 아니라고 해도 잦은 다툼과 과격한 감정표현을 하는 가정에서도 아이들에게 어떤 영향을 미치는지 관심을 기울여야 한다.

1. 격한 감정표현이나 폭력사용을 자제하는 것이 중요하다. 폭력을 사용하는 것은 아이에게 극도의 공포감을 줄 수 있고, 아이 자신도 문제해결의 방법으로 폭력을 사용하도록 만드는 결과를 초래할 수 있다.

2. 부부갈등의 이유로 아이에게 탓을 돌려서는 안 된다. 이럴 경우 아이는 부모 사이가 좋지 않은 것이 자기 탓이라고 생각하며 스스로를 비난하게 되어 더 많은 문제를 일으킬 수 있다.

3. 부부갈등이 심할 경우 배우자에게 받지 못하는 관심을 아이에게 충족시키고자 집착하지 않는다. 특히 엄마의 경우 아이에게서 위로를 구하고 자신의 편으로 만들려고 하는데 이런 행동은 좋지 않은 영향을 미친다.

4. 부부문제 때문에 아이를 방치하지 않도록 한다. 부부 간에 사이가 좋지 않더라도 가급적 양육에 있어서는 협조하도록 애쓰는 것이 필요하다.

5. 부모의 갈등 때문에 아이가 힘들어할 수 있음을 인정하고 이런 감정을 표현하거나 해소할 수 있는 기회를 준다.

| 좋은 부모 되기 |

3장 우선 아이를 알아야 한다!

아이 키우는 일, 사랑만으로는 안 되나요?

초등학교 2학년인 태현이는 장난기 많고 명랑한 아이다. 그런 태현이가 최근 들어 며칠에 한 번씩은 자다가 울면서 깨어나고, 학교나 집에서 멍하니 있는 시간이 많아졌다. 애교 부리며 안기던 이전과는 다르게 엄마가 무슨 말을 하면 깜짝 놀라고 별 일이 아닌데도 긴장하는 모습을 보여 혹시 심각한 문제가 있나 걱정이 된 태현이 엄마는 아이를 데리고 병원에 왔다. 원만하게 생활하던 아이가 갑자기 변했다는 말에 혹시 최근 들어 스트레스가 될 만한 일이 있었는지 태현이 엄마에게 물었다.

"그렇게 말씀하시니…… 일이 있긴 있었어요. 2주쯤 전인가 우연히 아이 책가방에서 못 보던 장난감이 있는 걸 봤어요. 사준 적이 없는데 요즘 애들이 많이 갖고 노는 팽이가 있었어요. 어디서 난 거냐고 물으니까 우물쭈물하면서 말을 못하더라고요. 그래서 다그쳤더니 친구가 준 것이라고 하기에 엄마가 확인해야 하니까 그 집에 가자고 했지요."

태현이의 친구는 그 장난감이 자기 것이 아니고 본 적도 없다고 하였고, 화가 난 엄마는 다시 아이에게 솔직하게 말하라며 화를 냈다. 아이는 또 다른 친구의 이름을 댔고, 엄마 손에 이끌려 다시 그 친구 집에 가야 했다. 이렇게 몇 집을 돌아다니는 사이에 날은 어두워졌다.

평상시 큰 말썽이 없었던 만큼 태현이 엄마는 충격을 받았고, 나쁜 버릇은 초반에 확실히 바로잡아야 한다는 생각이 들었다. 그래서 생각 끝에 아이를 데리고 경찰서에 갔다. 상황을 이해한 경찰관은 처음 한 번은 봐주지만 다시 그런 일이 생기면 감옥에 보낸다고 하면서 돌려보냈다. 태현이는 다시는 안 그런다고 엄마에게 약속했고, 교실바닥에 떨어져 있어서 몰래 집어왔다는 장난감은 담임선생님께 드리는 것으로 일단락되었다.

그런데 문제는 그 다음부터였다. 태현이는 엄마가 이름만 불러도 소스라치게 놀라고, 엄마와 눈이 마주치는 것을 피했으며, 엄마의 목소리 톤이 높아지기만 해도 울먹거리며 부들부들 떨었다. 시간이 지나면 나아지겠지 했는데 이제는 자다 깨서 울고 공부시간에도 멍하게 있는 시간이 늘어 선생님 눈에도 띄게 되었다. 이런 이야기 끝에 나는 경찰서에 데려간 이유를 물었다.

"태현이 어머니, 왜 그렇게 하셨어요?"

"왜요? 그렇게 하면 안 되나요?"

"좋지 않은 방법을 쓰신 것 같은데요."

웬만해서는 엄마가 잘못한 점을 직접적으로 말하지 않지만 이번 경우에는 단도직입적으로 말했다. 그 말을 들은 태현이 엄마는 놀란 듯이 눈을 크게 뜨더니 잠시 후 울먹이며 말했다.

"그런 얘기는 아무도 해주지 않았어요. 누가 그러면 안 된다고 했으면 절대로 그러지 않았을 텐데……. 선생님, 왜 그런 건 아무도 알려주지 않았을까요?"

　엄마의 정성과 치료진의 노력 끝에 태현이는 예전의 밝은 모습을 다시 찾았다. 나는 이 일을 계기로 잘못된 자녀교육의 많은 부분이 정확한 지식이 부족한 데서 비롯되었다는 것을 알게 되었다. 처음에는 태현이 엄마가 아이에게 상당히 엄격하고 원칙에 충실한 사람이라고 생각했다. 그렇지만 이야기를 들어보니 평상시에는 상당히 따뜻하게 아이를 돌보며 키워온 사람이었다. 이런 태현이 엄마가 아이를 경찰서에 끌고 가는 극단적인 행동을 취한 것은 그 상황을 어떻게 다루어야 할지 몰랐기 때문이다.

　아이를 키우는 엄마라면 누구나 사랑만으로 해결하기 어려운 문제가 너무나 많다는 것을 알 것이다. 태현이의 경우처럼 좋지 않은 버릇을 고치려고 한 행동이 아이에게 극심한 불안을 초래할 수도 있고, 자신감을 키워주려고 태권도학원에 보냈다가 오히려 아이가 주눅이 들었다며 안타까워하는 경우도 있다. 공부하라고 학원에 보냈는데 친구와 PC방에 가고, 못 가게 하니까 무작정 가출해버린 청소년 이야기도 들었다. 심지어 남자답게 키우려고 아빠와 시간을 많이 보낸 후 남자로서 자신감을 잃어버린 아이도 있었다. 좋은 의도가 결코 좋은 결과를 보장해주지 않는다. 나는 여러 사람으로부터 이런 경험을 무수히 들었으며, 그때마다 안타까운 마음이 들었다. 알았다면 결코 하지 않았을 실수가 얼마나 많은가.

　소아정신과에서 일하기 시작할 무렵 미국 심리학회에서 그 해의 책으로 선정한 『어머니의 양육와 타인의 양육』이라는 책을 읽은 적이 있다. 맞벌이 등의 이유로 아이를 직접 키우지 못하는 부모를 위한 책이었다. 이 책의 내용 중에는 좋은 유치원을 고르는 방법과 어떤 유치원 교사가 좋은 교사인가에 대한 것들도 있었다. 아이들에 대한 애정이 당연히 일순위일 줄 알았는데 놀랍게도 발달에 대한 지식을 가장 중요한 요인으로 들고 있었다. 그때는 뜻밖의 결과라고 생각했지만 10년 정도의 임상경험을 하고 나니 그 이유를 알 수 있었다. 교사나 부모가 아이를 잘 다루기 위해 필수적으로 갖추어야 하는 것은 아이의 생각과 감정에 대해 정확하게 아는 것이다. 아이를 키우면서 저지르기 쉬운 실수 중에 많은 부분은 결코 애정이 부족해서가 아니라 아이를 이해하지 못하거나 아이의 발달과정에 맞지 않는 방법을 썼기 때문이다.

| 부모역할을 잘하기 위해서는 무엇을 알아야 할까요?

최근에 교사들을 대상으로 강의를 하면서 교실에서 다루기 힘든 아이들에 대한 이야기를 나눈 적이 있다. 교사들의 경우 많은 아이들을 접하기 때문에 부모들에 비하면 정상발달에 대한 지식이 풍부한 편이다. 그렇지만 문제행동에 대해서는 그리 잘 알지 못하고 있었다.

"만일 친구들과 어울리지 못하고 자주 싸우는 아이가 있다면 그 아이가 왜 그런다고 생각하시겠어요?"

"문제가 있는 거겠죠."

"어떤 문제가 있을까요?"

"가정에서 제대로 배우지 못했거나 가족 간에 문제로 생각해봐야 할 것 같아요."

"우리 반에도 그런 애가 하나 있었는데 나중에 보니까 아버지가 알코올중독이고 부모가 이혼했다고 들었어요. 이런 애들이 학교생활에 잘 적응을 못하는 것 같아요."

많은 교사들이 공감을 표했다. 그렇지만 다른 이유를 생각해보도록 하자 더 의견을 말하는 사람은 없었다. 또래관계에 문제를 보일 수 있는 이유는 여러 가지가 있다. 이미 지적한 대로 가정환경의 문제도 영향을 미치지만 우울증과 같은 정서적 문제나 주의력결핍 등도 중요한 요인으로 꼽아볼 수 있다. 인지발달이 미숙해 사회성 개발이 부진하거나 사회기술 습득이 부진해 친밀감 표현을 어떻게 해야 할지 모르는 경우도 부적응을 보일 수 있다.

"그래서 선생님은 그 아이를 어떻게 도와주셨나요?"

"사랑으로 감싸주려고 애썼는데 지금 생각하면 크게 도움을 못 준 것 같아 안타까워요."

이런 이야기도 많이 들었다. 사랑과 열의만으로 부족함을 느낀 많은 교사들이 최근에는 아동의 이상심리를 배우기 위해 교육을 받으러 온다. 이런 경험을 바탕으로 나는 부모역할을 잘하기 위해 무엇을 알아야 하는지 나름대로 정리해보았다.

첫 번째는 아이의 정상적인 발달과정에 대한 것이다. 몇 개월에 말을 시작해야 하고, 몇 살에 대소변을 가리는 게 정상이며, 학교에 갈 무렵 또래관계는 어느 정도 이루어져야 하는지, 학습을 할 때 아이가 집중할 수 있는 시간은 어느 정도인지 하는 것을 알아야 쓸데없는 불안이나 비현실적인 목표를 갖지 않게 된다.

그 다음으로는 정상범주를 벗어나는 것에는 무엇이 있는지 하는 것들을 알아야 한다. 열두 살짜리 큰애가 다섯 살짜리 동생과 싸우는 게 지극히 정상적이라는 것을 알아야 하듯이 열 살이 되어서도 가방 싸기와 알림장 적어오기가 스스로 안 된다면 문제라는 것을 알아야 한다. 문제를 빨리 파악하는 것은 아이들에게 대단히 중요하다. 발달과정에서 생기는 문제는 적절한 시기에 도와주는 게 매우 중요하기 때문이다.

마지막으로 부모는 내 아이가 어떤 기질을 가졌는지, 강점이 무엇이고 약점이 무엇인지 하는 것들을 잘 알고 있어야 한다. 둘 이상의 아이를 키워본 부모라면 아무리 형제간이라도 서로 같지 않다는 것을 잘 알고 있다. 우리 둘째는 누나에 비해 온순하고 기질적으로 순한 아이다. 활동적이고 쉽게 주의가 분산되는 큰아이를 키우다보니 눈을 맞추고 엄격한 목소리로 단호하게 지시를 하는 태도가 내게 배어 있었다. 그런데 작은 녀석은 내가 이렇게 말하면 겁을 집어 먹고 삐죽삐죽 울어버린다. 처음에는 당황스러웠으나 곧 두 아이가 다르다는 것을 받아들였다. 다른 아이와 내 아이는 서로 다르다. 누군가에게 효과가 있는 방법이 반드시 내 아이에게도 효과적인 것은 아니다. 과연 이 방법이 효과적인지 아닌지를 결정하는 것은 아이를 잘 파악하고 있는 엄마가 해야 한다.

> » 아이에 대해 무엇을 알아야 하나요?
>
> **1. 정상적인 발달과정에서 나타나는 행동은 무엇인가?**
> - 신체발달·운동발달·언어발달이 다른 아이들과 비슷한 수준이다.
> - 5세 이전에 대소변을 완전하게 가린다.
> - 유치원에 들어가서 조금씩 협동놀이가 이루어지고 집단활동에서 크게 이탈되지 않는다.
> - 입학 전후로 읽기·쓰기·기초적인 셈하기가 가능하다.
> - 학교생활에서 필요한 규칙을 지키고 또래와 협동한다.
> - 연습을 통해 가방 싸기, 숙제와 준비물 챙기기를 혼자서 할 수 있다.
>
> **2. 정상범주에서 벗어나는 행동들은 무엇인가?**
> - 말이나 인지능력, 대근육·소근육 운동이 나이보다 1년 이상 어리다.
> - 지나치게 활동량이 많거나 산만하다는 지적을 받는다.
> - 다른 사람들과 상호작용을 하지 않으려고 한다.
> - 눈을 깜박거리거나 코를 씰룩거리고 킁킁거리는 행동을 반복한다.
> - 자신감이 너무 없고 자주 울고 짜증을 많이 낸다.
> - 유치원생인데도 엄마와 떨어지는 것을 너무 힘들어하고 불안해한다.
>
> **3. 아이의 기질과 독특한 특징은 무엇인가?**
> - 수줍음을 많이 타고 걱정이 많다.
> - 매사 느리고 반응성이 약하다.
> - 신경질적이고 까다로우며 예민하다.

아이가 평상시와 달라요. 무슨 말을 해도 톡톡 쏘거나 짜증스럽게 대답하고, 시무룩한 게 기분이 좋지 않아요. 엄마한테 불만이 있는 걸까요?

나도 왜 그렇게 짜증이 나는지 모르겠어요. 그냥 뭐든지 다 싫고 신경질이 나고 화가 나요. 엄마한테 불만이 있어서 그러는 건 아니에요. 하지만 나도 내 마음대로 잘 안 돼요. 엄마가 내 마음 좀 알아주면 안 돼요?

01 마음의 변화를 행동으로 보여준다

아영이는 요즘 표정이 시무룩한 게 기분이 영 좋지 않다. 무슨 말을 해도 톡톡 쏘거나 짜증스럽게 대답한다.

"아영아!"

"왜 그러는데?"

"너 엄마한테 대답하는 게 그게 뭐야?"

"내가 뭘 어쨌다고, 엄마는 괜히 야단이야."

"너 무슨 일 있어? 엄마한테 불만이라도 있는 거야?"

"몰라!"

아영이는 오빠하고도 자주 싸운다. 가만히 보면 예전에는 조금 다투다가 슬그머니 물러섰던 것 같은데 지금은 지지 않고 대들고 억울하다 싶으면 '네가 뭔데'라며 오빠를 너라고 부르기도 한다. 행동도 과격해져서 가끔씩은 책이나 연필 같은 것을 던지기도 하였다. 너무한다 싶어 야단을 치면 금방 눈물이 그렁그렁해지면서 왜 나만 갖고 그러냐고 소리치며 서러운 듯 울어버린다. 문제가 있나 싶어 아이를 데리고 말을 해보아도 제대로 대화가 되지 않는다.

"아영아, 학교에서 무슨 일이 있니?"

"아니."

"그럼 친구하고 싸웠어?"

"아니."

"어디 아픈 데 있니?"

"아무데도 안 아파."

"그런데 도대체 왜 그래?"

"내가 뭘 어쨌다고 그래, 짜증나게."

"뭐라고? 얘가 정말!"

결국 큰소리만 나고, 아이와의 대화는 시작하지 않은 것만도 못해진다. 야단도 치고 달래기도 하던 아영이 엄마는 도대체 이유를 알 수 없어 급기야 아이를 잘못 키운 게 아닐까, 엄마로서 너무 부족한 게 아닐까 생각하게 되었다.

나와 마주앉은 아영이는 여전히 시무룩한 얼굴이었고, 엄마에게 했던 것처럼 나에게도 부루퉁한 말투로 무성의하게 대답했다.

"아영이는 요즘 기분이 좀 안 좋은가 보지?"

"몰라요."

"아무 일도 아닌데 막 신경질이 나고 짜증나고 그런 것 같은데?"

"네."

자기마음을 알아준다 싶었는지 마지막 대답은 전에 비해 수긋해진 억양이었다.

"아영아, 너도 네가 왜 그런지 잘 모르겠지?"

"네."

"그런데 남들이 자꾸 왜 그러냐고 물어보면 짜증나지 않니?"

"맞아요."

"언제부터 그랬는지는 생각나니?"

"2학기 시작하고요."

"학교에서도 집에서처럼 자꾸 짜증이 나니?"

"학교에서는 별로 안 그래요."

"집에 오면 그런가 보구나?"

"네."

아영이를 데리고 알 수 있는 것은 그 정도였다. 일부러 대답하지 않는 것이 아니라, 2학년인 아영이로서는 자기 기분에 대해 그 정도밖에는 모르는 것이다. 그렇지 않던 아이가 신경질이 늘거나 짜증을 많이 내면 우선은 환경의 변화를 살펴보는 것이 필요하다.

엄마입장에서는 아이가 이유 없이 짜증을 내니 내가 뭘 잘못했나, 그래서 아이가 불만이 있나 생각한다. 아이는 유독 엄마에게 짜증을 내는데 이유를 알 수 없으니 이렇게 생각할 수도 있다. 그렇지만 아이는 자기가 경험하는 모든 일에 대해 엄마에게 행동으로 신호를 보낸다. 아이들은 대부분 엄마에게 강하게 애착되어 있는데, 애착하는 이유는 엄마를 통해 안정감과 편안함을 얻기 때문이다. 아이는 어떤 나이가 될 때까지는 스스로 문제를 해결하고 자기를 돌볼 수 없기 때문에 자신을 돌봐주는 사람에게 강하게 애착함으로써 안전을 확보한다. 따라서 어딘가에 아이의 안전을 위협하는 일이 생겼다면 일차 애착대상인 엄마에게 가장 먼저 이것을 표현하게 된다. 이때 아이는 자기감정의 원인을 설명할 수 없기 때문에 막연한 불안이나 짜증으로 표현하게 되는 것이다. 예를 들어 공원에서 책을 읽는 엄마 옆에서 공을 갖고 놀던 아이는 넘어져서 다치면 울면서 엄마에게 달려온다. 다친 고통과 놀람 때문에 애착행동이 나타나고, 엄마에 의해 이런 괴로움이 제거되면 원래의 활동으로 돌아가는 것이다.

아영이 엄마에게 지난 반 년 동안 가정에 어떤 변화가 있었는지 물었다. 애가 충격을 받을 만한 큰일은 없었고, 6개월 전부터 할머니 할아버지와 함께 살게 된 점이 그나마 변화라고 할 수 있다고 하였다. 할머니

할아버지가 아이들을 어떻게 대하시는지 묻자 애들에게는 해달라는 대로 다 해주고 예뻐하신다고 한다. 오빠와 아영이를 똑같이 대하시는지 묻자 그건 아니라고 했다.

"아무래도 할머니 할아버지는 예전 분이시잖아요. 게다가 우리 큰애가 첫손자이고, 공부도 잘하니까 사랑이 각별하세요. 우리 손자, 우리 손자 하시면서 끼고 예뻐하시며 용돈도 많이 주시고……. 친척들한테도 큰애 자랑을 어찌나 하시는지 몰라요. 사실 아영이한테야 그 정도는 아니죠."

"그러면 아무래도 아영이 입장에서는 좀 서운하겠네요."

"그런가요? 제가 그 생각은 못했네요. 큰애가 과학을 잘해서 경시대회에 나갔는데 신경 쓸 일이 어찌나 많던지 아영이가 어떻게 지내는지 신경을 못 썼어요. 그리고 보니 언젠가 아영이가 '나는 이 집에서 필요 없지?'라고 말해서 그런 말이 어디 있냐고 혼을 냈는데, 그럼 애한테는 그런 게 스트레스가 된 건가요?"

아이는 어른이 짐작하는 것보다 훨씬 더 많은 관심과 애정을 필요로 한다. 필요한 만큼의 애정을 받지 못하면 어떤 방식이든 애착대상에게 표현을 한다. 대부분은 문제가 되는 행동으로 표현하기 때문에 엄마 입장에서는 왜 전에는 하지 않던 행동을 할까라고 생각하면서 이해하기 힘들어한다. 아이들이 흔히 보이는 스트레스 반응은 다음과 같다.

첫 번째는 평상시 잘하던 행동을 하지 않거나 해달라고 하는 것이다.

먹는 것, 씻는 것, 옷 입는 것 등 평소에 혼자서 잘하던 아이가 해달라고 하거나 대소변을 가리던 아이가 못 가리는 경우가 여기에 해당하며, 퇴행이라고 할 수 있다. 또 기분이 저조하거나 짜증을 내는 경우도 많다. 별로 짜증낼 일이 아닌데도 벌컥 신경질을 내거나 조금만 야단쳐도 쉽게 눈물을 흘려 평상시보다 오히려 혼나는 일이 많아진다. 경우에 따라서는 욕을 하거나 다른 사람을 때리는 등 공격적인 행동을 할 수도 있다. 동생을 때리고 부모에게 대들거나 잔인한 말을 하기도 하는데, 아무리 이유를 물어도 설득력 있는 대답은 하지 못한다. '왜 나만 미워해!' '사람들이 싫어!' 등의 부정적인 말을 많이 하는 경우, 반대로 엄마에게 '사랑해'라는 말을 너무 지나치게 자주 하는 경우 혹은 엄마와 떨어지지 않으려고 하며 자기를 사랑하는지 확인받고자 하는 경우도 모두 아이가 스트레스를 표현하는 방식 중에 하나이다.

내가 박사학위 논문을 쓰느라 바쁜 시기에 딸아이는 유치원에 다니고 있었다. 눈코 뜰 새 없이 바쁘던 와중에 하루는 유치원 선생님에게 전화가 왔다. 안 그러던 아이가 유치원에서 오줌을 쌌다는 것이다. 대소변을 가린 지 꽤 되었고 그럴 만한 일이 없는데 도대체 왜 그럴까 하는 의문이 들었다. 그런데 며칠 지나지 않아 같은 일이 반복되었다. 아이가 뭔가 나에게 메시지를 보낸다는 생각이 들었다. 그 동안의 일을 곰곰이 생각해보니 바쁘다는 이유로 아이들을 돌봐주던 외할머니 댁에서 데려오지 않고 그냥 재운 적이 몇번 있었다. 집으로 데려오지 않은 다음날 아침에는 아이가 시무룩해져 밥도 먹지 않고 유치원에 간다는 이야기를 들은 기억이 났다.

  그 다음부터는 집에 일을 싸가지고 오는 한이 있어도 저녁이면 무조건 아이를 데려왔다. 그랬더니 한동안 괜찮다가 몇 달 후 다시 한 번 그런 일이 있었다. 그때도 역시 논문을 마무리하느라 바쁜 시기였다. 이때부터는 아이가 보내는 메시지를 빠르고 정확하게 이해할 수 있었다. 아이의 신호를 읽을 수 있으면 괜한 자책감을 가질 필요도 없고 아이를 힘든 상태에 내버려두는 일도 막을 수 있다. 아이의 전과 다른 행동, 전과 다른 말투에는 말하지 못하는 스트레스가 있다.

조선미의 열린부모교실

아이들은 어른에 비해 자신의 감정을 이해하고 표현하는 능력이 많이 부족하다. 심지어 몸이 아파도 자기가 힘든 게 몸이 아파서인지 잘 몰라서 투정을 부리고 짜증을 내는 경우도 많다. 이처럼 아이들은 괴로움의 원인을 잘 파악하지 못하기 때문에 부모가 민감하게 관찰해서 힘든 점이 없는지 살펴보는 것이 필요하다.

대부분의 아이들은 환경변화에 민감하게 반응하는데 물리적인 변화보다는 심리적인 변화에 더 큰 영향을 받는다. 부모의 감정상태는 아이에게 상당히 중요한 환경이다. 따라서 겉으로는 아무런 변화가 없어도 엄마 아빠의 기분과 생각이 바뀌었다면 보이지 않는 가운데 아이에게는 큰 영향을 줄 수 있다.

1. 아이의 행동이 평소와 다르면 함께 보내는 시간을 늘리고 함께 놀아준다.

2. 아이와 일대일로 놀아주면서 아이가 부모에게 중요한 존재임을 확인시켜준다.

3. 최근 들어 아이에게 스트레스가 될 만한 일이 있는지 생각해본다.

4. 담임선생님, 친구, 이웃들로부터 아이의 행동변화에 대해 알아본다.

5. 스트레스가 될 만한 사건이 있으면 도와줘서 환경을 변화시킨다.

6. 아이가 힘들 수 있음을 인정해주되 자기 자신이나 다른 사람에게 해가 될 수 있는 행동은 단호하게 제재한다.

7. 부모가 노력해도 좋아지지 않고 더 심해진다면 전문가의 도움을 받는다.

아이가 어려서부터 수줍음이 많았어요. 남자애라 자신감도 있고, 남 앞에 자신 있게 나서길 바라는데, 그렇지를 못하니 걱정이에요. 아이의 기질을 바꿀 수 없을까요?

다른 사람 앞에서 말을 하려면 너무 떨려요. 친척들이 오면 엄마가 영어책을 읽어보라고 하는데 너무 싫어요. 앞집 아줌마가 나를 보지도 않고 지나가는데 인사하는 것도 싫고요. 내 친구들도 발표하고 인사하는 게 쑥스러워서 싫다고 하는데, 왜 엄마 아빠는 남자답지 않다고 나를 혼내나요?

02 타고난 기질에 충실하다

주영이는 남자애인데도 얼굴이 하얗고 눈이 커서 겁이 많아 보였고, 엄마 뒤쪽에 서서 고개만 내밀고 나를 쳐다보았다. 그렇지만 말을 시키면 배시시 웃는 모습이 귀여웠고 말은 잘 안 해도 표정이 편안해 보여 좀 수줍어서 그렇지 큰 문제는 없어 보였다.

"주영이는 다른 건 괜찮은데 남들 앞에서 말을 제대로 못해요. 어려서부터 수줍음이 많았어요. 낯선 사람이 오면 방에서 나오지 않으려고 하고 어디를 가도 혼자서는 가지 않으려고 해서 걱정을 많이 했어요. 남자애라 자신감도 있고, 남 앞에서 자신 있게 나서기를 바라는데 그렇지를 못하니 걱정이에요."

어려서부터 그랬다면 주영이의 기질적 특징인 것 같은데 엄마는 그것을 바꾸고 싶은 모양이다. 어른들이 모두 성격이 다르듯 아이들도 모두 서로 다른 특징을 갖고 태어나며, 이런 아이들의 성격특징을 '기질'이라고 한다. 차이를 보이는 영역은 활동수준과 자극에 대한 민감성, 감정의 동요가 있을 때 이를 진정시키는 능력, 공포에 대한 반응, 사회성 등이다.

이를 테면 어떤 아이들은 태어나면서부터 움직임이 많고 주변환경에 대한 호기심이 많으며, 어떤 아이들은 조용하고 탐색활동이 적다. 사람들에 대해 더 적극적으로 반응하는 아이가 있는가 하면 혼자 노는 것을 좋아하는 아이도 있다. 아이의 기질적 특징은 유전적으로 영향을 많이 받기 때문에 부모의 기질과 닮는 경우가 많으며, 이런 특징은 어른이 될 때까지도 크게 변하지 않는 경우가 많다.

주영이는 나에게 먼저 말을 걸거나 길게 대답하는 편은 아니었지만, 묻는 말에는 아는 대로 대답했고 크게 자신감이 떨어져 보이지도 않았다.

"주영이는 친구가 몇 명이나 있니?"

"우리 반 남자애들은 다 친해요."

"친구들하고는 뭘 하고 놀지?"

"팽이도 치고 축구도 해요."

"공부시간에 발표는 많이 하니?"

"선생님이 시키면 해요."

"먼저 손들고 하지는 않고?"

"어떤 때는 손들고 하기도 해요."

"말을 잘 안 하는 편이니?"

"엄마가 그렇데요."

"너는 어떻게 생각하니?"

"나는 말을 많이 하는데, 엄마가 자꾸 그래요."

남자애치고는 거칠거나 활동적인 면이 별로 없는 것 같았지만 그렇다고 문제가 될 정도의 행동은 없는 것 같았다. 익숙하지 않은 상황이나 사람에 대해 위축되는 경향성을 '행동적 억제'라고 하며, 이는 아이의 기질적 특징에 속하는 것이다. 행동적 억제가 강한 아이는 새로운 상황에서 쉽게 긴장하고 불안을 느끼며 수줍음이 많고 겁을 많이 내는 모습을 보인다. 이런 특징은 잘 변하지 않아 아기 때 이런 모습을 보인 아이들은 커서도 친구를 사귀는 데 적극적이지 않고 위험한 활동을 하지 않으려고 한다. 행동적 억제 역시 기질적 특징이기 때문에 유전의 영향을 받을 수 있다. 따라서 부모가 조용하고 활동적이지 않을 경우 태어난 아이도 자기표현을 잘 하지 않고 얌전한 모습을 보이는 경우가 많다.

이런 점을 어떻게 설명해야 하나 생각하면서 무엇이 문제인지 주영이 엄마에게 다시 물어보았다.

"주영이에게 아무 문제도 없나요? 애가 도대체 남 앞에 나서려고 하지 않아요. 남자애라면 낯선 사람한테도 붙임성 있게 말도 하고 처음 보는 애들한테도 같이 놀자고 해야 하지 않나요? 주영이는 학교에서도 주로 여자애들하고 놀아요. 거칠고 잘 싸우는 남자애들은 애가 버거워서 안 어울리는 것 같은데 여자애들은 우리 애가 얌전하니까 좋아하는 것 같아요. 애 아빠는 저러다가 나중에 왕따를 당하거나 맞고 다닐까봐 걱정이 이만저만이 아니에요."

실제로 다른 아이들에게 맞거나 따돌림을 당하는지 물어보자, 아직 그런 적은 없다고 한다. 그러면 아이를 자신감 있게 만들기 위해 어떻게 했는지 물어보았다.

"저는 좀 덜한데 주영이 아빠는 매일 아이한테 남자애가 그러면 안 된다는 얘기를 해요. 태권도를 다니라고 하고, 합기도를 배우라고 하고, 아빠가 단련을 시킨다며 애하고 치고받는데 나중에는 꼭 애를 울리더라고요. 그러다 보니 애가 아빠를 슬슬 피하고, 아빠는 더 뭐라고 하고, 저러다 아빠를 싫어하면 어쩌나 걱정이에요."

기질은 유전적인 요소가 강하다. 주영이가 그렇게 낯선 상황을 힘들어한다면 부모 중에 누군가가 그런 소인을 물려줬을 수 있다. 아빠가 유독 걱정이 많다는 것으로 보아 아빠 쪽이 아닌가 싶었는데 아니나 다를까.

"애 아빠가 어려서 소심하다고 놀림을 많이 받았나 봐요. 자기는 싸우기 싫은데 싸움을 걸고 집적거리는 애들이 많아서 학교 가기가 싫었대요. 그래서 가끔씩 학교도 몰래 빠지고 그랬는데, 고등학교 때까지도 소심한 성격 때문에 열등감이 많았다고 하더라고요. 지금은 많이 변해서 예전하고는 달라졌지만 어릴 적 힘들었던 기억이 강하게 남아있나 봐요.

주영이가 남자애라 군대도 가고 사회생활도 해야 하는데 저런 성격으로는 힘들다는 거지요."

주영이 엄마에게 기질에 대한 설명을 해주었다. 기질은 타고나는 거라 아이 마음대로 할 수 없고, 주영이는 다른 애에 비해 환경의 변화나 낯선 상황에 민감하고 불안수준이 높기 때문에 무리하게 시키면 오히려 아이가 더 겁을 먹고 위축될 수 있다는 것을 알려주었다. 또 기질은 부모가 물려준 부분이 많기 때문에 부모로서 안타까워도 그것을 가지고 야단치는 것은 효과적이지 않다는 것도 알려주었다.

기질을 변화시키기 위해서는 기질에 맞는 육아법이 필요하다. 부모가 아이의 기질을 정확하게 이해하고 거기에 맞추어 서서히 아이를 변화시켜야 효과를 볼 수 있다. 특히 수줍음이 많은 아이들은 변화를 힘들어하기 때문에 아이의 기질과 맞지 않는 행동을 강요하는 것은 오히려 자신감을 떨어뜨리고 불안을 증폭시킬 수도 있다. 특히 자신감이 없어 보인다고 야단을 치면 아이는 자기의 행동이 어딘가 잘못되었다고 받아들여 다음부터는 더 행동이 위축되고 회피하는 모습을 보일 수 있다.

 **조선미의 열린부모교실**

대부분의 부모는 아이가 적극적이며 활발하고 외향적이기를 바란다. 그 이유는 행동이 활발한 아이들이 자신감이 높다고 생각하기 때문이다. 사실 내향성이나 외향성은 타고난 기질일 뿐 자신감과 직접적인 관련은 없다. 그렇지만 내향적인 아이들은 수줍음을 잘 타고 남 앞에 나서지 않는 행동 때문에 지적을 받을 수 있는데, 이런 일이 반복되면 결과적으로 자신감이 떨어질 수 있다.

1. 아이의 기질을 파악한다. 수줍음이 많은 아이인지, 까다롭고 신경질적인 아이인지, 느린 아이인지 정확하게 파악해서 강점과 약점을 이해한다.

2. 수줍음이 많은 아이가 지닌 차분함, 세심함 등의 장점을 찾아 칭찬해준다.

3. 아이를 새로운 상황에 내보낼 때는 천천히 여유를 가지고 한다. 선생님의 도움을 청하는 것도 도움이 된다.

4. 실수하거나 실패하는 것은 결코 나쁜 것이 아니라는 것을 가르친다. 엄마 아빠가 남 앞에서 창피했던 경험을 예로 들어 남들은 내가 창피한 만큼 심각하게 생각하지 않는다는 것을 알려준다.

5. 엄마 아빠와 함께 미리 발표연습을 해보는 것도 도움이 된다.

6. 아이가 힘들어하는 것을 억지로 시키지 말고 이런 일로 야단치지 않는다.

7. 아이가 편하게 느낄 만한 소집단 활동에 참가시키고, 신체활동을 많이 하도록 격려한다.

부부싸움을 하면 아이가 다른 사람들 앞에서 엄마 아빠가 싸운 걸 과장해서 말하곤 해서 창피해요.

내 머릿속에 생생하게 남아 있어요. 엄마는 쓰러져서 울고 아빠는 소리 지르고…… 아빠가 엄마를 밀쳐서 그런 거잖아요. 내가 얼마나 무서웠는데요. 엄마, 제발 아빠하고 싸우지 마세요. 저는 엄마 아빠가 싸울 때 제일 무섭고 끔찍해요.

03 나쁜 기억은 오랫동안 쉽게 잊지 않는다

동규 엄마는 동규 때문에 이웃들에게 창피해서 얼굴을 들 수 없을 때가 종종 있다. 어쩌다 부부싸움을 하면 아이가 다른 사람들 앞에서 엄마 아빠가 싸운 이야기를 불쑥 꺼내놓기 때문이다. 사실 동규 엄마 아빠는 자주 다투는 편은 아니다. 평소에는 사이가 좋은 편이고, 부부만의 시간도 자주 갖는다. 둘 다 욱하는 성격이 있어 부부싸움을 하면 큰소리가 나고 때로는 감정이 격해져서 텔레비전 리모컨이나 쿠션을 던질 때도 있지만, 이 정도로 심각한 싸움은 2, 3년에 한 번 정도 있을까 말까 하는 정도이다. 서로의 성격을 알기 때문에 동규 엄마나 아빠는 그 일이 지나가면 그러려니 하는데, 초등학교 1학년인 동규는 아직도 엄마 아빠가 싸운 기억을 생생하게 간직하고 있는 것이다. 심지어 일 년도 더 된 일을 '며칠 전에 아빠가 그랬지?'라고 이야기하는 경우도 있고, 특히 낯선 곳을 간다거나 새로운 일을 할 때처럼 긴장되는 상황에서는 내용까지 과장해서 말하기도 하여 괜찮겠지 싶던 동규 엄마는 슬그머니 걱정이 되었다.

아이들은 보통 2~3세 이전의 일들은 대부분 기억하지 못한다. 어떤 의미 있는 사건에 대해 기억할 수 있는 나이는 만 2세가 넘어야 가능하다. 만 2세 정도의 아이는 동생의 출생이나 병원에 입원했던 일을 기억할 수 있으며, 3세 정도면 가족의 죽음이나 이사한 일을 기억하기도 한다. 그렇지만 이런 경우가 일상적인 것은 아니며 강렬하게 기억이 남아 있는 몇 가지 사건만을 기억하는 정도이다. 보통 유치원에 갈 나이 정도가 되었을 때 어른의 도움을 받으면서 이야기 식으로 어릴 적의 경험을 기억하게 된다.

동규는 앞니가 빠진 귀여운 1학년이었고, 아직 혀 짧은 발음이 남아 있었다. 내가 낯설어 약간 긴장한 것 같았고, 과제를 시키면 뭐든 열심히 했다.

"엄마 아빠가 가끔 다투실 때도 있니?"

"네. 얼마 전에도 싸웠는데."

"어떻게 다투시는데?"

"뭘 던지고 부숴요. 아빠가 엄마를 밀어서 넘어지고 경찰 아저씨가 온 적도 있어요."

"동규는 많이 무서웠겠네?"

"네. 엄마가 집 나간다고 한 적도 있어요."

경찰까지 불렀다니 금시초문이었다. 그렇지만 동규가 이런 일들에 크게 영향을 받는 것처럼 보이지는 않았다. 처음 보았을 때처럼 낯선 상황에서는 쉽게 긴장하는 듯했고 긴장했을 때는 좀 소심하고 자신감 없어 보이긴 했지만 심한 정도는 아니었다. 따라서 동규가 보이는 행동이 동규 생활에 영향을 미치는 정도는 아닌 것 같았다.

아이들은 어른에 비해 기억력이 떨어지지만 친근한 사람을 인식하고 기억하는 능력은 선천적으로 타고난다. 유치원에 다니는 나이 정도면 아이들은 자신에게 일어난 일을 대부분 잘 기억하지 못하지만 익숙한 상황에서 반복적으로 일어난 일들은 비교적 잘 기억한다. 특히 그 일이 일어났을 때 강렬한 감정을 느꼈다면, 예를 들어 아주 무서웠다거나 기분이 좋았다거나 할 경우 이런 일들은 더 잘 기억되며 비슷한 기분을 느낄 때 자주 떠오르기도 한다. 따라서 부모가 다투거나 매를 맞는 일은 아이에게 가장 익숙한 가정에서 일어나는 일이고 강렬한 불안이 수반되는 사건이기 때문에 다른 일들에 비해 더 잘 기억될 수 있다.

동규 엄마에게 실제로 경찰을 부르거나 집을 나간다고 한 적이 있는지 물었다. 동규 엄마는 금시초문이라는 표정을 짓더니 곧 '아!' 하고 말을 한다.

"저희 집에서는 그런 일이 없었어요. 얼마 전 저희 앞 동 아파트에서 밤에 경찰차 소리가 나서 무슨 일인가 해서 알아봤더니 부부싸움을 하다 경찰을 불렀다는 말을 들었어요. 동규 아빠하고 그 얘기를 한 적이 있는데 애가 그걸 들은 모양이에요. 그리고 동규가 어렸을 때 동규 아빠와 싸우고 제가 굉장히 화가 나서 엄마가 집을 나가면 너는 누구랑 살고 싶으냐고 물은 적이 있어요. 굉장히 오래 전 일인데 동규가 그런 말을 하나요? 너무 어렸을 때라 기억을 못할 줄 알았는데……."

나는 동규에게 그 일은 굉장히 중요하고 충격적이기 때문에 기억될 수 있음을 설명하였고, 현재 동규에게 큰 문제는 없다는 것도 알려주었다. 그리고 부모가 무심코 한 말이나 행동이 아이에게는 강하게 각인될 수 있고 심지어 왜곡될 수도 있기 때문에 아이들 앞에서는 조심할 필요가 있음을 알려주었다. 아이들은 자신에게 일어났던 개인적 경험을 기억해내는 데 있어서 늘 정확하게 기억하는 것은 아니다. 특히 정확하게 보지 못한 일에 대해 유도질문을 하거나 감정에 압도된 상태에서 본 일들은 더 왜곡이 잘 된다. 따라서 초등학교 저학년까지의 아이들은 어떤 일을 어떻게 질문하느냐에 따라 기억내용이 왜곡될 수 있다. 부모의 다툼과 같이 불안한 상황에서는 부모의 말만 가지고도 그 일이 실제로 일어났다고 생각할 수 있고 불안한 감정만큼 심각한 일이 일어난 것으로 재구성해서 기억할 수도 있다.

어떤 연구에서 부모에게는 어떤 일이 있을 때 아이가 가장 기분이 나쁠지 추측해서 말하도록 하였고, 아이에게는 실제로 어떤 경우에 가장 기분이 나쁜지 말하도록 하였다. 대답한 아이들은 1/3 정도가 벌을 받았을 때 가장 슬프고 가장 화가 났다고 대답한 반면, 부모들은 아이들이 무언가를 뺏기거나 부모와 떨어졌을 때 이런 기분을 느낄 거라고 대답하였다. 재미있는 점은 아이가 벌을 받았을 때 기분이 제일 상할 거라고 생각한 부모는 거의 없었다.

이런 차이는 왜 생겼을까? 부모는 벌을 주는 입장이고 아이는 벌을 받는 입장이다. 부모는 절대권력을 가졌고, 아이는 일방적으로 부모의 화를 받아야 하는 무기력한 입장이기 때문에 두 사람의 감정상태는 아주 다르다. 부모로서는 잘못했으니 벌을 받는 거지라는 식으로 담담한 상태거나 아이의 행동에 대해 화가 나 있기 쉽다. 하지만 아이는 무섭고 두렵고 불안한 상황이다. 그 사건이 갖는 감정의 무게가 다르기 때문에 자연히 인식도 다르고 기억도 다르게 갖는 것이다.

민감한 부모는 아이의 욕구나 감정에 대해 잘 파악하고, 아이와 상호적 동시성을 형성하며, 아이가 즐겁고 편하게 느끼도록 해줌으로써 정서적 안정의 기반을 마련해준다. 부모의 행동이나 말, 표정이 아이에게 어떻게 받아들여지고 기억에 남는지를 파악하는 것은 그 첫 단계라고 할 수 있다.

조선미의 열린부모교실

아이들은 어른들에 비해 기억하는 능력이 떨어질 뿐만 아니라, 감정과 같은 다른 요인들에 의해 쉽게 기억내용이 왜곡되기도 한다. 따라서 아이들이 과거에 대해서 말하는 것을 들을 때는 이런 점을 감안해 거짓말을 한다고 야단치거나 추궁하지 않는 것이 좋다.

아이들의 기억은 감정이나 어른들의 유도에 의해 영향을 많이 받는다. 혼나는 상황에서는 잘못한 일이 잘 떠오르지 않을 수 있고, 어른이 강경한 어조로 사실과 다른 이야기를 하면 자신도 모르게 그 내용을 사실로 받아들이게 된다.

1. 화가 난다고 해서 심한 말(집을 나간다, 경찰을 부른다, 너희들과 살지 않는다 등)은 하지 않는다. 혹시 했다면 평온해졌을 때 아이에게 엄마가 화가 나서 한 말이고 그런 일은 없다고 안심시켜준다.

2. 중요한 사건이 일어나면 엄마가 순서대로 정확하게 말해주어, 가능하면 아이가 정확하게 기억할 수 있도록 도와준다.

3. 아이에게 질문할 때는 감정을 섞지 않고 암시를 주지 않는다.

4. 아이들이 늘 정확하게 기억하는 것은 아니라는 점을 이해하고 왜곡된 기억의 이유를 생각해본다.

5. 스트레스를 받을 만한 일이 있었다면 기억내용보다 아이의 감정을 다독여준다.

6. 있었던 일을 정확하게 기억하도록 돕기 위해 엄마와 말로 그 상황을 재구성해보는 것이 좋다.

평소에 아이가 싫어하는 걸 억지로 시키지 말아야겠다고 생각했어요. 공부나 다른 면에서 당장은 좀 뒤처지더라도 그냥 놔두면 언젠가 알아서 할 날이 오지 않을까요?

내가 힘들어하는 숙제는 엄마가 다 해주니까 좋은데, 내 손으로 만들기도 못하고 그림도 못 그리니까 학교에 가면 창피해요. 나도 잘했으면 좋겠는데 왜 나만 못할까 하는 마음이 들어요. 다른 애들이 하는 걸 보고, 나도 혼자서 하려고 해봤지만 자신이 없고 너무 힘들 것 같아서 엄두가 나질 않아요.

04 그냥 내버려두면 알아서 잘한다?

진섭이가 3학년이 되자 엄마는 마음이 초조해졌다. 작년에 진섭이가 싫다고 해서 다니던 영어학원과 태권도학원을 그만두었는데 다시 보내야 하나 마나로 일주일째 고민 중이다. 남편한테 의논해봤자 엄마가 애를 나약하게 만든다며 무조건 보내라고 할 뿐이다. 하지만 진섭이한테 슬쩍 운을 떼보니 펄쩍 뛰면서 학원은 무조건 싫다고 하니 엄마로서는 여간 고민스러운 게 아니다.

새 학년이 되어 담임선생님에게 인사를 갔다가 다른 엄마들을 만났는데 다른 애들은 영어뿐 아니라 수학이나 과학까지 학원을 다니는 아이들도 많았고, 개중에는 논술이나 속독을 따로 하는 아이들도 있어 진섭이 혼자만 뒤처지는 것 같았다.

진섭이는 학교에 갔다 오면 동생과 놀거나 컴퓨터 게임을 하면서 시간을 보냈고, 하루 종일 잔소리를 해야 간신히 학교숙제를 했다. 학습지를 끊으면서 스스로 하겠다고 사놓은 문제집은 펴보지도 않은 채 한 학기가 지나갔다. 이번에도 학원문제로 잔소리를 하니 혼자 할 수 있으니 문제집이나 사달라고 한다. 뭘 시켜도 진득하게 오래 하는 게 없고 조금 하다가 힘들면 금방 하기 싫다고 해서 검도와 종이접기, 문화센터에서 하는 독서지도를 한두 달씩 다녔지만 오래 간 것은 없었다. 1, 2학년 때는 곧잘 밖에 나가 친구들과도 어울렸으나 다른 아이들이 모두 공부하느라 바쁜 탓인지 요즘은 두 살 아래 동생하고만 하루 종일 티격태격한다. 답답한 진섭이 엄마는 진섭이를 데리고 나를 찾아왔다.

진섭이 엄마의 설명을 듣고 난 후 나는 진섭이를 데리고 이야기를 나누어보았다.

"진섭이는 뭐가 재미있니?"

"컴퓨터 게임이요."

"학원은 안 다니니?"

"재미없어서 안 다녀요. 엄마가 싫으면 안 다녀도 된다고 했어요."

"그럼 진섭이는 공부를 어떻게 하니? 집에서 혼자 하니?"

"공부 안 하는데요. 문제집 푸는 거 힘들고 재미없어요."

아이들은 집중해서 학습할 수 있는 시간이 어른에 비해 짧기 때문에 나이를 고려해 학습분량을 정해주는 게 좋다. 초등학교 1학년의 경우 마음먹고 앉아서 할 때 15~25분 정도 안에 다 할 수 있는 정도가 적당하고, 한 학년씩 올라갈 때마다 15~20분씩 늘리는 것이 좋다. 6학년이나 중학생이 되었을 때 두 시간 정도는 집중해서 학습할 수 있도록 학습분량을 조금씩 늘리는 것이다. 학습내용은 학교에서 하는 내용을 그대로 하는 것보다 그것을 응용하는 것이나 스스로 성취감을 느낄 수 있도록 하는 것이 좋다. 무조건 문제를 풀라거나 베끼라는 과제는 도움이 되지 않는다. 따라서 진섭이의 경우 어리기 때문에 집중력이 부족한 것인지 아니면 다른 요인이 있는지 알아보는 게 필요했다.

진섭이에게 여러 가지 과제를 주어보니 능력에 비해 참을성이 부족했다. 천천히 읽어보면 충분히 알 수 있는 내용인데도 조금 생각해보다가 힘들다 싶으면 못한다고 밀어놓았고, 해보지도 않은 채 모른다고 하는 경우도 많았다. 달래고 설득해보았으나 진섭이의 태도는 완강했고, 심지어 왜 싫은 걸 자꾸 시키느냐고 짜증을 내기도 했다.

진섭이 엄마는 아이를 자유롭게 키우고 싶고, 싫은 걸 강요하고 싶지 않았다고 했다.

"제가 좀 엄격한 가정에서 자랐어요. 학교 갔다 오면 무조건 숙제해야 하고 엄마가 하라고 한 것을 다 해놓지 않으면 밤에 잠도 못 잤어요. 내 의견 같은 것은 전혀 안중에도 없었고 어렸을 때는 싫은 걸 억지로 해야 하는 게 너무 힘들었어요. 그래서 내 아이에게는 싫은 걸 억지로 시키지 말아야지 하는 생각을 많이 했어요."

공부나 다른 면에서 뒤처지는 것에 대한 걱정은 없었는지 물었다.

"물론 다른 애들이 우리 애보다 학원도 많이 다니고 공부도 많이 하는 걸 알아요. 그렇지만 언젠가 아이 스스로 알아서 할 날이 오지 않을까요? 억지로 시키면 애가 너무 싫어할 것 같아요."

물론 아이들 중에는 부모가 별 관심을 보이지 않아도 아이 스스로 공부를 열심히 해서 좋은 성과를 내는 경우도 있다. 그렇지만 그 가정환경을 살펴보면 대부분 부모가 좋은 모델이 되어 솔선수범하는 모습을 보였기 때문에 굳이 강요하고 설득하지 않아도 아이가 자연스럽게 따라하는 경우가 대부분이다. 뭔가를 이루어내고, 어렵고 힘든 일을 견디는 능력은 부모의 태도에 상당한 영향을 받는다. 부모가 아이에게 따뜻하게 대해주고 수용적이며, 아이가 뭔가를 이루었을 때 바로 칭찬해주면 아이는 고무되고 뭔가 더 해보려는 동기를 보인다. 반면 '힘들면 하지 마라, 하기 싫으면 그만 해도 된다'는 식으로 대하면 아이는 힘들고 어려운 걸 굳이 참고 견딜 필요가 없는 것으로 받아들인다. 또 아이가 힘들 것 같으면 재빠르게 나서서 대신 처리해주는 부모의 자녀들은 일이 잘못됐을 때 부모에게 탓을 돌린다.

아이의 성취동기는 지능과 함께 학업성취도에서 중요한 역할을 한다. 성취동기가 높은 아이는 낮은 아이들에 비해 좋은 성적을 받는다. 아기 때 엄마와 안정적으로 애착관계를 형성한 아이는 초등학교에 들어갔을 때 문제를 해결하는 데 있어서 더 높은 열의를 보인다. 또한 가정환경에서 아이가 탐색하고 새로운 기술을 획득할 수 있는 과제를 많이 주면 아이의 성취동기는 높아진다. 따라서 엄마와 아이가 좋은 관계를 유지하는 것이 성취동기에서 중요한 역할을 한다. 또한 부모가 아이를 키우면서 높은 기준을 제시하고 그 기준에 맞추도록 격려하면 아이의 성취동기는 높아진다. 즉 부모가 아이의 과제수행에 관심을 갖고 계속해서 격려하는 것이 성취동기를 높여준다는 것이다. 그렇지만 이때 중요한 점은 성공에 대해서는 칭찬하고, 실패에 대해서는 가급적 비난하지 않는 것이다.

그렇다면 부모는 아이가 몇 살 때부터 이런 점에 관심을 기울여야 할까? 연구에 따르면 두 살이 채 안된 아기도 과제를 해결하는 것을 재미있어 하는 것으로 밝혀졌다. 이때 아기는 성공이나 실패에는 관심이 없었고 잘 안 되면 그냥 다른 장난감을 갖고 놀았다. 두 살이 넘어가면 이때부터 아이는 과제를 해결할 때 칭찬을 기대하고 실패할 때는 비난받을 것이라 생각하는 것 같았다.

세 살 무렵에는 성취동기에 있어서 중요한 발달이 일어난다. 이 나이부터 아이들은 성공이나 실패에 뒤따르는 다른 사람의 반응에 의지하지 않으며, 스스로 성공 후에는 자부심을, 실패 후에는 수치심을 경험한다. 성취 후 스스로 느끼는 자부심은 성취동기와 인내심의 바탕이 되며 반복적인 도전과 성취를 통해 좌절을 견디는 내구력이 발전된다.

같은 나이인데도 다양한 경험을 하고, 스스로 많은 것을 해낸 아이들은 굳이 칭찬을 받지 않아도 자신감이 높고, 스스로에 대해 자랑스러워

한다. 반면 그런 경험이 없는 아이들은 새로운 상황에서 쉽게 적응하기 어려워하고 조금만 힘들어져도 뒷걸음질치게 된다. 힘든 걸 도와주면 아이가 좌절을 겪지 않아 자신감이 높아질 것으로 생각하나 사실은 그렇지 않다. 아이들은 무언가를 자기 의지대로 해냈을 때 자기신뢰감을 발전시킨다. 남이 대신 해준 일로는 자신감이 높아지지 않는다.

무리하게 학습을 시키거나 지나치게 높은 기대를 갖는 것은 좋지 않지만 부모가 아이에게 적절한 목표를 정해주고, 그것을 달성하도록 지켜보고 지도하는 것은 상당히 중요하다. 힘들어서 그만하고 싶다고 하면 흑백논리에서 벗어나 해결방법을 생각해보는 것도 필요하다. 예를 들어 학원에 가기 싫다고 하면 강압적으로 보내거나 무조건 학원을 그만둘 게 아니라, 횟수를 줄이거나 당분간 숙제를 줄여 달라고 선생님께 부탁하는 방법을 생각해볼 수 있다. 혹은 아이가 좋아하는 친구와 함께 보낼 수도 있고, 당분간 부모가 함께 과제를 도와줄 수도 있다. 그런 가운데 아이의 동기가 다시 살아나면 다시 이전의 방식으로 돌아가면 된다. 부모가 이처럼 노력하고 격려하는 분위기 속에서 자란 아이는 학교과제를 하면서 그것을 해결하는 데 자신감을 느끼고, 스스로 문제를 풀려고 하며, 새로운 과제를 즐기게 되며 결국 높은 성취를 이루어낸다.

# 조선미의 열린부모교실

아이의 성취동기는 아이의 수행에 대한 부모의 태도와 상당히 밀접한 관계가 있다. 부모는 아이가 스트레스를 견디는 힘이 그 나이 아이들에 비해 어느 정도인지 알아보고 내구력을 키워주기 위해 훈련을 시킬 필요가 있다.

1. 새로운 과제를 할 때 적극적으로 관심을 보여주고 제대로 했는지 확인한다.

2. 어려운 일이라고 해서 부모가 대신 해주지 말고, 아이 스스로 할 수 있는 방법을 함께 찾아본다.

3. 할 일을 제대로 했을 때 칭찬해주되 뇌물을 주지 않는다. 반대로 제대로 못할 경우 심하게 야단치지 말고 다음에는 어떻게 해야 하는지를 알려준다.

4. 아이가 지금 어느 정도 하는지 정확하게 파악하고, 한 단계만 높은 목표를 정해준다. 시험이라면 5~10점 올리기, 공부라면 어제보다 10분 더하기 등 나이를 고려해 목표를 정한다. 목표가 너무 낮을 경우에도 성취동기는 떨어진다.

5. 목표를 아이가 제대로 하는지 살펴보고, 결과에 대해 함께 이야기한다. 그 과정에서 결과뿐 아니라 아이가 기울인 노력에 대해서도 충분히 칭찬한다.

6. 새로운 것을 하려고 할 때 하고자 하는 시도를 칭찬해준다.

7. 하기 싫은 것을 그만 두려고 할 때는 구체적인 이유를 찾아보고, 다른 방법을 찾아 시도해본다.

8. 싫어도 반드시 해야 할 것이 있음을 알려주고, 나이에 맞는 책임을 맡긴다.

아이를 야단친 후, 엉엉 우는 아이를 보니까 심한 자책감이 밀려오더라고요. 그래서 아이를 안아주고 다독여주었는데, 아이는 혼날 때뿐이고 점점 말썽을 피우니 이게 어찌 된 일일까요?

엄마가 직장에 다니면서 나는 너무 우울했어요. 엄마는 집에 늦게 올 때도 많고, 매일 피곤하다고 하잖아요. 요즘은 혼이 나도 엄마가 안아주니까 좋아요. 평소에는 잘 안아주지 않잖아요. 엄마가 안아주면 나를 사랑하는구나 하는 느낌이 들어요!

05 관심을 끌기 위해서라면 문제행동도 서슴지 않는다?

해림이 엄마는 문화센터에서 주관하는 부모교육에 참여해 아이와 대화하는 방법을 배웠다. 강사는 여러 가지 사례를 들면서 아이의 마음에 대해 설명해주었고, 엄마의 따뜻한 태도가 중요하다는 것을 여러 번 강조했다.

"아이가 잘못했을 때 어머니들이 야단치시죠? 그때 아이의 마음이 어떨까 생각해보세요. 아이에게는 엄마가 가장 소중한 사람이기 때문에 엄마가 화를 내고 야단치면 상처를 많이 받습니다. 그러니까 혼낸 다음에는 바로 꼭 안아주시고 사랑한다고 말해주세요."

해림이 엄마는 지금까지 그렇게 하지 못한 자신이 나쁜 엄마인 것만 같아서 후회가 되었고 이제라도 교육받기를 잘했다고 생각했다. 사실 부모교육을 받게 된 것도 최근 직장에 나가면서 아이에게 예전만큼 신경을 써주지 못했고, 전에 비하면 해림이 표정이 시무룩해 보여서 마음이 좋지 않았기 때문이다. 엄마가 직장에 다니면서부터 숙제도 제대로 하지 않고 야단치면 투덜대며 말대꾸하는 일도 생겨 점점 야단맞는 일만 늘어가고 있었다. 해림이 엄마는 그렇지 않아도 아이와 지내는 시간이 얼마 되지 않는데 혼만 내고 마음을 풀어주지 않아 해림이가 더 힘들었겠구나 하는 생각이 들었다.

> ▶ **부모의 양육태도에서 중요한 것은 무엇일까요?**
>
> **1. 수용성과 반응성** : 부모가 아이에게 보여주는 지지와 애착을 의미한다. 수용적이고 반응적인 부모는 아이에게 자주 웃어주고 칭찬해주며 격려를 많이 해주지만, 그렇지 못한 경우에는 아이가 잘못했을 때 아이의 행동을 비난하고 처벌하거나 무시하는 행동을 보인다. 따라서 수용적인 부모 밑에서 자란 아이는 정서적·인지적으로 더 안정된 모습으로 자란다.
>
> **2. 요구성과 통제** : 부모가 아이에게 정해주는 규칙 혹은 감독의 정도를 '통제'라고 한다. 통제적이고 요구적인 부모는 아이가 규칙을 잘 따르고 있는지 적극적으로 확인하고 여러 가지 요구를 통해 아이의 행동을 통제한다. 통제적이지 않은 부모는 훨씬 덜 엄격하고 요구를 적게 하며, 아이들이 스스로 결정하도록 최대한 자유를 준다. 아이에게 합리적인 수준의 요구와 통제는 상당히 중요하다. 통제받지 않고 자란 아이들은 충동적이고 공격적인 모습을 보일 수 있다.

집으로 돌아온 해림이 엄마는 당장 그 말을 실천에 옮겼다. 밤늦게까지 숙제를 하지 않고 있어 야단을 친 후 바로 안아주면서 네가 미워서 그러는 게 아니라 숙제를 하지 않으면 학교에 가서 선생님한테 혼날까 봐 걱정이 되어 그런다는 말도 다정하게 해주었다. 해림이는 상당히 놀란 표정이었고 엄마가 다정하게 말해주니까 울먹거리기까지 하였다. 이런 아이를 달래 숙제를 시키느라 늦은 시간까지 엄마는 쉬지 못했다.

다음날 집에 돌아온 엄마는 아직도 숙제를 하지 않았다는 해림이 말에 깜짝 놀랐다. 바로 하루 전 엄마의 다정한 말에 울먹거리면서 앞으로는 잘하겠다고 약속한 아이가 태연하게 숙제를 안 했다고 말하다니! 피곤한데다 낮에 힘든 일까지 겪은 해림이 엄마는 아이를 더 심하게 야단쳤고, 야단을 맞고 엉엉 우는 아이를 보니 더 심한 자책감이 밀려왔다. 다시 아이를 안아주고 다독여주며 해림이가 좋아하는 떡볶이를 만들어 주느라 엄마는 역시 늦은 시간에 잘 수밖에 없었다.

시간이 지날수록 해림이는 엄마의 기대와 달리 점점 더 할 일을 게을리 했고 말썽도 피우기 시작했다. 도저히 이해하기 어려운 결과 때문에 당황한 해림이 엄마는 나에게 그 이유를 알아봐 달라고 부탁하였다.

이런 행동은 해림이가 숙제를 하지 않았을 때 어떤 일이 일어난다고 생각하는지 살펴보면 쉽게 알 수 있다. 사람들이 원인-결과를 이해하고자 할 때 중요한 요인 중에 하나는 시간적으로 두 가지 일이 얼마나 가깝게 일어났느냐 하는 것이다. 특히 아이들의 경우 아직 사건의 의미나 복잡한 설명을 잘 이해하지 못하기 때문에 어떤 행동 바로 뒤에 어떤 결과가 오면 그 행동 때문에 그 결과가 일어났다고 생각한다. 예를 들어 무언가를 던졌는데 엄마가 혼냈다면 던진 행동 때문에 혼이 났다고 생각하지만 그때 우연히 엄마가 다른 일 때문에 웃었다면 이 경우에도 자신이 던진 것 때문에 엄마가 웃었다고 생각한다. 마찬가지로 엄마가 야단친 후 안아줬다면 혼난 것 때문에 엄마가 안아줬다고 생각하고, 혼난 후에 엄마가 아팠다면 자신이 잘못해서 엄마가 아프다고 생각할 수 있다.

해림이는 이제 3학년으로 엄마 말의 뜻을 알아들을 만한 나이였고, 숙제나 준비물 챙기기도 스스로 할 수 있었다. 그런 해림이가 혼이 나면서도 제 할 일을 하지 않은 것은 엄마 말대로 이해하기 어려운 일이었다.

"해림아, 엄마는 집에 몇 시에 오시니?"

"여섯 시 쯤이요."

"그때까지 뭘 해야 하지?"

"학교숙제하고, 가방 챙겨놓아야 해요."

"숙제가 많니?"

"아니요."

"그런데 왜 엄마 올 때까지 숙제를 안 해서 혼이 나지?"

"모르겠어요. 해야지 하면서도 안 하게 돼요."

해림이는 자신이 왜 엄마의 지시를 어기는지 스스로도 잘 모르는 것 같았다. 그래서 엄마가 직장에 나가면서 어떤 변화가 있는지 물어보았다. 이 질문을 하자 해림이 얼굴이 시무룩해졌다.

"엄마가 시간이 없어서 나하고 놀아주지 않아요, 말도 안 하고……. 엄마는 매일 피곤하다고만 하고 청소하기 힘든데 방 정리 하지 않았다고 혼내요. 어떤 때는 내 얼굴을 쳐다보지도 않고 소리만 질러요. 엄마가 직장에 다니지 않았으면 좋겠어요."

아무래도 야단을 친 후에 바로 안아준 것이 문제가 된 것 같았다. 엄마가 직장에 나가면서 시간이 없고 피곤한 나머지 아이에게 관심을 적게 주고 애정표현을 하지 않게 되면서 해림이는 엄마의 애정표현에 민감해졌던 모양이다. 어떻게 해서든 엄마의 관심을 끌고 싶었을 텐데, 엄마가 야단을 치고 바로 안아주니까 아이에게는 혼나는 순간보다 엄마가 안아주는 게 더 마음에 닿았을 것이다. 이런 일이 반복되면서 엄마의 관심을 끌기 위해서는 문제행동이 필요하다는 것을 무의식중에 터득하고, 자신도 모르게 문제행동을 반복했던 것이다.

야단치고 바로 안아주고 감정을 풀어주는 것은 아이에게 상당한 혼란을 준다. 어떤 행동에 대해 혼이 나기도 하고 동시에 애정표현도 받고 나면 아이 입장에서는 그 행동이 어떤 결과를 초래했는지 정확히 알지 못한다. 특히 아이가 애정표현을 받는 기회가 적은 상황에서는 야단을 맞더라도 엄마가 안아주는 것을 훨씬 선호하게 되는 것이다.

그렇지만 해림이는 이런 과정을 이해하고 일부러 그러는 것은 아니다.

시간적으로 근접한 결과가 두 가지가 되다 보니 자신의 좋지 않은 행동이 어떤 결과를 가져왔는지 잘못 해석해서 생긴 결과이다. 심지어 전문가조차도 아이를 혼낸 다음에는 애정표현을 해주라고 권유하는 경우가 많다. 하지만 이런 충고는 행동이 어떻게 결정되는지 기저에 있는 메카니즘을 잘 이해하지 못한 조언이다. 야단을 치고 난 후에는 아이가 무슨 행동 때문에 야단을 맞았는지 원인과 결과를 연결시킬 수 있도록 충분한 시간을 둔 뒤 감정적인 문제를 다루는 것이 좋다. 그렇지 않을 경우 예상치 못한 문제를 조장하는 결과를 가져올 수 있다.

 **조선미의 열린부모교실**

야단을 치거나 체벌을 하는 것이 아이의 행동을 통제하는 데 효과가 있는 것은 아이들이 그 일을 불쾌한 사건으로 받아들이기 때문이다. 따라서 벌을 잘못 주면 긍정적인 결과보다는 부작용이 훨씬 커질 수 있다. 통제하려고 했던 바로 그 행동이 더 많아질 수도 있고 심지어 전에 보이지 않던 문제까지도 보일 수 있으므로 다음과 같은 원칙을 주의해야 한다.

1. 야단을 친 후 30분 정도는 달래주지 않고 그대로 둔다.

2. 혼내거나 매를 든 후 선물을 사주거나 아이가 원하는 것을 들어주는 것은 좋지 않다. 아이의 문제행동을 통제하기 위해 선물을 주려면 좋은 행동을 한 뒤에 주어야 좋은 행동이 증가한다.

3. 평상시에 해야 할 행동과 하지 말아야 할 행동을 정확히 알려준다.

4. 좋은 행동을 하면 칭찬해주되 어떤 행동 때문에 칭찬받는지 분명히 알려준다.

5. 야단을 칠 때는 어떤 행동 때문에 야단을 맞는지 분명히 알려준다.

6. 좋지 않은 행동에 대해서는 때때로 무관심하게 반응한다.

7. 칭찬이나 벌은 즉각적으로 준다. 시간이 지난 다음에 주는 칭찬이나 벌은 아이를 혼란스럽게 만들 수 있다.

8. 아이의 행동과 상관없이 자주 안아주고 애정표현을 해준다.

학교에서 선생님한테 혼나고도 말을 하지 않았더라고요. 일부러 숨기는 건지, 엄마가 무서워서 그런 건지…… 여러 가지 생각으로 머리가 복잡해요.

하루 종일 여러 가지 일들이 생기는데 엄마한테 뭐는 말하고 뭐는 말 안 해도 되는 건가요? 엄마는 왜 말을 안 했냐고 하는데 그런 걸 다 말해야 한다고 가르쳐준 적 없잖아요. 그리고 혼날 게 뻔한 일은 말하기 어려워요. 집에 오면 잘 생각나지도 않고요.

06 혼날 게 뻔하니까, 말하지 않는다

정민이 엄마는 속상한 마음을 주체하기 어려웠다. 동네 마트에 갔다가 만난 정민이 친구 엄마에게 정민이가 준비물을 제대로 못 챙겨 선생님에게 혼났다는 말을 들은 것이다. 자기도 아이에게 들었는데 정민이가 말을 안 했냐며 의아해하는 모습을 보자 더 속이 끓었다. 아마 아이가 말하는 걸 잊어버렸나 보다고 말하고 부랴부랴 집으로 돌아왔.

정민이 엄마는 아이가 왜 그런 얘기를 하지 않았는지, 얼마나 혼이 난 건지, 도대체 몇 번이나 혼이 난 건지 하는 생각들로 머리가 복잡했다. 아이가 하도 순하고 또래에 비해 똘똘하지 못한 것 같아 학교에 보내놓고는 걱정이 많았는데, 드디어 걱정하던 일이 현실로 나타난 것 같아 불안했다.

아이가 학교에서 돌아오자마자, 엄마는 정민이를 불러 앉히고 물었다.

"정민아, 너 준비물 안 챙겨 가서 선생님한테 혼났다며?"

"응, 지난번에 그랬어."

"그런데 왜 엄마한테 말 안 했어?"

정민이는 대답하지 않았다.

"왜 말을 안 했냐고?"

"말해야 하는 건지 몰랐어."

"그게 말이 돼?"

아이가 학교에서 좋지 않은 일이 있었는데도 말을 하지 않으면 엄마는 상당히 속상하다. 아이가 왜 말을 하지 않았을까, 엄마가 무서워서 그런가, 누군가 보복한다고 겁을 준 것은 아닐까 여러 가지 생각들로 머리가 복잡해진다. 초등학교 저학년까지의 어린아이들은 말을 할 때 상대방이 어떤 식으로 받아들이고 무엇을 요구하는지 잘 알지 못한다. 그래서 자신이 알고 있는 것을 말하기는 하지만 상대방이 어떤 정보를 원하는지, 어떻게 정보를 전달해야 하는지 제대로 표현하지 못한다. 대부분의 아이들은 2, 3학년 정도가 지나야 자기가 알고 있는 것을 상대방은 알지 못한다는 것, 그래서 상대방을 이해시키려면 자기가 알고 있는 것을 구별해서 표현해야 한다는 것을 알게 된다. 그렇지만 친숙한 사람들에게는 그 사람이 자신을 이미 잘 알고 있다고 생각하기 때문에 세부적인 것을 다 이야기하지는 않고 오히려 낯선 사람에게 더 자세히 설명하는 모습을 보일 수도 있다.

내가 물어보았을 때 정민이는 역시 마찬가지 대답을 하였다. 심하게 혼난 것도 아니고 잠깐 뒤에 나가 서 있다가 친구들 것을 빌려서 했기 때문에 정민이 입장에서는 그렇게 기억에 남을 만한 사건이 아닐 수 있었다. 또 첫 시간에 있었던 일이라 집에 돌아올 무렵에는 그날 엄마가 만들어주기로 한 떡볶이에 이미 마음이 빼앗겨 있었을지도 모른다.

"정민아, 만일 엄마한테 너 혼난 얘기 하면 엄마가 뭐라고 하셨을까?"

"왜 준비물 안 갖고 갔냐고 또 혼냈겠죠."

"혹시 너 속상했겠다며 엄마가 위로해주지 않았을까?"

아이는 어림도 없다는 표정이다.

"그럼 정민이는 학교에서 선생님한테 혼나고 나면 엄마한테 별로 말하고 싶지 않겠네?"

"선생님보다 엄마가 더 화를 내요."

"네가 크게 잘못한 일이 아닌데 혼날 수도 있잖아. 그럴 때는 속상할 텐데 엄마한테 얘기해야 되지 않을까?"

"엄마는 그래도 저보고 잘못했다고 할 거예요."

정민이가 이야기하지 않은 이유는 또 있었다. 집에 와서 이야기해도 좋은 결과를 기대할 수 없기 때문에 엄마에게 나쁜 일은 말하지 않는 게 낫다고 생각한 것이다. 정민이가 말하지 않은 것에 민감하게 반응한 결과는 결국 정민이로 하여금 더 입을 다물게 하는 결과를 가져온 것이다. 아이가 학교에서 겪은 일을 엄마에게 알리도록 하려면 가정에서의 노력이 필요하다. 아이가 부모와 이야기를 자주 나누는 것은 아이들의 의사소통 능력을 향상시킨다. 그렇지만 이 경우는 주로 엄마와 첫아이의 경우에 해당하는 것이고, 나머지 아이들은 형제자매간에 대화를 통해 의사소통 기술을 발전시키는 경우가 훨씬 많다.

첫째 아이라면 말이 미숙한 동생과 대화를 하는 가운데서도 의사소통 능력을 향상시킬 수 있다. 자기 말을 잘 알아듣지 못하는 동생을 이해시키기 위해 더 노력을 기울일 수도 있고, 또 동생을 통해 듣는 사람이 이럴 때 힘들겠구나 하는 간접경험을 하기 때문이다. 또한 작은아이는 부모에 비하면 정확하게 말하지 못하는 큰아이의 말을 들으면서 자신이 무엇을 잘 전달하지 못했는지 실수를 통해 배울 기회가 많고 큰아이의 말을 이해하려고 좀 더 노력할 수 있다. 따라서 가족 간에 대화를 많이 할수록, 또 대화를 나누는 또래가 많을수록 아이의 의사소통 기술은 향상될 수 있다.

딸아이가 1학년일 때 한 번은 딸아이의 친구 엄마로부터 전화를 받은 적이 있다. 선생님이 무리한 숙제를 내주고 다음날까지 해오지 않으면 때리겠다고 했다는 것이다. 아이가 학교에서 왔는데 그런 말을 하더라며 엄마가 보니 도저히 다음날까지 할 수 있는 숙제가 아니라 선생님에게 전화를 해야 할 것 같다는 것이다. 나에게 전화를 한 이유는 함께 전화를 하거나 선생님을 찾아가자는 것이었다.

잠시 후 다시 통화하기로 하고 전화를 끊은 후 옆에 있는 딸아이에게 그런 일이 있었는지 물었다. 아이는 숙제를 내준 것은 기억하지만 언제까지 해오라거나 때리겠다는 말은 기억하지 못했다. 전후사정을 정확하게 알아보아야겠다는 생각이 들어 다른 친구아이 집에 전화를 해보았다. 그 집 엄마 얘기로는 선생님이 정색을 하고 한 말이 아니고 무슨 말끝에 농담처럼 '너희들 제대로 숙제 안 해오면 맞을 줄 알아'라고 했다는 것이다. 나는 이 일을 계기로 초등학교 저학년 아이들의 의사전달 능력의 수준을 알게 되었다. 일부러 왜곡하거나 과장하는 것이 아니라, 아직 어리기 때문에 어떤 이야기를 들었을 때 말하는 사람의 의도나 감정상태를 정확하게 파악하지 못하고 자기 나름대로 받아들이는 것이다.

따라서 아이의 말을 믿어주는 것과 말한 내용을 액면 그대로 받아들이는 것은 차이가 있다. 말을 하는 아이의 마음은 받아주되 중요한 일에 대해서는 사실 여부를 확인하는 것이 필요하다. 또 아이에게 물어볼 때는 있었던 일에 대해 천천히 순서대로 물어보아야 좀 더 정확한 사실을 알 수 있다. 엄마가 지레짐작으로 유도질문을 하면 아이는 거기에 영향을 받아 실제로는 아닌 일을 사실로 생각하며 그대로 말할 수도 있다. 나중에 거짓말을 했다고 야단칠 일을 엄마 스스로 만들게 되는 것이다.

또 한 가지 중요한 점은 아이에게 왜 말을 하지 않았느냐고 다그치기 전에 좋지 않은 이야기를 들었을 때 엄마가 어떻게 반응했는지를 확인해볼 필요가 있다. 아이들은 그 문제가 얼마나 중요하고 왜 엄마가 알아야 하는지 잘 모른다. 엄마가 그 이야기를 들었을 때 자신이 혼날 것이냐 아니냐가 아이에게는 훨씬 더 중요한 것이다.

"친구가 때렸어? 너 바보야, 왜 맞고 가만히 있어?"

"네가 혼날 짓을 했으니까 선생님이 혼내셨겠지. 도대체 학교에서 어떻게 하는 거야?"

이렇게 해서는 아이 입에서 솔직한 말을 기대하기 어렵다.

 **조선미의 열린부모교실**

부모는 대화를 통해 아이의 생각이나 생활을 알 수 있고, 스트레스를 느끼고 있을 경우 이를 해소하는 데 도움을 줄 수 있다. 부모-자녀 관계뿐 아니라 인간관계는 대화를 매개로 관계가 이루어지므로 자기의사를 정확하게 전달하고 감정을 공유하는 능력은 매우 중요하다. 아이가 어른이 되었을 때 다른 사람과 의사소통하는 패턴은 어렸을 때 부모와 했던 패턴과 동일하다. 태도나 행동은 물론이려니와 그 이면의 감정까지도 어린 시절의 경험이 영향을 주기 때문에 수용적인 분위기에서 대화를 하는 것은 아이의 사회성을 발달시키는 데 상당히 중요하다.

1. 아이가 무슨 말을 해도 일단은 들어주고 아이의 기분을 알아준다.

2. 하루에 한 번 정도는 아이와 학교 일에 대해 이야기할 기회를 갖는다. 오늘 있었던 일 중에 제일 좋았던 일, 제일 힘들었던 일을 말해보면 아이의 학교생활을 파악할 수 있다. 이때 부모가 하루 중에 있었던 일을 아이에게 먼저 이야기해줌으로써 모델이 되어줄 수 있다.

3. 좋지 않은 일이 생겼을 때 감정을 실어 물어보지 않는다. 추궁하지 않으면서 시간 순서대로 '그래서?' '너는 어떻게 했니?' '그 다음에 어떻게 됐는데?'라는 식으로 물어본다.

4. 평상시에 아이의 친구나 친구엄마, 선생님으로부터 아이에 대한 정보를 구한다.

5. 좋지 않은 일에 대해서는 사실대로 말하지 않을 수도 있음을 알고 지나치게 야단치지 않는다.

우리 애들은 아무리 소리쳐도 도대체 말을 듣질 않아요. 애들이 어릴 때는 남매간에 싸울 수도 있다고 생각했어요. 그런데 요즘에는 큰애가 동생을 때리는 정도가 점점 심해지고, 아이들이 커가면서 오히려 더 자주 싸우니까 제 목소리가 점점 커질 수밖에 없어요.

동생이 먼저 놀리는데도 엄마는 항상 나한테만 소리 질러요. 엄마가 자꾸 편들어주니까 동생이 나를 더 놀린단 말이에요. 그러니까 때릴 수밖에 없어요. 내 말은 듣질 않거든요.

07 어르고 달래기만 하면 한술 더 뜬다

경규와 경진이는 연년생 남매이다. 보통 남자애 둘을 키우려면 엄마가 성격이 변한다고 하는데, 경규네는 동생 경진이가 여자애인데도 남매간에 얼마나 싸우는지 엄마는 하루하루가 버겁기만 했다. 아이들이 얼굴을 마주쳤다 하면 큰소리가 나기 시작하고, 일단 시끄러워지면 한 놈이 울거나 엄마가 소리치기 전에는 싸움이 끝나지 않았다.

형제간에 사이가 좋은 가정이라도 아이들끼리 싸우는 것은 아주 정상적이다. 한 연구에 따르면 어린 형제간의 사소한 다툼은 시간당 56회까지 이르는 것으로 나타났다. 형제간의 다툼은 유아기 때는 물론이고 초등학교 때까지 계속되는 경우가 대부분이다. 큰아이는 몸집이 크고 힘이 세서 동생을 힘으로 제압하려는 경우가 많고, 이에 비해 힘이 부족한 동생은 형 앞에서는 고분고분해도 부모에게 이르는 식으로 대응할 수 있다.

초등학교 시기는 형제관계가 친구관계 이상으로 중요한 영향을 미친다. 사회성이 부족한 아이는 형제와 상호작용을 함으로써 사회성을 기르는 데 도움을 받을 수 있다. 따라서 형제간의 싸움을 무조건 강압적으로 제재할 것이 아니라, 함께 협동놀이를 하도록 유도하면 아이들의 사회성을 기르는 데 큰 도움을 받을 수 있다.

오늘도 경진이가 먼저 오빠를 놀리자 경규는 화가 나서 동생을 때렸다. 요즘 부쩍 몸무게가 늘은 경규는 돼지라는 별명을 제일 싫어하는데 경진이가 오빠 앞에서 돼지 흉내를 낸 것이다. 오빠에게 얻어맞은 경진이는 훌쩍거리면서도 맞받아치고, 화가 난 경규는 다시 소리를 지르면서 동생을 밀쳐 버렸다.

저녁 준비를 하던 경규 엄마는 더 이상 참지 못하고 소리쳤다.

"너희들, 뭐하는 거야? 그만 두지 못해."

"오빠가 먼저 때렸어."

"쟤가 먼저 놀렸단 말이야."

시간이 늦어 그렇지 않아도 서두르던 경규 엄마는 차분히 두 아이의 이야기를 들어줄 시간이 없었고, 늘 하는 뻔한 싸움이라 평소처럼 소리를 질러 상황을 무마시켰다.

"너희들 당장 그만 두지 않으면 엄마한테 매맞는다."

엄마가 소리를 지르자마자 일단은 조용해졌다. 그렇지만 곧 경진이의 칭얼거리는 소리와 경규의 씩씩거리는 소리가 엄마의 신경을 거슬리게 했다. 두 아이 모두 억울하다는 듯이 기분이 풀어지지 않은 채 투덜대는 게 신경이 쓰인 엄마는 할 수 없이 뇌물을 쓴다.

"조용히 하고 가서 숙제하고 있으면 엄마가 저녁 먹고 컴퓨터 한 시간씩 하게 해줄게."

그제야 마음이 풀린 두 아이는 표정이 환해졌고, 곧 누가 먼저 컴퓨터를 할 것인지에 대해 작은 실랑이를 벌였다. 그렇지만 또 싸우면 국물도 없다는 엄마의 고함소리에 서로 옆구리를 찔러가며 방으로 들어갔다. 형제간의 다툼은 너무도 흔한 일이며 다투는 중에 때리고 밀치는 일도 생길 수 있다. 싸움이 심해지고 감정이 격해져서 때리는 경우도 있지만 어떤 아이들은 사소한 일에도 쉽게 공격적인 행동을 보인다. 이런 행동은 화가 많이 났다거나 행동을 자제할 수 없어 보이는 행동이라기보다는 때리는 행동을 통해 원하는 결과를 얻을 수 있기 때문에 보이는 행동일 수 있다.

즉 큰아이가 동생을 때렸을 때 동생이 바로 울면서 놀리는 것을 중단하면 때림으로써 동생의 놀림을 중단시켰기 때문에 원하는 결과를 얻게 된다. 이렇게 되면 같은 상황에서 다시 때리는 행동을 보일 수 있다. 특히 말로 했을 때는 동생이 전혀 듣지 않고 때릴 때만 말을 듣는다면 다른 방법이 없다고 생각해서 때리는 행동이 더욱 강화될 수 있다. 이때는 부모가 중재해 큰아이가 어떤 사인을 보냈을 때 동생이 바로 중단하도록 규칙을 정하고 여기에 따르도록 훈련을 시키는 게 효과가 있다.

형제간에 싸울 수도 있다고 생각했던 경규 엄마는 경규가 동생을 때리는 정도가 점점 심해지고, 커가면서 오히려 자주 싸우는 아이들 때문에 지쳐서 나에게 의논해왔다. 엄마도 이제는 사소한 일에도 소리를 지르게 되고, 아이들이 집에 오면 짜증이 난다고 했다.

나는 먼저 경규에게 물어보았다.

"경규야, 경진이가 네 말을 잘 안 듣니?"

"네. 맨날 나보고 돼지라고 놀리고, 내 허락 없이 연필을 써요."

"동생이 놀리면 너는 어떻게 하니?"

"한 대 때려요."

"다른 방법은 없을까?"

"안 돼요. 걔는 말로 하지 말라고 하면 계속 놀려서 때릴 수밖에 없어요."

옆에 있던 경진이는 억울하다는 듯이 소리를 질렀다.

"오빠는 무조건 때려요. 좋게 말할 때가 한 번도 없어요."

"너희가 싸우면 엄마는 어떻게 하시니?"

"혼난다고 하지 말라 그래요."

"그 다음에는?"

"싸우지 않으면 게임하게 해준다 그래서 컴퓨터 조금씩 해요."

"그럼 싸우지 않을 때는 컴퓨터를 몇 시간 하고 싸우면 몇 시간 하니?"

"안 싸울 때는 거의 못하게 해요. 주말에나 하라고 하고."

"그럼 너희는 싸우고 나면 컴퓨터를 더 많이 하게 되겠구나."

형제간의 싸움을 말리기 위해 부모가 상을 내거는 경우도 있다. 싸움을 그치면 아이들이 좋아하는 간식거리를 주거나 컴퓨터 게임을 하게 해주거나 원하는 텔레비전 프로그램을 보게 해주는 것이 여기에 해당한다. 이런 방법은 금방 효과가 있을지 모르지만 엄마가 자신도 모르게 아이들의 싸우는 행동을 강화하는 결과를 가져온다. 즉 싸우지 않을 때는 주어지지 않는 보상이 싸울 경우 주어지기 때문에 아이들은 자신도 모르게 보상을 얻기 위해 더 자주 싸우게 된다.

이런 설명을 들은 경규 엄마는 아차 싶은 얼굴이었다. 나는 경규 엄마에게 평상시 아이들에게 자주 칭찬을 해주고 관심을 보이는지 물었다.

"그래야 한다는 건 알지만 저렇게 아이들이 계속 싸워대는데 좋은 얼굴을 할 시간이 없어요. 게다가 애들 없는 시간에 제가 학습지 교사를 하기 때문에 집에 오면 지치고 집안일 할 시간도 없어서 더 악다구니를 쓰게 되는 것 같아요."

나는 경규 엄마에게 평상시에는 관심을 주지 않으면서 아이들이 싸울 때만 소리치고 개입하면 아이들은 엄마의 관심을 끌기 위해서라도 싸울 수밖에 없다는 것을 설명했다. 또 싸움을 그치게 하기 위해 평상시에 주지 않던 상을 주면 아이들은 상을 받기 위해서라도 더 자주 싸울 수밖에 없다는 것도 일러주었다. 엄마 입장에서는 소리를 쳐야만 아이들이 잠시라도 조용해지기 때문에 계속 소리치는 방법을 사용하게 되는데 이런 방법은 엄마나 아이들로 하여금 점점 더 공격적인 행동을 불러일으킬 뿐이다.

오래 전 부모교육에서 있었던 일이 생각났다. 너무나 말을 안 듣는 애 때문에 골머리를 앓던 한 엄마가 하루는 화가 난 나머지 아이가 아끼는 바이올린을 부수고 말았다. 그러자 아이는 일주일 정도 고분고분하게 말을 잘 듣는 모습을 보였다. 그렇지만 이후에는 더 심하게 반항하고 엄마에게 대들었고, 바이올린까지 부쉈는데 아이가 다시 반항을 하니 엄마는 더 이상 어떻게 해야 할지 몰라 난감해졌다. 바이올린을 부숴서 말을 들었다면 다음에는 피아노를 부숴야 하고, 나중에는 집을 부숴야 할지도 모른다. 강압적인 행동은 반항과 공격적인 반응을 불러오고 이것을 통제하기 위해 엄마는 더 강압적인 방법을 사용하게 되는 악순환을 가져온다.

 **조선미의 열린부모교실**

과격하거나 공격적인 행동은 아이가 단체생활에 적응하는 데 문제를 초래할 수 있기 때문에 반드시 통제해야 한다. 어린아이라고 해도 자기 자신이나 다른 사람에게 해가 될 수 있는 행동을 할 때는 하지 않도록 단호하게 대할 필요가 있다. 부모가 아이의 공격적인 행동을 통제하기 위해 사용하는 벌은 일시적으로 효과를 보일 뿐 대부분의 경우 행동을 멈추게 하는 데 별 영향을 미치지 않는다. 공격적인 행동을 그만두도록 보상을 사용하는 것도 자칫 잘못하면 보상을 얻기 위해 행동이 증가될 위험이 있다. 따라서 다음과 같은 점을 유념하면서 단호한 태도를 취하도록 한다.

1. 아이가 과격하고 공격적인 행동을 보인다고 해서 원하는 것을 들어주지 않는다. 과격한 행동을 중단하는 것을 조건으로 상을 주지도 않는다. 엄마가 굴복하면 아이의 행동은 줄어들지 않는다.

2. 아이가 과격하고 공격적인 행동을 진정하고 멈출 때까지 방에 들어가도록 시킨다. 이때 아이에게 단호하게 지시하되 소리 지르거나 매를 들지 않는다.

3. 아이가 진정되고 난 후, 앞으로 그런 행동을 하면 어떤 벌을 받을지 미리 약속하고 그대로 시행한다.

4. 평상시 아이가 좋은 행동을 할 때는 자주 칭찬하고 관심을 보인다.

5. 아이에게 해도 되는 행동과 하면 안 되는 행동을 정확하게 알려주고, 같은 행동에 대해 일관성 있게 대한다.

아이가 뭘 시켜도 힘들다는 소리 안 하고, 못하면 자기가 먼저 속상해서 열심히 하는 그런 아이였으면 좋겠다는 생각을 많이 했어요. 그런데 태현이는 뭐든 시작도 해보지 않고 못한다고 해요. 왜 그렇게 자신감이 없을까요?

엄마, 나는 아무것도 잘할 수 없는 아이에요. 엄마가 하라고 해서 시작했다가 잘 못해서 그만둘 때마다 내가 얼마나 속상했는지 아세요? 엄마도 그때마다 '네가 뭘 한들 잘하겠니?' 하며 야단쳤잖아요.

08 성취감을 경험하지 못하면 모든 일에 시큰둥하다

"태현아, 집 앞에 태권도학원이 생겼는데 한번 다녀볼래? 태권도 배우면 몸도 튼튼해지고 힘도 세지잖아."

"싫어."

"왜 해보지도 않고 싫다고 그래? 너 5층 형아가 검은 띠 매고 다니는 것 봤지? 멋있잖아! 넌 1학년이니까 3학년 정도면 검은 띠 딸 수 있을 거야."

"그래도 싫어. 난 안 해."

"하다가 힘들면 그만두면 되잖아. 일단 다녀보자. 엄마가 멋진 태권도복도 사주고 신발도 새로 사줄게."

"엄마는 싫다는데 왜 자꾸 그래?"

"얘가 정말! 생각도 안 해보고 왜 싫다고 해? 왜 이렇게 의욕이 없어!"

급기야 엄마는 목소리를 높였고, 태현이는 입을 삐죽이더니 울기 시작한다. 뭘 해보자고 하면 무조건 싫다고 하는 태현이 때문에 엄마는 슬슬 걱정이 되었다. 뭐든 하고 싶다고 졸라도 시원치 않은 판에 좀 해보자고 달래도 태현이는 아무것도 하고 싶은 게 없는 아이였다. 먹는 것과 동생 괴롭히는 것 외에는 관심 있는 게 없고, 조금이라도 뭘 시키려고 하면 머리를 절레절레 흔들며 기를 쓰고 하지 않으려 했다.

아무래도 2년 전에 다녔던 피아노학원이 문제가 된 모양이다. 유치원 때 피아노를 배우면 학교 가서 도움이 많이 된다는 말을 듣고 태현이 엄마도 피아노학원을 알아보았다. 태현이가 첫아이라 기대와 욕심이 많았던 엄마는 동네에서 유명한 학원에 태현이를 보냈는데, 그 학원의 원장은 엄격한 지도방식 때문에 많은 아이들이 대회에 나가 좋은 성적을 낸 것으로 이름이 나 있었다.

그렇지만 태현이는 피아노학원에 잘 적응하지 못했다. 매일 반복되는 연습과 조금이라도 틀리면 가해지는 질책 때문에 연습을 하다 우는 일도 많았고 학원에 가지 않겠다고 고집을 부리기도 했다. 그렇지만 처음부터 길을 잘 들여야 한다는 주위사람들의 말을 듣고 태현이 엄마는 매정하리만큼 아이를 연습으로 내몰았다. 6개월이 지나면서 태현이는 악몽을 꾸는지 자다 말고 깨서 우는 모습을 보였고 식은땀을 흘리기도 하였다. 그 모습을 보고서야 아무래도 안 되겠다 싶어 학원을 그만 뒀는데 이후로 태현이는 엄마가 제안하는 어떤 학원도 다니려 하지 않았다.

같은 능력을 가진 아이라 하더라도 동기 정도에 따라 높은 성취를 보이는 아이가 있는가 하면 동기수준이 낮아 자기능력을 다 발휘하지 못하는 아이도 많다. 동기는 여러 가지 요인에 의해 영향을 받지만 반복적인 실패경험과 여기에 대해 자신을 탓하는 태도가 결정적인 영향을 미친다. 즉 새로운 것을 시도해 실패를 경험한 아이는 이런 경험이 반복될수록 '나는 아무리 열심히 해도 어쩔 수 없어'라는 식으로 무기력한 태도를 보인다. 반복되는 실패 경험은 아이로 하여금 자신이 똑똑하지 못하거나 운이 없다는 식으로 생각하게 만들어 새로운 시도를 해볼 마음을 사라지게 만든다. 목표가 너무 어렵거나 노력이 많이 요구되는 과제도 동기를 떨어뜨린다. 과제의 양이나 난이도 수준이 능력에 비해 너무 높을 경우 아이는 그것을 해내는 것이 너무 힘든 나머지 아예 할 필요가 없다는 식으로 마음을 가질 수 있다.

태현이가 아무것도 하지 않으려 하자 걱정이 된 부모는 아이에게 더 열심히 이것저것 권하기 시작했다. 태권도는 물론 바둑학원, 웅변학원 등을 권해보고, 아이가 하지 않겠다고 할 때마다 아이를 질책하며 나무라곤 했다. 한번은 태현이가 학교에서 하는 특기적성 중에 과학교실을 해보고 싶다고 말한 적이 있다. 그거라도 해보겠다니 다행이다 싶어 보냈는데 세 번인가 가더니 그것도 하기 싫다고 했다. 담당선생님에게 알아보니 과학시간에 만든 모형 자동차를 가지고 경주를 한다고 했더니 그 다음부터 태현이의 태도가 눈에 띄게 시들해졌다는 것이다.

동기가 떨어져 있는 태현이에게 또래와의 경쟁은 버거운 도전이었던 모양이다. 그나마 흥미를 붙이고 있었는데 실패의 위험이 높은 과제가 주어지니 평상시 패턴처럼 움츠러들었던 것이다. 게다가 선생님이 경주에서 이긴 아이에게는 태현이가 그토록 갖고 싶던 고급 모형 자동차를 상으로 준다고 하니까 그것 때문에 더욱 겁이 났던 것 같다. 원하던 것을 얻지 못하는 실패경험을 아이는 감당하기 어려웠을 것이다.

아이로 하여금 동기수준을 높이기 위해서는 어떤 경우에 아이의 동기수준이 높아지는지 이해할 필요가 있다. 내적동기는 어떤 일을 잘해냄으로써 성취감을 얻고자 하는 순수한 욕구에서 비롯된다. 예를 들어 텔레비전 리모콘을 분해하는 아이는 그 안을 알고 싶다는 순수한 호기심에서 그런 행동을 한다. 이처럼 내적동기는 해당분야에 대한 관심에서 비롯되는 것으로 아이들로 하여금 다양한 행동을 하도록 유도한다. 외적동기는 내적동기와는 다르게 외부의 유인요소가 작용하는 경우이다. 예를 들어 공부를 잘하고 싶은 욕구가 강하지 않아도 부모님이 상을 준다고 하면 동기가 자극될 수 있다. 일반적으로 내적동기는 순수하고 외적동기는 그렇지 않다고 해서 내적동기를 더 바람직한 것으로 생각하는 경향이 있지만 아이들로 하여금 다양한 활동에 참여하게 하려면 내적동기만으로는 어렵고 다양한 외적동기를 융통성 있게 활용해야 한다.

태현이 엄마에게 왜 그렇게 피아노학원을 무리하게 보냈는지 물었다.

"저는 태현이가 강하게 컸으면 좋겠어요. 뭘 시켜도 힘들다는 소리 안 하고, 못하면 자기가 먼저 속상해서 열심히 하는 그런 애였으면 좋겠다는 생각을 많이 했어요. 그런데 잘한다 소리만 듣고 크면 아무래도 나중에 인내심이 약할 것 같아서 일부러 야단 많이 치는 선생님께 보냈지요. 거기서 악착같이 버텨나가면 나중에 다른 애들보다 훨씬 자신감이 생기지 않을까요?"

"그럼 태현이 입장에서는 왜 그런 혹독한 훈련을 견뎌내야 한다고 생각할까요?"

"그래야 경쟁력이 있잖아요. 경쟁사회 속에서 살아가려면 한 가지라도 남보다 잘하고, 힘든 것도 잘 견뎌내야 살아남을 수 있는 것 아닐까요?"

태현이 엄마가 말하는 그런 아이는 동기수준이 높고 목표가 분명한 아이에게 해당하는 말이다. 아직 뭘 하고 싶은지도 모르고, 왜 해야 하는지도 모르는 유치원생에게는 전혀 기대할 수 없는 행동이다.

아이에게 무엇을 시키든 우선 아이가 동기화가 되어야 한다. 동기를 갖게 하기 위해서는 아이의 특징을 잘 살피고, 동기화시킬 수 있는 방법을 생각해보아야 한다. 그리고 그 일을 했을 때 아이가 실패할 가능성과 성공할 가능성도 따져보아야 한다. 실패는 동기수준을 떨어뜨리고 동기수준이 낮으면 실패할 가능성이 높아진다. 이런 악순환을 밟아가는 동안 아이는 점차 해보지도 않고 싫다고 하는 무기력한 모습을 보이게 된다.

조선미의 열린부모교실

아이가 뛰어난 능력을 가졌다고 해도 동기수준이 낮으면 능력을 발휘해 성취를 이루기가 쉽지 않다. 아이들은 태어날 때부터 세상에 대한 호기심과 탐구심, 자기 자신을 실현하려는 욕구를 타고나지만, 어른들이 자신의 틀에 맞추기를 강요하면 동기가 손상될 수 있다. 마찬가지로 부모가 아이에 대해 어떤 기대도 하지 않고 무언가를 잘해낼거라는 믿음도 보이지 않으면 이런 태도 역시 아이들의 동기수준을 떨어뜨린다.

1. 달성하고자 하는 목표는 아이가 좋아하고 원하는 것이어야 한다.

2. 목표를 정할 때는 추상적이거나 형식적이지 않아야 하고 가능한 구체적으로 정한다. 특히 아이의 나이 수준에 맞는 언어를 사용해 목표를 기술한다.

3. 목표는 달성 가능해야 한다. 너무 어렵거나 노력이 많이 요구되거나 시간이 많이 걸리는 목표는 동기를 떨어뜨린다. 목표가 지나치게 높으면 단계를 나누어 한 단계씩 달성해 나가도록 조언한다.

4. 장기목표와 단기목표를 동시에 세우는 것이 좋다. 일주일 혹은 한 달 단위로 목표를 세워서 아이가 목표를 달성할 때마다 칭찬하고 격려한다.

5. 목표를 달성할 수 있는 방법에 대해 부모가 함께 계획을 세운다. 무조건 혼자 해보라고 하지 말고, 아이가 힘들어하는 부분은 엄마 아빠가 도와준다.

6. 어떤 일에 실패했을 경우 능력부족 때문이 아니라, 충분히 노력하지 않았기 때문이라고 해석해준다.

아이가 금방 들통 날 거짓말을 해요. 얼마 전에도 학습지를 하지 않고서는 다 했다고 하더라고요. 학습지를 안 한 것보다 거짓말을 했다는 게 충격이었어요.

엄마가 학습지를 가져오라고 했을 때 하늘이 무너지는 것 같았어요. 학습지를 안 해놓은 걸 엄마가 알면 엄청 혼날 텐데, 내가 왜 그랬을까? 그러다가 나도 모르게 학습지를 다했다고 거짓말을 했어요. 그때는 너무 무서워서 내가 무슨 생각을 하는지, 뭐라고 말하는지도 잘 몰랐어요.

09 혼날 것 같으면 거짓말도 서슴치 않는다

재호는 얼굴이 창백해진 채 엄마 앞에서 고개를 푹 숙이고 있다. 엄마는 무서운 눈으로 재호를 노려보며 소리쳤다.

"엄마가 제일 싫어하는 게 거짓말인 것 알지? 알면서 어떻게 거짓말을 할 수 있어? 너 매 좀 맞아야겠다. 저기 가서 구둣주걱 가져 와!"

구둣주걱으로 손바닥을 맞은 재호는 제 방에서 훌쩍거리다 잠이 들었다. 재호 엄마는 울다 잠든 아이가 안쓰러우면서도 한편으로는 도무지 아이의 행동을 이해하기가 어려웠다. 매주 오는 학습지 선생님이 오시기 전날이라 엄마는 낮에 재호에게 학습지를 다했는지 물어보았다. 재호는 엄마의 질문에 잠시 멈칫 하더니 곧 다 풀어놓았다며 천연덕스럽게 대답을 한 것이다.

그러려니 했던 엄마는 저녁 때 문득 재호가 지난 주 문제를 풀면서 힘들어했던 것이 생각나서 확인해보려고 학습지를 가져오라고 했다. 재호는 머뭇거리면서 방에 들어갔다 나오더니 학습지가 없다고 하였다. 다 해놓았다더니 학습지가 없다는 게 무슨 말인가 싶어 잘 찾아보라고 하니까, 찾는 둥 마는 둥 하더니 무조건 학습지가 없어졌다고 우겼다. 재호 엄마는 허둥거리는 재호의 행동이 이상해 아이 방에 들어가 직접 학습지를 찾아보았고, 결국 책꽂이 사이에 끼어 있는 학습지를 발견했다. 그런데 학습지는 전혀 손대지 않은 상태였다.

놀란 재호 엄마는 어떻게 된 영문인지 물었고, 재호는 얼어붙은 모습으로 대답하지 않았다. 학습지를 안 했다는 사실보다 재호가 거짓말을 했다는 게 엄마에게는 더욱 충격이었다. 겨우 1학년짜리가 벌써부터 부모를 속이다니……. 재호 엄마는 자신이 아이를 잘못 키운 게 아닌가 싶었고, 아이의 앞날에 대해 불안이 밀려왔다.

아이들이 하는 거짓말은 의도적인 거짓말과 반응적인 거짓말로 나누어볼 수 있다. 의도적인 거짓말은 어떤 목적을 이루기 위해 꾸며낸 이야기다. 예를 들면 갖고 싶은 장난감을 사기 위해 선생님이 돈을 가져오라 했다고 말하는 것은 의도적인 거짓말이다.

반응적인 거짓말은 아이가 실제로 거짓말을 할 의도가 없었는데 자기에게 불리한 상황이 되거나 혼날 것 같은 상황에서 반응적으로 거짓말을 하는 경우를 말한다. 숙제를 다 하지 않았는데도 했다고 하거나 성적표를 받고도 받지 않았다고 하는 경우가 여기에 해당한다. 의도적인 거짓말은 가급적 부모가 빨리 알아차리고 바로 잡도록 노력해야 하지만, 반응적 거짓말의 경우 아이가 거짓말을 할 기회를 갖지 못하도록 방식을 조금만 바꾸면 어렵지 않게 바로잡을 수 있다.

재호 엄마는 걱정된 나머지 아이 아빠에게 의논을 하였다. 재호 아빠 역시 어린 재호가 벌써 거짓말을 하고 속인다는 사실에 적잖게 충격을 받았다. 거짓말이 가장 나쁜 행동이라고 가르쳤고, 부모 자신이 모범이 되기 위해 애들 앞에서는 더 신경 쓰고 행동했는데 왜 이런 일이 생겼는지 알 수가 없었다. 좀 더 엄격하게 해서 거짓말을 할 기회를 주지 말자고 결론을 내린 엄마 아빠는 재호의 행동을 일일이 감시하며 확인했고, 재호네 집에는 했느냐 안했느냐를 가지고 재호를 추궁하는 소리가 끊이지 않았다.

그런데 웬일인지 그렇게 혼나면서도 재호의 거짓말은 줄어들지 않았고 오히려 전보다 더 거짓말하는 모습을 보였다. 재호 엄마 아빠는 사소한 일에도 재호가 제대로 말하는지 거짓말을 하는지 알아보기 위해 매사 확인하는 질문을 하였고, 그때마다 재호는 뻔히 보이는 거짓말을 해서 혼이 나곤 하였다.

아이들이 거짓말을 하게 되는 것은 정직하게 말했을 때 뭔가 좋지 않은 일이 생길 거라고 예상하는 경우가 대부분이다. 대표적인 경우가 부모에게 혼날 것 같은 경우이다. 특히 평소에 부모가 엄격하고 아이를 자주 혼냈다면 혼날 위험에 처했을 때 거짓말을 할 가능성이 더욱 높아진다. 이때 아이는 부모가 생각하는 것처럼 속이고자 하는 적대적인 의도보다는 혼날 것에 대한 두려움이 더욱 크고, 이런 위협에 당면했을 때 불안을 견디기가 너무 힘든 나머지 스스로 그런 일을 하지 않았다고 믿어버릴 수도 있다. 따라서 이런 아이들의 거짓말은 의도가 훨씬 강한 어른들의 거짓말과는 다르다.

재호와 이야기를 할 때 나는 엄마를 들어오도록 하여 한쪽에 놓인 의자에 앉아서 재호와 나누는 이야기를 들을 수 있도록 하였다. 나는 먼저 약간 강압적인 말투로 재호에게 물었다.

"재호, 오늘 학교에서 내 준 숙제 다 하고 병원에 온 거지?"

"네? 네."

학교가 끝나고 바로 왔기 때문에 도저히 숙제할 시간이 없었을 텐데도 재호는 서슬이 퍼런 내 목소리에 기가 죽어 숙제를 했다고 대답하였다. 뒤에 앉아 있는 재호 엄마의 표정이 어두워졌다. 학교생활에 대해 좀 물어보다가 이번에는 부드러운 어조로 물어보았다.

"재호야, 너 학습지를 세 개씩이나 하려니 힘들겠다. 어떤 때는 다 못할 때도 있겠네?"

"네, 너무 많아요."

"그렇구나. 선생님 오실 때까지 다 못하면 어떻게 하니? 엄마한테 혼날까봐 걱정됐을 텐데."

"그래서 안 하고 했다고 한 적도 있었어요."

재호가 자발적으로 이런 말을 하는 것을 보고 재호 엄마는 몹시 놀라는 눈치였다. 나는 재호를 내보내고 아이들의 거짓말은 어른이 어떻게 하는지에 달려 있다는 것을 설명했다. 학습지를 다하지 않은 아이가 '너 다했지?'라며 무섭게 묻는 어른한테 사실을 말하는 것은 상당히 큰 용기가 필요한 일이다. '안 했다고 하면 혼나겠지'라는 생각을 해서가 아니라, 자신도 모르게 움칫 하면서 했다는 말이 나오는 것이다.

아이가 거짓말을 하지 않게 하려면 아이로 하여금 정직하게 말할 수 있는 허용적인 분위기를 만들어주어야 한다. 부모에게 전적으로 의존하는 아이들 입장에서 자신이 부모가 싫어하는 행동을 했다는 것을 알게 된 순간 불안을 느낀다. 그 상황에서 부모가 무서운 얼굴로 '했어, 안 했어?' 하고 묻는 것은 아이에게는 '사실대로 말하기만 하면 정말 혼난다'는 메시지가 되어 사실대로 말하기가 어려워진다.

더 중요한 것은 부모의 이런 태도가 아이로 하여금 거짓말할 기회를 준다는 것이다. 숙제를 했는지 안 했는지는 굳이 묻지 않아도 알림장과 숙제 한 것을 가져와보라고 하면 알 수 있다. 아이가 한 번 거짓말을 하면 부모는 아이가 계속 거짓말을 하는지 확인하기 위해 굳이 물어보지 않아도 될 것을 계속해서 물어본다. 심지어 안 한 것을 뻔히 알면서도 묻거나 아이를 궁지에 몰아넣고 추궁하는 경우도 있다. 이 상황에서 진실을 말한다는 것은 어른에게도 쉽지 않은 일이다.

아이들의 작은 거짓말은 사실 큰 문제가 되지 않는다. 그렇지만 그것을 다루는 부모의 태도에 의해 큰 문제의 작은 씨앗이 될 수도 있다.

조선미의 열린부모교실

거짓말은 공격적인 행동과 함께 부모가 가장 엄격하게 제재하는 문제행동이다. 아이가 거짓말을 하면 신뢰를 받을 수 없고, 그런 행동이 학교생활이나 어른이 되었을 때 사회생활에 크게 지장을 줄 것이라고 생각하기 때문이다.

물론 거짓말을 단호하게 제재해야 할 필요는 있지만 그 과정에서 지나치게 벌을 주거나 과도하게 공포 분위기를 조성하면 아이는 벌을 피하기 위해 또 다른 거짓말을 하게 될 수 있다는 것도 잊지 말아야 한다.

1. 아이가 거짓말 한 것을 알게 되면 다음부터 거짓말을 하지 않도록 단호하게 주의를 준다.

2. 혼날 만한 상황이라면 부드럽게 질문해서 거짓말을 하지 않도록 한다. 사실대로 이야기하면 혼내지 않겠다고 하고, 아이 스스로 사실을 말하도록 한다.

3. 어려운 상황에서 아이가 잘못을 시인하면 일단 그 행동에 대해서는 말하기 어려웠을텐데 잘했다고 말해준다.

4. 아이가 거짓말을 했다는 사실이 명백하면 사실인지 아닌지를 묻고 추궁하기보다는 부모가 알고 있음을 아이에게 말해주고 다른 거짓말을 할 기회를 주지 않는다.

5. 거짓말을 했을 경우 어떤 벌을 받을지 미리 이야기하고, 거짓말을 할 때마다 정해놓은 벌을 준다.

6. 평상시 정직이 왜 중요한지 설명해주고 부모가 본보기를 보인다.

처음에 말할 때 아이가 제 말을 들어주길 바라는데, 한 번 말해서는 도무지 말을 듣지 않아요. 아이에게 뭔가를 시키려면 하루가 다 가는 것 같아요!

게임하고 있을 때 엄마가 컴퓨터를 끄라고 하면 짜증이 나요. 지금 끄면 점수가 제대로 안 나온단 말이에요. 그러다 보니 엄마가 좋게 말할 때는 조금 더 해도 괜찮겠지 하는 생각이 들어요. 그런데 엄마가 나한테 달려오면 이제는 정말 꺼야겠구나 싶어요. 조금 더 버티다가 매를 맞으면 나만 손해잖아요.

10 아이들은 행복을 좇는 이기주의자이다

"승욱아, 엄마가 좋게 말할 때 컴퓨터 꺼라."
"조금만 더하면 안 돼?"
"지금 꺼. 엄마가 끄라고 하면 끄기로 약속했잖아."
"엄마, 조금 남았는데 요거만 하고 끌게."

저녁을 먹고 치우느라 피곤한 승욱이 엄마는 힘들기도 하고 매일 소리치는 것이 지겨워 조용한 목소리로 말하기 시작했다. 아이도 매일 잔소리 듣기 싫을 텐데 싶은 마음도 있고, 엄마가 이렇게 좋은 소리로 말하면 아이도 뭔가 느끼는 게 있어 좀 빨리 말을 듣지 않을까 싶었던 것이다. 예상과 달리 방 안에서는 계속해서 게임하는 소리가 났다.

"승욱아, 엄마가 컴퓨터 끄라고 했지?"

"조금만 더 한다니까."

목소리 톤이 조금 높아진다.

"지금 당장 안 끄면 엄마가 가서 코드 뽑는다."

"알았어. 금방 끌게."

오늘도 역시 마찬가지이다. 이 정도에서 쉽게 컴퓨터를 끌 승욱이가 아니다. 어차피 엄마가 일어서야 했지만 그래도 혹시나 하는 마음으로, 또 조금이라도 더 하고 싶은 아이마음이 어느 정도는 이해가 돼서 엄마는 조금 더 뜸을 들인다.

"너 아직도 안 껐지? 엄마 간다."

"알았어. 알았다고."

이쯤에서는 일어서야 한다. 방문 앞에 가서 소리치자, 그제야 승욱이는 불만스러운 얼굴로 마지못해 종료버튼을 누른다. 하루 이틀도 아니고 승욱이에게 뭔가 하나라도 시키려면 그때마다 보통 힘든 게 아니다. 이제 4학년이나 되었으니 좋게 말할 때 들으면 좋으련만 한두 번 말해서는 꿈쩍도 하지 않으니 벌써 사춘기가 된 건가 싶기도 하다.

엄마의 성화에 못 이겨 컴퓨터를 끈 승욱이는 이제 벌러덩 방에 누워 있다. 곧 학원에 갈 시간인데 또 늑장을 부리는 것이다. 승욱이를 학원에 보내려면 아까처럼 또 여러 번 소리치고 달래고 설득해야 한다.

다른 문제는 없는 것 같은데 도대체 왜 이렇게 엄마를 힘들게 하는 것일까? 학교에서는 그런대로 애들과 잘 지내고 공부도 그렇게 못하는 것도 아닌데……. 다른 엄마들 말을 들어보면 아이들은 다 그렇다고 하지만 해도 너무 한다는 생각이 들 때가 한두 번이 아니다. 아이에게 뭔가를 시키다가 하루가 다 가는 것 같다. 어쩌다가 승욱이가 집을 비우면 할 일이 없는 것 같아 멍해지기도 한다.

승욱이는 어려서부터 야단을 쳐도 잘 듣지 않았고, 어떤 때는 혼이 나면 더 반항하고 제멋대로 하려는 모습을 보였다. 엄마가 눈만 크게 떠도 눈물을 글썽이는 형과는 다른 모습이라 처음에는 아이를 어떻게 이해해야 하는지 당황스럽기도 했다. 그렇지만 엄마는 아직도 승욱이를 어떻게 다루어야 할지 모르는 경우가 많다. 좋게 시작해서 화를 내고 끝내는 경우가 대부분이고 승욱이도 버티는 데까지 버티어 보는 것 같았다.

승욱이의 경우 기질이 강하고 감정기복이 심한 것 같았는데 아이를 벌줄 때는 기질을 감안하는 것이 효과적이다. 기질적으로 두려움을 많이 타고 불안을 쉽게 느끼는 아이가 있는가 하면 어떤 아이들은 두려움을 거의 타지 않고 충동적인 아이들도 있다. 두려움이 많은 아이들은 강압적으로 다루고 심하게 벌을 주면 울어버리거나 불안해한다. 이런 아이들에게는 왜 그런 행동을 하면 안 되는지 부드럽게 설명해주는 것이 훨씬 효과적이다.

그렇지만 두려움이 적은 아이들은 부드럽게 설명하는 것으로 충분하지 않다. 그렇다고 해서 심하게 처벌하면 더 엇나가거나 대들 수도 있다. 이런 아이들에게 가장 좋은 방법은 부모 자녀 관계의 애착을 증진시키고, 아이에게 온정적이고 민감하게 대해주는 것이다. 이렇게 되면 아이는 엄마를 좋아하게 되고 엄마를 기쁘게 하기 위해 좀 더 지시에 순응하게 된다.

승욱이가 왜 그렇게 말을 안 듣는지 알아보기 위해 엄마에게 몇 가지 물어보았다. 무엇보다도 컴퓨터를 끄라는 말을 한 후 왜 바로 승욱이에게 가지 않고 여러 번 잔소리를 하면서 시간을 끄는지가 궁금했다.

"한 번만 말하고 바로 가서 제가 끄라고요? 그럼 너무 한 것 아닌가요? 저는 애를 좀 더 존중해주고 싶은 마음에서 그랬어요. 이제 4학년이나 됐는데 엄마가 쫓아가서 이래라 저래라 하는 건 애를 너무 무시하는 것 같아서요. 저는 아이가 스스로 컴퓨터를 껐으면 좋겠어요."

엄마가 상황을 좋게 끝내고 싶어서 한 행동이 왜 이런 결과를 가져왔는지 행동주의이론을 이용해 설명해주었다. 행동주의이론은 우리가 어떤 행동을 하게 될지는 그 행동의 결과에 의해 결정된다는 이론이다. 즉 우리가 어떤 행동을 했는데 그 행동 끝에 좋은 결과가 오면 그 행동을 계속하고, 좋지 않은 결과가 오면 중단한다는 것이다. 승욱이는 엄마의 지시를 무시하고 버팀으로써 게임을 좀 더 할 수 있는 시간을 벌게 된다. 이를 테면 다음과 같은 상황이 벌어지는 것이다.

엄마(부드럽게) 승욱아, 컴퓨터 꺼라.

승욱(엄마가 부르네. 화난 목소리가 아니니까, 조금 더 해도 되겠구나!)
엄마(좀 더 큰소리로) 컴퓨터 끄라고 했지.
승욱(아직은 괜찮은 것 같네. 요것만 하면 되는데……)
엄마(큰소리로) 아직도 안 껐니?
승욱(물론 아직 안 껐죠. 엄마 목소리가 조금 커지긴 했네.)
엄마 너 지금 안 끄면 엄마가 가서 코드 뽑는다.
승욱(이제 시간이 얼마 안 남았구나. 조금만 더하면 되는데……)
엄마(등 뒤에서) 승욱아!
승욱(이제는 꺼야겠구나. 잘못하면 매 맞겠네.)

　이런 일은 승욱이 엄마가 특별히 문제상황을 다루지 못하거나 승욱이가 나빠서 일어나는 것이 아니다. 사람들은 누구나 자신에게 좋은 결과를 가져다주는 방향으로 행동하게 된다. 재미있는 컴퓨터 게임을 끄는 데는 상당한 자제력이 필요하고, 엄마의 부드러운 목소리는 이런 역할을 하기에는 미흡할 뿐 아니라 오히려 좀 더 해도 된다는 사인을 보내는 셈이 된다. 아이가 엄마의 지시에 즉시 따르게 하려면 지시를 하고 아이가 바로 따르면 칭찬해주고, 따르지 않으면 적절하게 제재하는 것이 가장 효과적이다.

> **아이에게 지시를 할 때 효과적인 방법**

1. 아이에게 무엇을 시킬 것인지 마음을 분명하게 정한다.

2. 마음을 정했으면 아이가 엄마에게 집중하도록 시선을 마주친다.

3. 한 번에 한 가지나 두 가지만 시킨다. 지시할 때는 무엇 무엇을 하라고 분명하고 단순하게 말한다.

4. 엄마가 무엇을 시켰는지 한 번 말해보라고 한다.

5. 지시대로 바로 움직이도록 한다.

6. 지시 내용대로 다할 때까지 아이의 행동을 지켜보고 아이가 잘하면 칭찬해준다.

조선미의 열린부모교실

아이가 말을 듣지 않는 것은 기질적으로 고집이 세고 비순응적이어서 그럴 수 있지만 훨씬 더 많은 경우는 부모가 효과적이지 않은 방법으로 지시를 하기 때문이다. 지시는 아이의 특징을 잘 감안하고 상황에 맞게 해야 즉각적으로 순응하게 할 수 있으며, 그렇지 않을 경우 아이와의 지루한 신경전이 반복될 수 있다.

1. 지시할 때는 아이에게 무엇을 시킬지 분명히 정하고 지시한다. 일단 지시를 했다가 번복하면 그 다음에 지시했을 때 아이의 순응도를 떨어뜨린다.

2. 말투와 표정은 단호하게 하고 부탁하듯이 말하지 않는다. 부탁하는 말투는 아이에게 지시에 따를지 말지 아이가 결정할 수 있다는 메시지를 줄 수 있다.

3. 지시에 따르지 않으면 어떤 벌을 줄 것인지 미리 정한다(예 : 컴퓨터를 끄라고 하고 셋을 셀 때까지 끄지 않으면 엄마가 코드를 뽑을 것이고 하루 정도는 컴퓨터를 할 수 없다고 말한다).

4. 아이가 무언가에 열중해 있을 때는 가급적 지시하지 않는다. 무언가를 꼭 시켜야 한다면 아이의 주의를 엄마에게 돌린 후 지시내용을 전달한다.

5. 지시를 잘 따랐을 경우 어떤 상을 줄지도 정한다(예 : 컴퓨터를 바로 껐을 때 다음번에는 10분이나 20분을 추가로 더하게 해줄 수 있다).

6. 상을 주거나 벌을 줄 때 그 이유를 분명하게 알려준다.

| 아이를 변화시키는 행동수정 클리닉 |

부모마음 아프지 않게
아이마음 다치지 않게

아이의 행동은 학습된다

1학년인 태영이는 자질구레한 일들로 엄마를 끊임없이 지치게 하는 개구쟁이다. 잠시도 가만히 있지 못하고 몸을 움직이며 숙제를 하라고 시키면 방에 들어갔다가 5분도 되지 않아 나오기 일쑤이다. 동생을 울리는 일은 하루에도 수십 차례나 되고 툭하면 문방구 앞 게임기를 보느라 학원에 늦기 일쑤였다. 엄마는 태영이를 키우는 게 많이 힘들었지만 크면 나아지겠지 하는 마음으로 하루하루를 보냈다. 그런데 얼마 전 같은 반 친구 엄마가 집에 놀러왔다가 아이가 왜 저러냐며 문제가 있는 것 같다는 말을 하였다. 그 말을 들은 태영이 엄마는 깜짝 놀라 태영이 아빠에게 그 문제를 의논하였지만 아빠는 멀쩡한 아이한테 별소리를 다한다며 펄쩍 뛰었다. 태영이 엄마는 태영이를 데리고 전문기관에 가야 할지 아니면 그냥 두어야 할지 갈피를 잡을 수 없어 혼란스럽기 짝이 없었다.

부모가 아이의 행동을 어떤 관점으로 바라보는가 하는 점은 행동을 변화시키는 데 있어서 상당히 중요하다. 그 이유는 문제를 보는 시각이 해결방법과 직결되어 있기 때문이다. 유난히 산만한 아이를 보고 아직 어리기 때문에 충분히 그럴 수 있다고 생각한다면 어떤 조치도 취하지 않은 채 아이의 성장을 기다릴 것이다. 만일 아이의 행동이 부모가 사랑을 주지 않아서 그렇다고 생각되면 전보다 따뜻하게 대하려고 애쓸 것이다. 만일 주의력결핍 과잉행동장애와 같이 치료가 필요한 문제라고 생각한다면 전문기관을 방문해 필요한 치료를 받도록 할 것이다. 또 만일 부모의 노력으로 될 수 없다고 생각한다면 무기력하게 문제를 방치할 수 있고, 무조건 집 안에서 해결해야 한다고 생각할 경우 적절한 도움을 받는 데 어려움을 줄 수도 있다. 문제를 바라보는 시각은 이처럼 어떤 해결책을 어떻게 사용할지를 결정한다.

심리학 이론에서도 문제를 보는 시각에 따라 이론이 나누어진다. 유아기 경험과 고통스러운 사건에 의해 성격이 결정된다고 보는 정신분석 이론은 치료를 통해 의식화되지 않은 갈등을 풀어 의식화시켜줌으로써 행동이 좋아진다고 본다. 아이가 문제행동을 보일 때 부모가 잘못해서 그런 것이 아닐까하고 생각하도록 만든 것이 바로 이 정신분석 이론의 영향이다.

반면 행동주의 이론은 행동 전과 후에 일어난 사건이 행동을 결정하고 유지한다고 본다. 선행사건은 행동이 일어나기 전에 발생하는 사건이고, 후속결과는 행동 후에 일어나는 사건으로 행동의 결과라고 볼 수 있다. ABC모델에 따르면 행동을 유발시키는 특정한 선행사건과 후속결과는 어떤 행동이 나타나도록 하는 필수조건이다.

할머니만 보면 과자를 사달라고 조르는 아이의 행동을 생각해보자. 엄

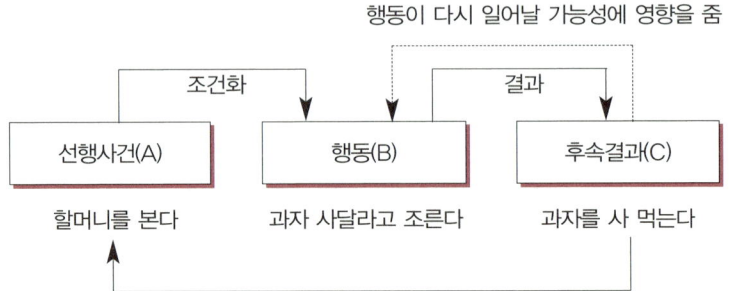

〈문제행동을 보이는 이유 : ABC 모델〉

 엄마 아빠와 함께 있으면 혼자서도 잘 놀면서 할머니만 보면 조르고 떼쓰는 아이가 조르는 행동 후에 어떤 결과를 얻었을까? 아마 대부분 과자를 얻었을 것이다. 이렇게 어떤 행동의 결과가 만족스러울 경우 그 행동은 다시 나타날 가능성이 높아진다. 반대로 어떤 행동의 결과가 그다지 만족스럽지 않거나 아무런 결과도 갖고 오지 않는다면 그 행동의 빈도는 줄어든다.

 대부분의 행동이 이런 식으로 학습되었다는 것이 행동수정의 이론적 배경이다. 따라서 선행사건이나 후속결과를 바꿔주면 행동을 바꿀 수 있다는 것이 행동수정의 절차이다. 행동주의 모델에서는 사람의 문제행동들이 대부분 이런 학습의 원리에 따라 유지되며 변화된다고 보고, 좋지 않은 행동은 좋은 행동으로 바꾸는 새로운 학습에 의해 변화할 수 있다고 본다.

아이들의 문제행동을 이런 원리에 의해 보는 것은 여러 가지 긍정적인 측면이 있다. 우선은 어떤 행동도 학습원리에 의해 변화 가능한 것으로 보기 때문에 교육이나 훈육에 대한 지침을 제공할 수 있다. 그 행동이 어떤 사건에 의해 촉발되었는지 그리고 어떤 결과에 의해 유지되는지 생각해보면 행동을 바꾸어줄 수 있는 실마리를 얻을 수 있다. 기질이 까다로워서, 양육이 잘못되어, 환경이 좋지 않아서라고 생각할 경우 기질을 바꾸거나 환경을 변화시키기는 쉽지 않다. 그렇지만 그 행동이 일어난 맥락내에서 선행사건과 후속결과를 바꾸어주는 것으로 변화 가능한 것으로 본다면 문제행동에 대한 변화의 노력은 훨씬 수월하게 이루어질 것이다.

또한 행동주의는 모든 행동을 학습된 것으로 보기 때문에 좋지 않은 행동을 병적으로 보는 것이 아니라, 잘못 학습된 행동으로 본다. 따라서 아이의 문제가 장애인지 고민하는 부모에게 굳이 문제를 장애로 볼 필요가 없다는 관점을 제공한다. 단지 아이는 잘못 배운 것을 제대로 다시 배우기만 하면 되는 것이다.

| 행동을 변화시키는 힘

우리 집의 두 아이는 나이 차이가 꽤 있음에도 불구하고 심심찮게 싸운다. 집에 있으면서 그 소리를 견디는 것이 괴롭기도 하거니와 한 놈은 늘 얻어맞고 울음을 터뜨리고 또 한 놈은 늘 자기 것을 건드렸다고 화를 내니 이러다가는 성격에도 영향을 주지 않을까 싶을 정도였다. 그렇지만 직장에 나가느라 함께 있지 못하는 나로서는 두 아이의 다툼을 통제하기가 어려웠다. 그러다가 한 번은 아이들을 봐주는 아주머니께 부탁해 하루에 몇 번이나 싸우는지 세어서 저녁 때 퇴근하면 알려 달라고 하였다. 그리고 아이들에게는 하루에 다섯 번 이하로 싸우면 매주 주는 용돈에 보너스를 주겠다고 하였다. 그러다 보니 수시로 싸우고 큰소리를 내기 때문에 어디서부터 싸움이 시작되고 언제 끝나는지 분명치 않다는 문제가 생겼다. 우선은 큰아이가 동생을 때리는 횟수와 작은아이가 누나 물건을 허락 없이 만지는 횟수를 세도록 하였다.

처음에는 무슨 말인지 관심을 보이지 않던 두 아이가 막상 아주머니의 보고에 따라 500원짜리 동전 혹은 과자가 주어지니 달라지기 시작했다. 며칠 지나더니 스스로 싸움을 참는 게 쉽지 않다는 것을 알게 된 모양이었다. 두 아이가 함께 의논하더니 자기네들이 싸우기 시작하면 아줌마에게 "과자" 혹은 "500원"이라고 말해 달라고 부탁하는 것을 보았다. 그러면서 아이들이 받는 보너스가 늘어난 것은 물론이고 나는 징징거리는 울음소리와 동생을 이르는 소리를 덜 듣게 되었다.

그렇다고 해서 아이들이 전혀 싸우지 않는다는 것은 아니다. 낮에 집으로 전화를 하면 작은아이는 자기도 전화를 바꿔 달라고 여전히 소리치고 큰아이는 전화를 바꿔주지 않으려고 실랑이하는 소리가 들린다. 하지만 막무가내로 고집을 피우거나 때리는 횟수는 많이 줄었고 다투다가도 스스로 자제하려고 하는 것은 전과 달라진 모습이다.

내가 만일 두 아이를 불러놓고 "형제간에 싸우면 안 되는 거야. 생각해봐라. 형제라고는 세상에 너희 둘뿐인데 너희가 서로 돕고 사이좋게 지내야 엄마가 기분이 좋지"라고 타일렀다면 어떤 일이 일어났을까.

두 아이를 키워본 엄마라면 누구나 알 것이다. 엄마가 말할 때는 다 알고 있다는 얼굴을 하고 있다가도 엄마가 일어서 나가는 그 순간 서로 노려보고 주먹질을 하고 아까처럼 싸움을 반복할 것이다. 그 싸움이 다시 반복될 때까지의 시간만 조금 다를 뿐이다. 달래고 타이르는 방법이 효과가 없다고 해서 싸울 때마다 두 아이를 심하게 혼내기도 어렵다. 그러다 보니 반복되는 다툼에 지치게 되고 우리 아이들은 왜 이렇게 서로 못 잡아먹어서 안달일까, 내가 아이들을 잘못 키우고 있는 게 아닐까, 내가 두 아이를 공평하게 대하지 못해서 그런 걸까 하며 자책하는 일도 생긴다.

대부분의 사람들은 말이 행동을 바꾸는 데 중요한 영향을 미친다고 생각한다. 그래서 다른 사람의 행동을 바꾸려면 왜 그런 행동을 해야 하는지 설명하고 이해시키는 방법을 사용한다. 아이에게도 마찬가지다. 엄마가 왜 그것을 시키는지, 그것을 하면 아이에게 어떤 결과가 오는지 자세히 알려주고 그 내용을 이해하면 엄마가 원하는 행동을 할 것이라고 기대한다. 그렇지만 아이가 엄마의 설명을 이해한다고 해서 반드시 그 말대로 행동을 하는 것은 아니다. 충분히 설명하고 이해를 시켰다고 생각하는데 아이가 지시하는 행동을 하지 않으면 엄마는 더욱 화가 난다. 뻔히 알면서도 하지 않으니 몰라서 못하는 것보다 더 괘씸하다는 것이다.

그렇지만 우리가 어떤 내용을 이해하는 것과 그것을 실천에 옮기는 것은 별개의 일이다. 매일 끼니를 적게 먹으면 다이어트에 성공할 수 있다는 것을 모르는 사람은 없다. 영어나 외국어 공부를 열심히 하면 취직이나 아이들 교육에 도움이 된다는 것도 모두 아는 사실이다. 그렇지만 이렇게 명백하게 알고 있는 사실을 행동으로 옮기는 사람은 많지 않다. 심지어 아이에게 화를 자주 내면 아이의 자신감이 떨어진다는 사실을 알면서도 막상 화가 났을 때 이런 사실을 떠올리면서 참을 수 있는 경우는 많지 않다. 마찬가지로 아이가 엄마의 설명을 이해했다고 해서 그것을 행동으로 옮길 것이라고 기대하는 것은 옳지 않다. 아이가 잘못된 것이 아니라 엄마가 잘못 알고 있는 것이다. 사람의 행동은 다른 이치에 의해서 결정된다.

| 자연의 법칙, 자신을 이롭게 하는 쪽으로!

코넬 대학의 저명한 행동심리학자인 캐런 프라이어는 동물을 조련시키는 기술로 유명하다. 그의 책에는 직접 훈련시킨 재미있는 사례를 많이 소개하고 있는데, 그 내용을 보면 인간을 포함한 모든 생명체들이 어떤 원리에 따라 행동하는지 알 수 있다.

"언젠가 나는 커다란 소라게가 집게발로 줄을 잡아당겨 저녁식사 종을 치게 만든 적이 있다. 소라게가 아무렇게나 집게발을 휘젓다가 그 집게발이 줄에 닿았을 때 먹이를 주는 것이 훈련의 비결이었다. 집게발이 줄에 닿는 순간 나는 핀셋을 사용해 소라게의 입 부분에 새우조각을 넣어주었다. 하버드 대학교의 헌스타인 교수는 먹이를 보상으로 사용해서 가리비가 위아래 껍데기를 닫았다 열었다 하게 만든 적이 있다고 내게 자랑하기도 했다. 고래 같은 해양 포유류를 훈련시키는 조련사는 신체적으로나 정신적으로 특별한 문제가 없는 동물이라면 어떤 행동이라도 가르칠 수 있다고 자랑하는데 나는 그들의 이야기가 결코 빈말이 아니라고 생각한다."

이 글은 심지어 게나 가리비처럼 인간에 비하면 훨씬 단순하고 생각하는 능력이 없는 동물조차도 보상이 주어지는 방향으로 행동한다는 것을 분명하게 보여준다. 넓게 보면 이것은 동물들에만 해당하는 것은 아니다. 꽃나무가 심어진 화분을 실내에 두면 햇빛 들어오는 쪽을 향하여 가지를 뻗는 것을 볼 수 있고, 큰 나무의 뿌리는 물줄기가 있는 쪽으로 뻗어 나간다고 한다. 생명을 가진 모든 것들은 생명을 유지하고 활력을 주며 자신을 이롭게 하는 쪽을 지향하는 것이 자연의 법칙이다. 따라서 어떤 유기체를 움직이게 하기 위해서는 그 유기체에게 긍정적인 것을 제공해야 한다. 이것을 사람에게 적용해보면 어떤 사람이 어떤 행동을 하도록 하기 위해서는 그 사람이 원하는 것을 주는 것이 동기를 부여하는 것이라고 할 수 있다.

행동수정방식을 근거로 하는 훈육은 사람의 행동을 이해하는 기본원리를 제시함으로써 아이에게 영향을 미치고 자연스럽게 행동을 통제하도록 만들어준다는 장점이 있다. 간단한 원리로 시작해 한두 가지씩 일상생활에 적용해봄으로써 적용범위가 점점 넓어지고, 아이를 키우는 게 훨씬 수월하게 느껴질 수 있다. 또한 이 원리에 따라 아이를 키우다보면 기준이 아이에게 있기 때문에 일부러 노력하지 않더라도 아이의 욕구와 감정에 대해 세심하게 배려할 수 있다는 장점도 있다. 일부러 아이를 이해하려고 하고 무엇을 원하는지 확인하지 않아도 행동을 바꾸는 과정에서 엄마는 저절로 아이가 무엇을 좋아하고 싫어하는지, 어떻게 해야 아이가 자발적으로 움직이게 되는지 터득하게 된다.

행동수정에서는 아이의 문제행동이 잘못된 학습에서 비롯되었다고 보기 때문에 아이를 문제아로 낙인 찍는 일이 줄어든다. 문제행동의 전후를 살펴보고 어떻게 학습을 다시 시켜야 하는지 생각하게 함으로써 무조건 감정적으로 화를 내거나 낙담하게 하는 감정적 반응도 줄어들 수 있다. 또한 아이의 행동을 학습의 관점에서 보게 함으로써 부모를 자연스럽게 교육자로 만든다. 부모는 아이에게 일상생활 행동을 훈련시키는 좋은 교사가 될 수 있으며, 그저 행동이 어떻게 발생하고 유지되는지에 대해 정확하게 이해하기만 하면 된다. 아이의 문제행동은 어딘가 학습이 잘못 이루어졌기 때문이지 아이의 잘못은 아니다.

  예를 들어 학교에서 오자마자 가방을 집어던지고 놀러가는 아이는 공부가 싫다거나 게으른 아이, 놀기만 좋아하는 아이가 아니라 학교에서 집에 왔을 때의 상황과 놀러나간 후의 행동을 적절히 통제하지 못한 결과이다. 행동의 전후를 적절히 통제해주면 아이는 얼마든지 가방을 제자리에 놓고 집에서 할 일을 한 뒤 엄마의 허락을 받고 놀러갔다 올 수 있게 된다. 사실 행동수정의 원리란 새로운 것이 아니다. 사과가 땅으로 떨어질 때 중력의 법칙이 적용되듯 무엇을 배우거나 가르치는 모든 상황에는 행동수정의 원리가 작용한다.

> 행동수정의 원칙 1

매직 원 투 쓰리!

내가 일하는 병원의 정신과에 아동 파트가 생긴 것은 약 8~9년 전의 일이다. 아이들의 경우 어른들과 달리 심리적 문제를 보일 경우 약물치료만으로는 어렵고 다양한 치료접근이 이루어져야 한다는 이야기를 듣던 터라 아동에 대한 치료법을 배우기 위해 워크숍에 참석한 적이 있었다. 16주의 긴 일정으로 오고 가는 거리도 만만치 않았으나 바로 환자를 만나고 치료해야 하는 내 입장에서는 다른 대안이 없었다. 오고 가면서 몇 번이고 되돌아갈까 할 정도로 끔찍하게 막혔던 길과 피곤한 나를 더욱 지치게 했던 원서강독 외에 뭘 배웠는지 뚜렷하게 기억에 남는 것은 별로 없다는 것이었다. 그렇지만 그때 배워서 유용하게 활용했고 지금도 다른 사람들에게 자신 있게 가르쳐주는 것이 하나 있다.

당시 딸아이는 다섯 살이었는데 어느 정도 말이 통하고 알아듣기는 했지만 말만으로는 잘 안 되는 것들이 꽤 있었다. 예를 들어 아침저녁으로 이를 닦도록 하기 위해서는 이런 대화가 늘 오가곤 하였다.

"너 이 안 닦으면 엄마가 어떻게 된다고 그랬지?"

"벌레가 이빨 깨물어 먹어서 아야 해."

"그럼 어떻게 해야 하지?"

"치카치카 해야 해."

"그럼 얼른 가서 해."

"으앙, 치카치카 하기 싫단 말이야."

"아니, 다 아는 놈이 왜 이렇게 말을 안 들어?"

아기 때부터 자고 깰 때마다 동네가 떠나가라 울고, 그것으로도 부족해 자다 깨서 꼭 한두 번은 울어대곤 해 밤잠을 설치게 했던 큰아이는 기질이 까다로운 편이다. 평상시에도 고집이 세서 엄마인 나를 제외한 누구도 다루기 힘들어했고 아빠조차 쩔쩔매게 만드는 경우가 많았다. 그러다 보니 아이가 싫어하는 걸 시키기 위해서는 조용하게 넘어가는 경우가 별로 없고 한바탕 전쟁을 치러야 했다.

한번은 수업시간에 "매직 원 투 쓰리!"라는 내용을 배우게 되었다. 하나 둘 셋을 세면 마술처럼 말을 듣게 된다고 해서 붙여진 이름인데 반신반의하면서 다음과 같은 설명을 들었다.

"아이에게 무엇 무엇을 하라고 말하고 하나 둘 셋을 세는 겁니다. 물론 셋을 셀 때까지 시킨 것을 하지 않으면 어찌어찌 하겠다는 것을 미리 말해주어야 합니다. 그리고는 '자, 내가 셋을 셀 때까지 이것을 해라'라고 말하고, 하나 둘 셋을 세는 겁니다. 그리고 아이가 제대로 하면 그 자리에서 바로 칭찬을 해주고, 하지 않으면 미리 정한 대로 벌을 주거나 타임아웃을 하면 됩니다. 그게 무슨 효과가 있겠냐고 생각할 수도 있는데 일단 활용해보면 마술처럼 효과가 좋아서 '매직'이라는 말이 앞에 붙게 되었습니다. 이때 중요한 것은 일단 벌을 주겠다고 했으면 아이가 제대로 안 했을 때 반드시 벌을 주어야 한다는 것입니다. 벌을 주겠다고 하고 주지 않으면 이것은 아무 효과도 없게 됩니다."

지금처럼 행동수정 이론을 꿰고 있었다면 '저거는 조건화된 벌의 일종이구나'라고 알아차렸겠지만 당시에는 그야말로 현실로는 가능하지 않은 마술처럼만 느껴졌다. 그렇지만 워낙 용어가 인상적이고 방법이 단순해 어느새 머릿속에 담아두게 되었다.

그리고 그 주의 주말쯤이었던 것 같다. 아이가 또 씻는 일로 고집을 부리고 울고불고 해서 아이와 마주 보고 씩씩거리고 있는데 그 순간 강의시간에 들었던 '매직 원 투 쓰리'가 생각났다. 밑져야 본전이지 싶어 일단 사용해보기로 하였다.

"그만 울어! 엄마가 셋 셀 때까지 계속 울면 네 방에서 못 나오게 할 거야!"

"엉 엉 엉, 싫어. 싫어."

"자, 센다. 하나 둘 셋! 방에 들어가 있어."

"싫어. 안 들어갈 거야!"

고집쟁이 딸이 한번에 말을 들을 리가 없었다. 일단 말을 꺼내면 꼭 그대로 시행하라는 말이 생각나 버둥거리는 아이를 번쩍 안아서 아이방에 데려다놓았다. 그리고는 "너 여기서 다 울고 나와. 다 울 때까지 나오면 안 돼! 다 울면 엄마한테 말해!"라면서 악을 쓰며 우는 아이를 방에 데려다놓고는 아이가 행여 놀랄까봐 방문을 열어놓고 그 앞에 지켜서 있었다. 과연 잘한 걸까, 효과가 있을까, 저렇게 악에 받쳐 떼쓰는 아이가 어떻게 달래지겠어, 그냥 몇 대 쥐어박을 걸 그랬나 하며 마음이 복잡해져 있는데 어느새 울음소리가 잦아들고 있었다. 안 보는 척 하고 슬그머니 방 안을 들여다보니 저쪽 구석에서 미움과 원망이 가득 찬 눈초리로 울던 녀석이 슬금슬금 벽을 따라 문쪽으로 오고 있었고, 시끄럽던 울음소리는 어느새 훌쩍임으로 변해 있었다.

그리고는 드디어 문 앞, 주먹으로 눈물을 두어 번 훔치더니 내 앞에 와서는 "엄마, 나 다 울었어! 나가도 돼?"라고 말하는 것이 아닌가? 세상에 이럴 수가, 그때는 정말로 마술을 보는 듯했다. 어떤 방법으로도 말을 안 듣던 아이가 하나 둘 셋과 번쩍 안아다놓은 것만으로 단 몇 분 만에 조용해진 것이다. 도대체 무슨 마술이 숨어 있길래 아이가 이런 변화를 보이는지 그때는 이해하지 못했지만 무조건 신기했고 이후로 하나 둘 셋은 내 단골메뉴가 되었다. 처음에 한두 번은 고집을 세우며 말을 듣지 않으려고 했지만 "엄마가 말한 것은 무조건 지켜야 아이가 말을 들습니다"라는 강의내용대로 그때마다 방에 데려다놓았더니 몇 번 지나지 않아 엄마에게 반항하기를 포기하고는 "알았어. 하면 되잖아"라며 슬그머니 일어나 할 일을 하곤 하였다.

딸아이가 청소년이 다 된 지금도 나는 가끔 딸아이에게 하나 둘 셋을 외친다. 그런 엄마가 한편으로는 우습다고 생각되는지 빙긋 웃으면서도 거역하지 않고 시키는 일을 하는 아이를 보면 여전히 하나 둘 셋은 마술로 남아 있다. 요즘 우리 집에서는 내가 딸아이에게 외치는 하나 둘 셋 외에 다른 목소리가 자주 들린다.

"너, 하나 둘 셋 할 동안 누나 책 안 내놓으면 사탕 안 줄 거야!"

"이~잉! 알았어. 주면 되잖아."

행동수정의 원칙 2

아이는 행동에 따른 즉각적인 결과에 따라 움직인다

아이의 행동을 다스리기 위해서는 여러 가지 방법을 동원하게 된다. 달래도 보고 상을 준다고 약속도 하다가 그것도 안 되면 윽박지르고 결국에는 목소리가 커지고 급기야 매를 들게 되는 불상사도 생기게 된다. 이런 과정에서 부모들은 나름대로 아이에게 효과적인 방식을 다양하게 써 보며 최선을 다했다고 생각한다. 그렇지만 부모의 행동을 의도와는 다르게 받아들이는 경우가 상당히 많다. 엄마로서는 상을 준다고 준 것인데 엉뚱하게 전달되어 별 효력을 발휘하지 못하거나 벌을 주려고 한 것인데 결과적으로 아이가 원하는 것을 얻는 경우는 생활 도처에서 찾아볼 수 있다. 몇 가지 예를 보면 엄마가 아이의 행동을 이해하는 폭이 훨씬 더 넓어질 수 있다.

수민이 엄마는 오랜만에 만난 친구와 함께 패밀리 레스토랑에서 식사 중이다. 다섯 살 수민이는 엄마 옆에 앉아 포크도 한 번 만지고, 양념통도 한 번씩 들었다가 놓으면서 새로운 상황을 탐색하지만 이내 지루해진다. 심심해진 수민이는 포크와 나이프를 테이블 밑에 떨어뜨리고, 물컵을 엎질렀으며, 휴지를 모두 다 물에 적셔 여기저기 뜯어놓았다. 엄마는 말린다고 말리지만 수민이는 도대체 말을 듣지 않는다.

> **행동** : 말썽을 부린다.
> **즉각적인 결과** : 이야기에 열중하던 엄마가 수민이를 돌아보며 관심을 준다.
> **장기적 결과** : 수민이는 심심하고 엄마의 관심이 필요할 때마다 말썽을 부린다.

학교에서 돌아온 현수는 지쳐보였다. 날씨가 더워진데다가 3학년 들어 수업시간이 늘어나니 힘든 모양이다. 그 모습을 본 현수 엄마는 아이가 측은해 하루만 학원에 가지 않게 해달라는 현수의 말을 들어주었다. 이후로 현수는 자주 기운 없고 맥 빠진 모습을 보였고, 그럴 때마다 학원이나 공부방을 자주 빠지게 되었다. 걱정이 된 엄마는 큰 병원에 데리고 가 이런저런 검사를 받아보게 했으나 별 문제는 없다는 말만 들었다.

> **행동** : 기운 없고 아파 보이는 모습으로 귀가한다.
> **즉각적인 결과** : 엄마는 걱정하고, 학원이나 공부방을 쉬도록 해준다.
> **장기적 결과** : 공부하기 힘들고, 학원가기 싫을 때마다 아픈 것 같은 모습을 보인다.

아이 둘 학교 보내랴, 출근준비 하랴 아침마다 전쟁을 치르는 철호 엄마는 그 바쁜 시간에 양말을 찾아 달라는 남편 때문에 짜증이 날 때가 한두 번이 아니다. 서랍에 넣어뒀다고 해도 없다는 소리만 할 뿐 결국은 철호 엄마 손을 거쳐야만 양말을 찾는다. 혼자 찾아보라고 시간을 끌어보기도 하고, 도와달라고 하소연도 해보았지만 결혼생활 7년, 아침에 철호 아빠가 스스로 양말을 찾아 신고 간 적은 열 손가락 이내이다.

> **행동** : 양말을 찾아 달라고 아내를 부른다.
> **즉각적인 결과** : 잔소리를 하면서 달려와 서랍에서 양말을 찾아준다.
> **장기적 결과** : 집 안에서 뭔가를 찾을 때마다 스스로 찾지 않고 아내를 부른다.

이런 일이 닥칠 때마다 사람들은 왜 다른 사람이 내 마음처럼 움직여주지 않는지 하는 의구심을 갖는다. 잘해주려고 하면 그 마음을 알아서라도 잘해야 하는데 왜 그러지 못할까 이런 생각을 하다보면 내 마음을 몰라주는 것 같아 화가 나기도 하고, 좋게 대해 주려는 마음을 이용당하는 것 같은 생각까지 들기도 한다. 그러다 보면 더 감정적으로 반응하게 되고 이런 행동에 대해 상대방도 감정적인 반응을 보여 문제해결은 더 어려워진다.

잠깐 마음을 가라앉히고 왜 그런 행동이 나오게 되었는지 생각해보자. 수민이 엄마가 수민이에게 바라는 것은 엄마를 방해하지 않고 자리에 앉아 얌전히 있어주는 것이다. 그렇지만 다섯 살짜리가 엄마의 관심도 받지 못하고, 놀 거리도 없는 상태에서 가만히 앉아 있을 수 있는 시간은 얼마나 될까. 어른이라 하더라도 몇 분 이상을 넘기기는 어렵다. 심심한 수민이가 주변의 물건을 만지고 헝클어뜨릴 때마다 엄마가 관심을 주거나 자신을 달래기 위해 맛있는 것을 준다면 아이는 좋은 것을 얻기 위해 당연히 이런 행동을 반복할 것이다. 그것은 아이가 영악해서도 아니고 엄마를 힘들게 하려고 해서도 아니며 다만 좋은 자극을 추구하는 행동을 반복하는 생명체의 기본적인 성향 때문이다.

그렇다면 열심히 공부하는 것은 결국 아이에게 좋은 결과를 가져다주는 것인데 왜 공부는 자발적으로 하지 않는 것일까? 혼이 나면서도 게임에 몰두하는 아이들을 볼 때 저 노력으로 공부를 한다면 하는 생각을 하는 부모들이 많을 것이다. 책상 앞에 앉혀놓으면 10분도 채 되지 않아 딴 짓을 하거나 부르지도 않았는데 방을 나와서 엄마 일을 방해하기도 한다. 반면 컴퓨터 게임을 할 때는 밥도 안 먹고 잠도 안 자고 게임만 하려고 한다. 공부가 컴퓨터 게임보다 훨씬 좋은 것인데 그렇게 좋은 결과를 가져다주는 공부는 왜 하지 않는 것일까.

이것은 아이의 입장에서 생각하면 쉽게 이해할 수 있다. 책상 앞에 앉아 엄마가 시키는 대로 학습지를 세 장 풀었다면 그 다음 아이에게는 어떤 일이 생길까? 기껏해야 엄마 잔소리를 더 듣지 않는다는 외에 다른 것은 없다. 반면 게임을 했을 때는 몇 분, 아니 몇 초마다 점수가 올라가고 캐릭터가 변하고 선물이 쌓인다. 단순한 동작만으로도 즉각적으로 화면이 바뀌고 새로운 화면이 펼쳐진다. 게다가 게임을 한다는 것은 공부처럼 힘들게 집중하고 머리를 써야 하는 일도 아니고 그렇다고 운동처럼 땀을 흘리며 몸을 움직이지 않아도 되는 일이다.

아이의 입장에서 게임이란 최소한의 노력으로 즉각적인 보상이 주어지는 것이고, 반대로 공부라는 것은 힘들게 노력해야 하면서도 즉각적으로는 별다른 보상이 주어지지 않는 것이다. 어른의 입장에서는 좋은 대학에 가고 좋은 직장을 얻는 것이 중요하지만 아직 세상을 경험하지 않은 어린아이에게 좋은 대학이나 좋은 직장은 매력적인 존재가 되지 못한다. 그렇다면 자유로운 선택권을 주었을 때 공부를 하지 않고 게임을 하는 것은 당연한 결과라고 할 수 있다.

이런 원리를 이해하지 못한다면 아이를 다루는 게 상당히 힘들어진다. 학습을 시키거나 규칙에 따르도록 하는 것은 본성과는 반대되는 행동이기 때문에 노력을 많이 들여야 하고 강압적으로 해야 하는 경우가 대부분이다. 이 과정에서 부모가 아이의 행동을 효과적으로 다루지 못하고, 거기다가 관계까지 상하게 되면 어느 순간 아무리 매를 들고 강요해도 안 되는 결과가 발생할 수 있다. 청소년기에 부모와 자녀 간에 갈등이 깊어지고, 비순응적인 행동을 보이는 이유 중 상당부분이 이런 데 이유가 있다.

행동수정의 원칙 3

행동을 변화시키려면
아이가 원하는 것을 결과로 준다

대부분의 아이들은 부모가 관심을 보여주고 칭찬해주면 기분이 좋아지면서 좀 더 잘하고 싶은 마음이 든다. 또 맛있는 음식이나 엄마와 함께 하는 외출, 장난감도 아이들이 좋아하는 상이다. 그렇지만 대부분의 아이들이 좋아하는 것이라고 해서 그것이 누구에게나 효과적인 것은 아니다. 어떤 상을 주어야 할까에 대한 이야기를 하면 늘 떠오르는 아이가 있다.

혜미는 꼼꼼하고 완벽주의적인 면이 강한 엄마 때문에 엄마가 옆에 있기만 해도 숨이 막힌다는 아이였다. 책 한 권을 읽더라도 엄마가 정해놓은 목록 내에서만 읽을 수 있고 컴퓨터를 켜도 엄마가 안 된다고 하는 사이트에는 접속하지 못하게끔 차단이 되어 있었다. 공부를 시킬 때도 엄마는 학원이 미덥지 못하다며 직접 고른 참고서와 문제집을 가지고 계획에 따라 진도를 나갔는데 이런 혜미에게 유일한 놀이는 구석방에서 인형놀이를 하는 것이었다. 어렸을 때부터 갖고 놀던 손때 묻은 인형을 품에 안고 이 옷 저 옷 입히다보면 마음이 편해지곤 한다는 것이었다. 학년이 올라가면서 혜미는 점차 엄마를 멀리했고 말도 하지 않고 밥도 함께 먹지 않으려 했다. 이런 아이의 모습에 놀란 엄마는 부모교육에 참석하였다.

혜미와의 거리를 좁히려고 애썼지만 오랫동안 쌓인 혜미의 불만은 쉽게 없어지지 않았고 무엇보다도 문제가 된 것은 혜미의 마음을 풀어주기 위해 기분 좋게 해주려고 해도 혜미는 엄마가 주는 것이면 무엇이든 거절했다. 놀이를 함께하자고 해도 싫다고 하였고 칭찬도 자신을 조종하려는 시도로 받아들였다. 혜미 엄마는 혜미에게 원하는 것이 무엇인지 여러 번 물어본 끝에 자기가 인형을 갖고 노는 동안만은 방에 들어오지도 말고 부르지도 말아 달라는 이야기를 들었다. 이 말을 들은 혜미 엄마는 한편으로는 마음이 상하고 그게 무슨 상이 될까 싶었지만 아이가 원한다고 하니 그 날 할 학습지를 다 마치면 두 시간 동안 구석방에서 인형놀이를 하는 혜미를 방해하지 않기로 하였다. 그 결과 혜미는 그토록 하기 싫어하던 학습지를 학교 갔다 오자마자 해냈고, 두 시간 동안 방해받지 않고 논 후에는 전에 비해 한층 밝아진 표정으로 엄마를 대했다.

강화라는 것은 어떤 행동 직후에 주어졌을 때 그 행동이 나타날 가능성을 증가시켜주는 무언가이다. 보상이라는 말이 강화와 비슷하게 사용되지만 행동수정에서 말하는 강화의 중요한 특징은 이것이 주어졌을 때

행동이 증가해야 한다는 것이다. 주는 사람 입장에서 아무리 좋은 것을 주어도 받는 쪽에서 행동이 변하지 않는다면 그것은 강화가 될 수 없다. 이런 원리를 이해하지 못하면 기껏 공부 잘하라고 사준 컴퓨터로 아이는 게임만 하게 되고 용돈을 올려줘봤자 씀씀이만 커질 뿐이다.

무엇이 강화인지 알기 위해서는 그것을 주었을 때 내가 원하는 바로 그 행동이 증가하는지 관찰해보아야 한다. 아이가 그것을 얻기 위해 기꺼이 행동을 변화시킨다면 그것이 바로 그 아이에게 효과적인 보상이다. 벌도 마찬가지이다. 혼내고 매를 들어도 말을 듣지 않는 것은 엄마가 벌이라고 아이에게 준 것이 아이에게는 벌로 받아들여지지 않기 때문이다.

IMF로 한참 나라가 어수선하던 무렵 어떤 초등학교 양호선생님이 개인적으로 도움을 청해온 적이 있다. 1학년짜리 꼬마 하나가 수업시간에 수업을 하다 말고 교문 밖으로 뛰쳐나가 위험한 대로로 내달곤 해서 여간 골치가 아니라고 하였다. 그 아이가 뛰기 시작하면 아이 담임선생님은 물론 옆 반 선생님, 어떤 때는 교장, 교감 선생님까지 아이를 잡으러 뛰어나가는 진풍경이 하루에도 몇 번씩 벌어진다고 하였다. 아무리 혼을 내고 타일러도 그 행동이 없어지지 않아 고민 끝에 나에게 연락을 취해온 것이다. 아이에 대해 자세히 알아보니 IMF때 가정형편이 어려워져 어머니는 집을 나가고 혼자 남은 아버지는 술로 날을 새우며 아이를 학대한다고 하였다. 이야기를 들어보니 그 아이는 더 이상 관심을 주는 사람들이 없어지자 그런 행동을 통해 관심을 구하는 것 같았고, 선생님은 혼을 낸다고 해도 관심과 애정에 목마른 아이에게는 또 다른 형태의 관심일 뿐 그 행동을 중단하게 하는 벌은 되지 못했다. 그 아이의 선생님에게는 뛰쳐나가는 행동에 대해 혼내는 대신 뛰쳐나가지 않을 경우 쉬는 시간에 칭찬해주고 수업이 끝난 후에 잠시라도 함께 놀아주며 관심을 표현하는 방법으로 문제를 해결할 수 있었다.

> » 아이에게는 어떤 상이 좋을까요?
>
> 아이들에게 줄 만한 강화물로는 다음과 같은 것들이 있다. 아이의 특징이나 부모와의 관계, 부모의 여건에 따라 적절한 것을 골라서 주면 된다. 단, 어떤 상을 어떤 경우에 줄지는 미리 규칙을 세워놓아야 한다.
>
> **1. 먹고 마시는 것** : 아이가 좋아하는 음식이나 과자, 달콤한 것과 같은 음식과 음료수가 포함된다.
>
> **2. 아이가 좋아하는 활동** : 엄마(아빠)와 함께 운동하기, 요리하는 것 돕기, 영화 보기, 텔레비전 보기 등이 있다.
>
> **3. 갖고 싶은 물건** : 장난감이나 학용품, 액세서리 등 평상시에 갖고 싶어 했던 물건을 강화로 사용할 수 있다.
>
> **4. 칭찬과 인정을 표현하는 말과 행동** : '잘했구나, 대단하다'와 같은 말이나 안아주기, 뽀뽀하기 등 부모의 마음을 전할 수 있는 말과 행동은 가장 효과적인 강화물이다.

행동수정의 원칙 4

칭찬과 보상의 함정

아이의 행동을 변화시키려면 뭔가 아이가 좋아하는 것을 결과로 주라고 하면 늘 따라오는 질문이 있다. 아이가 뭔가 할 때마다 상을 요구하게 되면 어떻게 하느냐는 것이다. 실제로 그런 일이 일어나기도 한다. 재민이도 그런 경우였다. 재민이는 2학년으로 초등학교에 입학하면서 숙제를 제대로 하지 않는 것은 물론 학교가 끝나면 바로 집에 오지 않고 근처 문방구에서 게임기 앞에 앉아 있다 오기가 일쑤였다. 보다 못한 재민이 엄마는 상을 줘보라는 주변사람들의 말대로 아이에게 상을 걸고 하나하나 시키기 시작했다.

"오늘 학교에서 바로 오면 지난번에 사달라고 했던 딱지 사줄게."

"이번에 받아쓰기 시험 90점 이상 받으면 아빠한테 얘기해서 합체로봇 사러가자."

처음에 재민이는 상을 받는 재미에 그 동안 보려고도 하지 않던 교과서를 들여다보기도 하고 엄마에게 받아쓰기 시험에 나올 문제를 불러 달라며 책을 들고 오기도 했다. 그렇지만 그것도 잠깐 재민이는 금방 공부에 흥미를 잃었고 사소한 것 하나를 시키려고 해도 "이거 하면 뭐 줄 건데?" "엄마는 아무것도 안 사줄 거면서 왜 자꾸만 하라고 해"라며 오히려 짜증이 늘고 말을 듣지 않게 되었다. 뜻하지 않은 결과에 당황한 재민이 엄마는 더 비싼 선물을 주어보기도 하지만 어떤 방법으로도 재민이를 다루기는 쉽지 않았다.

강화와 보상을 사용해 아이들의 행동을 바꾸고자 할 때 선뜻 '그거 참 좋은 방법이네'라고 생각하는 부모는 많지 않은 것 같다. 그 중에 가장 마음에 걸리는 것은 보상을 준다는 것이 아이에게 뇌물을 쓰는 것처럼 느껴져서 기분이 좋지 않고 또 그러다 보면 아이가 시키는 것을 할 때마다 뭔가를 달라고 하면 어쩌나 하는 점이다. 또 한편 생각해보면 어차피 엄마가 아이에게 시키는 일은 아이가 당연히 해야 할 일인데 왜 상까지 줘야 하는지 반발심이 든다는 이야기도 들었다.

물론 아이가 자신의 일을 스스로 해야 할 일로 받아들여 강요 없이 자발적으로 한다면 더 바랄 게 없다. 그런데 문제는 대부분의 아이들이 엄마가 지칠 때까지 이런 일들로 씨름을 하게 만들고 자발적으로 자기 일을 잘 못해낸다는 데 있다. 아이가 충분히 할 수 있는데도 자발적으로는 그 행동을 하지 않을 경우 보상은 상당히 효과를 발휘할 수 있다.

옷 제자리에 걸기, 보고 난 책 제자리에 꽂기, 밥 먹은 그릇 설거지통에 넣기 등은 초등학교에 들어가지 않은 아이도 할 수 있는 행동이다. 그렇지만 보상을 주기 시작하면 늘 보상을 바라고 행동을 할까봐 걱정이 되고 앞의 사례처럼 그런 일이 생길 수도 있다. 이런 문제는 엄마가 보상을 활용하는 방법을 잘 이해하고, 규칙을 따르면 크게 문제가 되지 않는다. 규칙을 이해하기 위해서는 엄마 자신이 어떤 방식으로 보상을 받는 게 효과적인지 생각해보아야 한다.

예를 들어 어떤 회사에 들어가 일을 하는데 그곳은 기본급여보다 성과급이 훨씬 많다고 가정해보자. 그런데 어떤 일을 할 때마다 보상이 다르고 기준이 분명치 않아 사소한 일을 했는데도 예상치 못한 큰 보상이 주어지기도 하고, 어떤 때는 힘들고 어려운 일을 마쳤는데도 별 보상을 받지 못한다면 어떤 생각이 들까? 사소한 일을 하고도 큰 보상을 받은 적이 있다면 힘든 일을 했을 때는 훨씬 더 큰 보상을 바라게 될 것이다. 이때 원하는 만큼 보상이 주어지지 않으면 당연히 기분이 상하고 불만이 쌓여 일을 열심히 하려는 동기가 떨어질 것이다.

또한 보상을 주는 사람의 기분이나 그때그때의 상황에 따라 보상이 달라진다면 보상을 받는 사람 입장에서는 일을 열심히 하려기보다는 고용주의 기분을 맞춰주려 한다거나 뭔가 보상의 크기에 영향을 미치는 다른 요인들에 더 마음을 쓰게 될 것이다. 행동을 효과적으로 통제하려는 보상이 뇌물로 둔갑하는 것은 주로 위와 같은 경우이다. 엄마가 아이가 들여야 하는 노력과는 무관하게 일방적으로 보상을 정하거나 기분에 따라 그때그때 기준 없이 보상을 줄 경우 보상은 아이의 행동을 효과적으로 통제하는 방법이 아니라 아이로 하여금 상을 받을 수 있는 기준을 알지 못해 혼란스럽게 만들고 스트레스를 주게 된다.

또 아이가 하기 어려운 행동을 정해놓고 여기에 맞추라거나 주기로 했던 상을 일방적으로 취소하는 것, 다른 행동을 제대로 못했다고 주었던 상을 뺏는 것 등 상을 통한 행동수정을 망가뜨리는 위험요인들은 상당히 많다. 엄마가 규칙과 일관성, 행동통제에 대한 이해가 부족하면 여러 가지 부작용이 생길 수 있으며, 아이가 보상을 뇌물로 여기는 것도 그 부작용 중의 하나라고 할 수 있다.

강화의 계획에 따라 행동이 좋아지지 않는 것은 아이의 문제도 아니고 행동수정 원칙의 문제도 아니다. 이를 활용하는 사람이 익숙하지 못하고 실수를 범한 결과인 경우가 대부분이다. 따라서 아이가 기대한 대로 행동이 좋아지지 않고 예상치 못한 반응을 보인다면 꼼꼼하게 전후를 살펴보고 잘못된 부분을 고쳐 나가야만 문제가 해결될 것이다.

행동수정의 원칙 5

아이를 변화시키려면 일관성 있는 결과를 주어야 한다

떼쓰는 행동은 행동수정을 통해서 쉽게 고칠 수 있는 행동이다. 배가 고프거나 몸이 불편해 우는 것이 아니라 원하는 것을 얻을 때마다 떼를 쓴다면 아이는 원하는 것을 얻으려면 떼를 써야 한다는 식으로 잘못 학습된 것이기 때문에 빨리 바로잡아주지 않으면 쉽게 좋아지지 않는다. 상혁이의 경우도 마찬가지였다. 이제 30개월인 상혁이는 하루하루 떼가 늘어 엄마가 여간 곤혹스러운 것이 아니었다. 더 어렸을 때는 떼를 부리면 얼른 새로운 장난감을 주거나 다른 관심으로 돌려주면 잘 놀고 다른 친구와 어울리기도 했는데 점차 막무가내로 떼를 쓰게 된 것이다. 상혁이 엄마는 상혁이가 떼를 쓰면 어떤 때는 받아주다가 지나치다 싶으면 큰소리로 혼을 내고 아주 심할 때는 엉덩이를 때리기도 하였다. 어떤 때는 도저히 화를 참을 수 없어 아이를 방에 던져놓고 문을 닫아버린 적도 있었다. 그러면 상혁이는 더 큰소리로 울면서 바로 문을 열고 나와 엄마

품에 안기곤 하였다. 상황이 그 정도 되면 아이에게 너무 심하게 했다는 자책 때문에 상혁이 엄마는 아이를 어쩌지 못하고 흐지부지 상황이 끝나는 경우가 대부분이었다. 그래서 그런지 상혁이의 떼는 전혀 줄어들지 않았고 이제는 길을 가다가도 조금만 마음에 안 드는 일이 있으면 드러누워 발버둥까지 치기도 해서 외출을 했다가도 화가 난 채 들어오는 일이 점점 늘어나게 되었다. 이런 일은 주변에서 흔히 볼 수 있는 상황이다. 나이가 어린 아이라면 사탕 사 달라, 과자 사 달라, 업어 달라 떼쓰고, 조금 크면 학원 안 간다, 핸드폰 사내라며 뻗대기도 한다.

떼쓰는 행동을 잘 다루기 위해서는 먼저 아이의 행동을 이해하는 게 필요하다. 우선은 아이가 어떤 상황에서 누구와 함께 있을 때 가장 떼를 많이 쓰는지 살펴보는 게 중요하다. 엄마와 있을 때만 떼를 쓴다거나 할머니에게만 떼를 쓴다면 그 사람이 자기욕구를 쉽게 들어준다는 것을 아이가 알고 있는 것이다. 즉 그 사람이 문제를 지속시키는 선행사건이 되는 것이다. 떼를 쓸 때 행동도 중요하다. 아이가 주위에 누가 있는지 살펴보면서 떼를 쓰고 엄마가 있을 때 더 크게 울고 몸부림을 친다면 그렇게 함으로써 주위의 관심을 살 수 있다고 믿고 있는 것이다.

이때 상혁이의 경우처럼 엄마가 어떤 경우에는 받아주다가 어떤 경우에는 혼을 내면 아이는 떼쓰는 행동을 통해 욕구충족이 될 수도 있고, 안 될 수도 있는 경험을 하게 된다. 따라서 자신의 떼쓰는 행동이 어떤 결과를 가져오는지 명확하게 알기 어렵다. 처음 떼쓰기 시작했을 때 엄마가 혼을 내면 아이는 '이건 뭔가 좋지 않은 일이구나. 이 행동을 그만해야 할까'라고 느끼다가도 엄마가 달래고 좋은 말로 하면 '아니야, 이렇게 하니까 엄마가 웃고 나를 달래주네. 조금 더 하면 내가 원하는 대로 해줄지도 몰라'라고 받아들이면서 하던 행동을 계속하게 되는 것이다.

이러다가 매를 맞거나 방에 혼자 떼어놓게 되면 아이입장에서는 '도대체 내가 왜 매를 맞는 거지?'라며 매와 자신의 행동을 연관시키지 못한다. 그 끝에 어쩌다 한 번이라도 원하는 것을 들어주면 '계속해서 울고 떼쓰니까 결국 원하는 걸 갖게 되는 구나'라고 학습하면서 같은 상황에서 같은 행동을 반복할 가능성이 높아지는 것이다. 즉 아이에게 너무한다 싶어 어쩌다 한 번씩 요구를 들어주면 아이는 '끝까지 떼쓰면 어쩌다 한 번쯤은 원하는 것을 얻게 되는 구나'라는 식으로 엉뚱한 결과를 학습하게 된다는 것이다.

상혁이 엄마는 화가 많이 나면 방에 데려다놓고 문을 닫았다가 아이가 바로 와서 안기면 상황이 흐지부지 끝난다고 하였는데, 이런 행동 역시 좋지 않은 행동을 강화하게 된다. 떼쓸 때 방에 데려다놓는 것은 좋건 나쁘건 간에 아이의 행동을 통제하기 위한 것인데 아이로서는 나와서 안기면 모든 게 끝나기 때문에 '엄마가 방에 데려다놓으면 나는 문 열고 나와서 엄마 품에 안기기만 하면 돼'라는 것을 배우게 되어 별다른 통제의 효과를 갖지 못한다. 아이의 행동을 효과적으로 다루기 위해서는 우선 아이의 행동 중 어떤 것을 허용하고 어떤 것은 허용하지 않을지 분명히 정해야 한다. 그리고 허용하지 않기로 한 행동은 항상 허용하지 말고 아이에게도 단호하게 "안 돼"를 반복해야 하는 것이다. 이렇게 해야만 아이는 규칙을 배우고 점차로 순응적이 될 수 있다.

아이들은 논리적으로 원인과 결과를 생각해서 행동하지는 않는다. 그렇기 때문에 왜 그런 행동을 하면 안 되는지 누누이 설명해도 쉽게 행동이 좋아지지 않는 것이다. 그렇지만 행동과 그 행동의 결과를 연결시킬 수는 있다. 이것은 동물에게도 가능한 것으로 원숭이나 돌고래가 재주를 배우는 것은 조련사가 원하는 행동과 먹이를 연결된 것으로 받아들일 수 있기 때문이다. 이런 행동은 생존에 상당히 중요하기 때문에 어떤 생명체도 자신에게 좋은 결과를 가져다주는 행동을 본능적으로 알아차린다. 당연한 이야기지만 어떤 행동이 좋은 결과를 가져오면 그 행동은 더 자주 나타난다. 따라서 엄마가 그만 하기를 원하는 행동 끝에 아이가 좋아하는 것을 주게 되면 그 행동은 줄어들지 않는다.

이런 원리를 이해하면 아무리 야단쳐도 왜 어떤 행동은 없어지지 않고 계속되는지 이해할 수 있다. 울고 나면 원하는 물건이나 관심을 받을 수 있고, 가방을 아무데나 던져놓으면 엄마가 치워주기 때문에 아무리 야단쳐도 이런 행동은 계속된다. 물론 엄마가 잔소리를 하고 화를 내지만 자기행동의 결과를 엄마가 혼내는 것으로 받아들일 것인지 원하는 관심으로 받아들일 것인지 하는 것은 전적으로 아이에게 달려 있다. 엄마의 잔소리가 더 싫은 아이는 시키는 대로 할 것이고 잔소리를 들어도 싫은 일을 안 하는 것이 더 좋은 아이들은 행동을 바꾸지 않을 것이다. 사실 엄마의 잔소리라는 것은 들을 때 좀 기분이 나쁜 것만 참으면 치명적인 결과를 주는 것은 아니다. 행동수정에서는 이것을 학습이라고 한다. 따라서 행동을 바꾸기 위해서는 그 행동에 대해 일관성 있게 같은 결과를 주는 것이 필요하다.

> 행동수정의 원칙 6

아이를 변화시키려면 구체적으로 목표행동을 정한다

아이를 키우는 데 있어서 자신감이 중심이 되어야 한다는 말은 이미 앞에서 한 바 있다. 모든 부모들은 자기 아이가 자신감 있는 사람이 되기를 바란다. 자칫 잘못된 결과를 불러올 수 있다고 생각하면서도 당당하고 기죽지 않게 키우기 위해 아이의 요구를 꺾지 않고 다 받아주거나 맞고 다니는 것보다는 때리는 게 낫다는 식으로 가르치기도 한다.

자신감이 있는 아이로 키우려면 우선 자신감이 있다는 것이 어떤 행동인지 생각해보아야 한다. 윤미 엄마는 최근에 남편의 사업이 어려워지면서 하루걸러 한 번씩 소리를 지르면서 부부싸움을 하게 되었고, 평소에도 스트레스 때문에 아이에게 화를 자주 냈다. 울다 잠든 아이를 보면 미안하고 다시는 그러지 말아야지 하면서도 쉽게 고쳐지지 않아 여간 속상한 게 아니었다. 어느 순간부터인가 윤미는 부모가 싸워도 그 옆에 와서 노래도 하고 말참견도 하며 아무렇지 않게 자기 할 일을 다 하는 모습을 보였다. 엄마 아빠 싸우면 안 무섭냐고 물었더니 무섭지 않다고 하면서도 큰소리로 혼내거나 심지어 누군가 소리 지르는 것만 봐도 눈치를 보면서 말을 못하는 모습도 보였다. 윤미에게 화는 내지만 그래도 아이 크는 것만 낙으로 삼고 사는 엄마는 아이가 자신감을 잃게 될까봐 어찌할 바를 모르겠다고 하였다.

 아이의 행동을 바꾸고자 할 때 가장 중요한 것 중 하나는 목표행동을 무엇으로 정하느냐 하는 것이다. 목표행동을 적절하게 정하지 않으면 어떤 방법으로도 아이의 행동을 바꾸기 어렵다. 많은 부모들이 아이가 잘 크기를 원한다고 하지만 실제로 어떤 행동이 어떻게 고쳐지기를 바라는지 물어보면 막연하고 모호한 대답을 하는 경우가 많다. 자신감은 물론이려니와 남을 잘 배려하는 아이가 되었으면, 리더십이 있었으면, 꼭 필요한 사람이 되었으면, 자신이 원하는 일을 할 수 있다면 좋겠다고 말하지만 어떻게 해야 아이를 이런 모습으로 키울 수 있는지에 대해서는 뚜렷한 생각이 없다. 그러다 보니 부모가 임의대로 방법이라고 생각되는 것에 매달리거나 아니면 바라는 것과는 달리 아무런 원칙도 없이 아이를 키운다.
 그러다가 아이가 엄마의 생각과는 다른 행동을 보이면 이런 식으로 생각이 진행된다. '큰소리만 나면 움찔하는데 우리가 너무 싸워서 그런가? 이러다 자신 없는 아이로 크면 어떡하지', '어째서 우리 애는 친구하고 놀 때마다 다른 아이와 싸우지? 양보 좀 하면 좋을 텐데. 저러다 학교가면 왕따 당하는 건 아닐까?' 이런 생각들로 머리가 복잡해진다. 그리고 기껏 생각해낸 문제해결 방법은 문제가 된다고 생각한 바로 그 행동을 못하도록 하는 것으로 결론이 난다. 효과가 없는데도 불구하고 "애가 왜 그렇게 자신감이 없니? 눈치 보지 말고 당당하게 말해"라거나 "그렇게 양보 안 하고 자기 하고 싶은 대로만 하는 아이하고 누가 놀아주겠니?"라는 말을 반복하는 이유도 이런 데서 비롯된다. 그러나 부모가 끊임없이 큰소리를 내고 다투면서 아이가 당당하게 자라기를 바랄 수는 없다. 또 다른 아이에게 양보를 안 하고 욕심 부리는 아이로 하여금 양보를 하게끔 하는 묘책은 어느 책에도 없다. 심지어 자신감이나 남에 대한 배려라는 것은 도대체 어떤 행동을 가지고 말해야 할지 애매하기 짝이 없다. 이러다 보면 처음의 결심은 어느새 흐지부지해지고 다른 사건이 일어날 때까지는 이전과 같은 날들이 반복된다.

　아이의 행동을 바꾸고 싶을 때 가장 먼저 해야 하는 것은 바꾸고자 하는 행동을 구체화시켜 보는 것이다. 구체적인 행동이 무엇인지 물을 때 나는 "눈으로 볼 수 있고, 다섯 살짜리도 알아들을 수 있게 설명한 행동"이라고 바꾸어 말하곤 한다. 우리가 다른 사람에 대해 설명할 때 흔히 쓰는 말 중에 성격이 좋다, 활발하다, 적극적이라는 말이 있다. 이 말을 할 때는 대화를 나누는 사람들이 서로 무슨 뜻인지 알고 있고, 내가 생각하는 방식대로 저 사람도 생각한다고 가정하며 대화를 한다. 그렇지만 막상 어떤 행동이 성격 좋은 행동이고 양보심이 많은 행동인지 말하도록 하면 사람마다 모두 다른 기준을 제시한다. 자신감만 예로 들더라도 어떤 사람은 여러 사람 앞에 나서서 자기의견을 큰소리로 말하는 것을 자신감의 표현으로 볼 수도 있지만, 또 사람에 따라서는 알고 있음을 드러내지 않는 겸손함과 자제력을 더욱 큰 자신감의 표현으로 보기도 한다. 양보심도 상대방이 먼저 요구하지 않았는데 자신의 것을 주는 것이 큰 양보와 희생의 표현일 수도 있지만 막상 이런 행동을 보이면 아이가 너무 여린 게 아닐까 걱정하는 경우가 더 많다.

그렇다면 엄마가 아이에게 자신감 있게 행동하라고 말하거나 양보하라고 했을 때 아이들은 어떤 식으로 이해할까? 대부분의 아이들은 목소리를 크게 해서 말하라거나 내 장난감을 모두 남에게 주어야 한다고 받아들인다. 이런 오해와 불필요한 지시가 반복되면 엉뚱한 결과가 초래된다. 양보심을 키워주다보니 아이가 자신의 욕구보다는 다른 사람의 욕구를 더 중요하게 받아들이면서 자신감이 떨어지기도 한다. 거꾸로 자신감 있게 키운다고 한 것인데 아이는 무조건 일등을 하라는 것으로 알아듣고 지는 것을 받아들이지 못하는 사람으로 커나갈 수도 있다.

자신감 있게 키우는 게 목표라면 우선 자신감 있는 아이의 행동은 어떤 행동인지 생각해보아야 한다. 여기서 자신감이란 겉으로 드러나는 행동이라기보다 내면의 특징이므로 자신감 자체를 설명하거나 가르쳐주기는 어렵다. 근본적으로 자신감을 키워주는 가장 큰 자양분은 부모가 아이를 인정하고 수용하는 태도이다. 따라서 평상시에 아이가 뭔가 새로운 것을 시도했을 때, 사소한 것이지만 스스로의 힘으로 해냈을 때 아낌없이 칭찬하는 것이 가장 좋은 방법이다.

또 한 가지는 아이가 자신감 있는 행동을 보였을 때 여기에 강화를 주는 방법을 생각해볼 수 있다. 자신감 있는 사람들의 특징은 어떤 일에 부딪혔을 때 그것을 해낼 수 있다고 생각하고, 어렵더라도 일단 해보려는 태도를 보인다. 또한 실패했을 때 이것을 가지고 스스로를 비하하거나 비난하지 않는다. 따라서 아이가 이런 시도나 행동을 보였을 때를 놓치지 말고 칭찬해주면 아이는 자기도 모르는 사이에 자신감 있는 태도를 보이게 된다. 매일 엄마가 찾아주는 옷을 스스로 찾아 입었을 때, 양말짝이 안 맞지만 끙끙거리며 혼자 신었을 때, 선생님이 도와준 것보다는 훨씬 못하지만 자기 힘으로 그림을 완성시켰을 때, 넘어졌는데 울지 않고 일어났을 때…… 엄마가 주의를 기울이기만 하면 일상생활에서 이런 예는 무수히 많다. 이런 때 엄마가 왜 네 마음대로 해서 일을 망치느냐, 제대로 하지도 못하면서 뭘 혼자 하려고 나서느냐고 하면 자신감의 싹은 여지없이 잘리게 된다. 옷을 색깔 맞춰 입거나 누군가 도와준 그림으로 상을 받는 것보다는 스스로 한 일에 대해 칭찬받는 것이 아이들의 자신감 형성에는 훨씬 큰 영향을 미친다.

> **목표행동 정하기 1**
>
> # 행동을 세분화시켜서
> # 목표행동을 정한다

초등학교 3학년인 영민이는 아침마다 등교준비 때문에 온집안을 시끄럽게 한다. 일어나는 것은 물론 씻기, 옷 입기, 밥 먹기 등 알아서 하는 것이 전혀 없고 틈만 나면 텔레비전 앞에서 움직이지 않아 일일이 할 일을 지시하고 혼을 내야만 억지로 움직인다. 영민이 엄마는 이것을 고쳐보려고 아침에 알아서 준비해 제시간에 나가면 영민이가 그토록 사고 싶던 게임기를 사주겠다고 하였다. 처음 며칠은 영민이도 엄마가 깨우면 한 번에 일어나려고 애쓰는 것 같았고, 게임기 이야기를 하면 씻기 위해 목욕탕에 달려가기도 했다. 그렇지만 엄마가 원하는 등교준비는 한 번도 된 적이 없고 그저 엄마의 잔소리 횟수가 조금 줄었을 뿐이었다. 그렇지만 이것조차 며칠 못가고 영민이는 원래대로 돌아갔는데, 그래도 몇 번은 스스로 씻고 옷도 입었다며 약속했던 게임기를 사달라고 했다. 엄마는 제대로 약속을 지키지 않고 요구만 하는 영민이가 괘씸해 더욱 화를 냈고, 영민이는 엄마가 약속을 지키지 않는다며 앞으로는 엄마 말을 듣지 않겠다고 하여 오히려 다루기가 더 어려워졌다.

아이가 일어나서 학교 갈 때까지의 시간을 전쟁이라고 표현하는 엄마들이 많다. 짧은 시간 안에 여러 가지를 해서 학교에 보내려는 엄마와 조금이라도 늑장을 부리려는 아이 사이에 사소한 실랑이가 많이 생기기 때문이다. 이 경우에 행동수정을 적용한다면 목표행동은 '스스로 준비해서 제시간에 학교에 가기'라고 할 수 있다. 얼핏 보기에 3학년이면 충분히 할 수 있는 행동으로 보이지만 아이가 현재 그 행동을 어느 정도 해내고 있는지를 우선 고려해야 한다. 어른 생각에는 간단한 행동이고 그 나이면 충분히 하겠다 싶어도 아이가 하지 못한다면 거기에서부터 시작해야 하는 것이 행동수정의 첫 번째 원칙이다.

그 다음 원칙은 목표행동은 가급적 단순하고 짧은 시간 안에 끝날 수 있어야 한다는 것이다. 훈련이 부족한 아이일수록 한 가지 혹은 두 가지 정도의 단순한 행동이 목표행동으로 바람직하다. 등교준비는 일어나는 것부터 시작된다. 두세 번은 불러야 일어나고 일어나도 이불 속에서 꼼지락대는 시간이 길고 바로 씻으러 가지 않는데서 시간이 지체된다. 세수하라고 하면 정말 세수만 하고 이는 닦지 않고 나오는 아이도 있다.

이런 행동들은 우선 작게 쪼개서 목표로 정해본다. 아이 스스로 씻기가 안 되면 씻기라는 행동을 '목욕탕에 가기-이 닦기-세수하기'로 쪼개서 각각을 하나의 목표행동으로 정한다. 그렇게 되면 지시는 '가서 씻고 나와라'가 아니라, '목욕탕에 들어가라' '이 닦고 세수해라'로 나누어볼 수 있다. 아이입장에서 볼 때 우선 목욕탕까지만 가라는 지시는 보다 분명하고 구체적이며 부담이 적고, 어떤 행동을 해야 하는지가 명백하기 때문에 엄마의 지시를 이해하려고 애쓸 필요가 없다. 크게 힘들다는 생각도 들지 않기 때문에 복잡한 행동에 비해 순응도가 훨씬 높다.

하지만 지시내용 안에 두세 가지 이상의 행동이 포함되어 있으면 아이가 기억하고 따라가기 힘들 수 있다. 예를 들어 어른에게 있어서 옷을 입는다는 행동은 한 가지 행동처럼 간단하게 느껴진다. 속옷이 더러우면 속옷부터 갈아입고, 어디를 갈 것인지 날씨는 어떤지를 고려해 적절한 옷을 선택해 옷장에서 꺼내 입고, 빨아야 할 옷은 세탁바구니에 넣으면 된다. 몇 십 년 동안 이런 행동을 반복해왔기 때문에 특별한 경우가 아니면 따로 신경을 쓸 필요가 없이 자연스럽게 이루어지는 행동이지만 혼자 옷을 입기 시작한 어린아이들에게는 상당히 복잡한 행동이 될 수도 있다. 옷을 입으라는 지시는 '속옷 갈아입기-바지입기-윗옷입기-양말신기' 등으로 나누어볼 수 있다. 일일이 지시하기 귀찮으면 옷 입는 순서도를 그려 냉장고에 붙여놓는 것도 좋은 방법이다.

몇 번을 이야기해도 목욕탕에 가다 말고 텔레비전을 보거나 잠에서 깬 동생 건드리고 전 날 치우지 않은 장난감 갖고 노는 행동을 보인다면 등교준비의 첫 번째 목표는 일어나자마자 목욕탕으로 가기로 정하면 된다. 가서 씻으라는 말 대신 목욕탕에 들어가라고 지시하고 바로 말을 듣지 않을 때는 엄마가 직접 손을 잡아 목욕탕까지 데려다줄 수도 있다. 다 큰 아이를 그렇게까지 해야만 하나 하는 생각을 할 수도 있지만 여러 번 소리치고 화내는 것보다는 시간도 빠르고 힘도 덜 들이게 된다. 게다가 행동수정에서는 목표한 행동을 제대로 할 경우 반드시 강화를 주도록 되어 있기 때문에 일주일 동안 일어나자마자 바로 목욕탕에 갈 경우 아이가 원하는 강화를 주면 대부분의 아이들은 달라진 모습을 보인다.

씻고 난 후 해야 할 것은 옷 입기다. 아이가 씻고 나올 때쯤 해서 거실 소파 위에 입을 옷을 순서대로 놓아주고 옷을 다 입은 후 엄마에게 검사를 받으면 바로 상을 주기로 한다. 이렇게 하면 옷 입는 시간이 줄어들고, 여러 번 말하지 않아도 된다. 스스로 옷을 찾아 입을 수 있어야겠다는 생각이 들면 전날 밤 자기 전에 입을 옷을 미리 챙겨놓도록 하고 이때 다시 강화를 주면 된다.

아이가 보이는 문제행동을 구체적으로 나누고 목표를 정하는 것이 처음에는 그리 쉽지 않다. 일단 목표를 정해서 아이와 해보고 잘 안 되면 좀 더 목표행동을 단순화해보고, 세분화해주면 대체로 문제가 해결되는 경우가 많다. 지시를 할 때도 이런 식으로 하면 훨씬 효과적이며, 아이가 크면 두세 개의 지시를 한꺼번에 묶어서 하면 된다. 다음을 참고하면 도움이 될 것이다.

> **목표행동을 단순화·세분화 하기**

1. **등교준비**
   - 시간표에 맞게 책과 공책 가방에 넣기
   - 필통에서 부러진 연필은 깎고, 지우개가 있는지 확인하기
   - 숙제한 것 확인해서 가방에 넣기
   - 준비물이 있는지 확인해서 집에 있는 것은 가져가고, 그렇지 않은 것은 문방구에서 사기

2. **공부하기**
   - 숙제가 있는지 확인하고 하기
   - 학원에서 내준 숙제하기
   - 학습지 하루치 분량 풀기
   - 그 날 배운 내용을 복습하기
   - 다음날 배울 내용을 예습하기

3. **정리정돈하기**
   - 놀던 장난감은 제자리에 두기
   - 책은 책꽂이에 꽂기
   - 연필은 연필꽂이나 필통에 넣기
   - 쓰레기가 떨어져 있으면 휴지통에 넣기
   - 불필요한 물건이 있으면 한쪽 구석으로 밀어놓거나 엄마에게 물어보고 치우기

> 목표행동 정하기 2
> # 무리한 목표는 부작용을 부른다

초등학교에 입학한 지 한 학기가 지났는데 유진이는 아직도 받아쓰기가 어렵기만 하다. 항상 공부를 한다고 하는데도 50점을 넘어서지 못하는 것이다. 유진이가 틀린 문제를 살펴보면 문장 하나를 쓰면서 한두 글자 정도를 틀려서 점수를 못 받은 경우가 태반이라 글쓰기가 안 되어서 틀렸다기보다 덤벙대면서 실수한 것이 많은 듯했다. 생각다 못한 유진이 엄마는 아빠와 의논하여 받아쓰기에서 100점을 받을 경우 그 동안 유진이가 그렇게 원하던 롤러블레이드를 사준다고 약속하였다. 아무리 졸라도 위험하다며 사주지 않던 롤러블레이드를 사준다고 하니 유진이는 자발적으로 엄마를 졸라 시험공부를 하였고 다음 시험에서 80점을 받았다. 그렇지만 엄마는 100점이 아니기 때문에 약속한 것을 사줄 수 없다고 하였고, 실망한 유진이는 이후부터 엄마 아빠가 하는 다른 말들도 믿지 못하는 모습을 보였다.

영주는 바이올린에 적성을 보이고 있어 엄마 아빠나 선생님에게 기대를 많이 받고 있다. 엄마가 피아노를 전공했기 때문에 엄마의 뒤를 이어줄 아이로 생각하며 영주 엄마는 아이의 학교생활뿐 아니라 레슨 스케줄도 모두 관리하며 많은 관심을 쏟았다. 그런데 6학년이 되면서 그 동안 힘겨운 스케줄을 별 불만 없이 소화해내던 영주가 친구들과 가깝게 사귀면서 어울리는 시간이 많아졌고, 간혹 레슨시간을 맞추지 못해 혼나는 일도 생기게 되었다. 순종적이던 아이가 이런 모습을 보이니 영주 엄마는 아이를 심하게 혼내며 엄격하게 대했지만 영주의 행동은 쉽게 좋아지지 않았다. 어느 날 레슨시간을 한 시간 이상 늦은 아이에게 참다못한 엄마는 '앞으로 학교에서 돌아오면 아무데도 나가지 마라'며 화를 냈는데, 영주는 다른 때와 달리 울면서 '피아노를 그만 두겠다. 나도 이제 내 마음대로 살고 싶다'며 대드는 모습을 보였다.

만일 유진이 엄마가 유진이와 이전 시험에 비해 10점씩 올라갈 때마다 상을 주기로 약속하고, 100점을 맞았을 경우 깜짝 선물로 롤러블레이드를 사주었다면 어떤 결과가 발생했을까? 혹은 영주 엄마가 영주의 외출을 전적으로 차단하는 대신 주중에 열심히 레슨을 받으면 주말에 친구들과 함께 시간을 보낼 수 있도록 영주와 함께 규칙을 만들었다면 영주가 피아노를 그만두겠다는 극단적인 말을 했을까?

어떤 행동을 변화시키고자 할 때 요구하는 변화의 정도는 현재 하고 있는 수준에서 한 단계 정도만 올리는 것이 무난하다. 만일 아이가 잘 하고 있는 것 같아 욕심을 내거나 실제로 아이가 어느 정도 할 수 있는지를 파악하지 못한 채 무리한 목표를 세우면 예기치 못한 부작용이 생기게 된다. 만일 한 단계를 높여 목표를 정했는데도 아이가 잘 따라온다면 그 다음 단계로 목표를 올려도 되지만 이때 중요한 점은 새로운 목표를 달성했을 때 반드시 강화를 주어야 한다는 점이다. 유진이의 경우 엄마가 10점이나 20점이 올랐을 때 칭찬을 해주면서 사소한 상이라도 주었다면 최악의 사태까지는 가지 않았을 것이다. 왜냐하면 자신이 노력을 해서 점수가 오르면 칭찬이나 강화를 받을 수 있다는 것을 계속해서 확인했기 때문에 좀 어렵긴 하지만 최선을 다해볼 동기가 생길 수 있기 때문이다.

실수를 최소화하기 위해서는 목표행동을 한 단계씩 조심스럽게 올려보고 지속적으로 강화를 주고, 아이도 열심히 해보려고 하는데 잘 안된다면 그 수준에서 멈추거나 약간 낮추는 식으로 조정을 하는 것이 바람직하다. 이런 식으로 한다면 아이는 최대한 잠재력을 발휘할 수 있게 되고 노력에 대해 좋은 결과를 받아왔기 때문에 다른 상황에서도 어려움이 생겼을 경우 자발적으로 노력을 해보려는 시도를 하게 된다. 유진이나 영주 모두 50점에서 단숨에 100점으로, 하루에 한두 시간씩 친구들과 시간 보내던 것을 완전히 차단하는 식으로 무리한 목표를 세웠기 때문에 엄마에게 대들거나 불평하는 행동을 보였다. 이때 '다시 시작하면 되겠지' '좀 달래주면 다시 하겠지'라고 생각할 수 있으나 그리 쉽게 상황이 바뀌지는 않는다. 이런 일이 생기기 전에 아이들은 '내가 열심히 하면 좋은 상을 받겠지'라는 생각이 있기 때문에 열심히 하려는 모습을 보이지만 이미 지나치게 높은 목표 때문에 좌절을 겪은 아이는 '내가 아무리 열심히 해도 소용없어' 혹은 '나는 이런 걸 잘 못하는 아이야'라는 식의 부정적인 신념이 생겨버리기 때문에 행동수정을 시작하기 이전과는 상황이 현저하게 달라진다. 따라서 한번 이렇게 부정적인 생각이 생기거나 나쁜 습관이 생기면 이것을 없애기 위해서는 전에 비해 몇 배의 노력이 필요하다.

행동수정을 하려고 할 때 가장 어려운 아이는 '엄마, 또 나한테 뭘 시키려고 하는 거지?'라는 식의 회의적인 반응을 보이며 상을 받게 된다는 것을 믿지 못하는 아이들이다. 아이가 이런 생각을 갖게 된 것은 분명 이전의 경험 때문이며 이런 일이 반복될수록 아이의 마음을 돌이키기 힘들어진다. 급한 마음에 무리한 요구를 하다가 지금껏 해온 행동마저도 허물어뜨리는 것보다 좀 답답해도 한 걸음씩 나가는 것이 목표에 더 빨리 도달하는 방법이다.

목표행동 정하기 3

좋은 행동을 증가시키는 방향으로 목표를 정한다

목표행동을 결정할 때 얼핏 보면 사소해 보이지만 중요한 문제가 변화의 방향성 문제이다. 아이들과 많은 시간을 함께해보면 가장 힘들게 느껴지는 것이 지시에 따르지 않고 하지 말라는 행동을 할 때이다. 그러다 보니 부모의 관심은 대부분 아이들의 부정적 행동에 초점이 맞추어진다.

정민이는 유치원이 너무 재미없고 선생님이 싫고 자기가 싫어하는 것만 하라고 한다면서 가기를 싫어한다. 그 나이 아이들은 유치원에 갔다 오면 재미있다고 하는데 그렇지 않을뿐더러 고집이 세서 항상 정해진 컵으로만 물을 마시려고 하고 또 음식을 먹을 때도 원래 모양에서 조금이라도 흠집이 있으면 먹지 않으려고 한다. 친구와 놀다가 팽이시합을 했는데 자기가 지게 되자 그걸 받아들이지 못하고 친구만 계속 이겼다면서 친구를 발로 차고 이제부터 안 놀겠다며 씩씩거리는 모습을 보여 엄마는 걱정이 많다. 또 놀이터에 나가서 놀다가 들어올 때는 항상 싫다고 울곤 하여 요즘은 아예 놀이터에 나가지도 않고 있다.

보습학원에서 학생들을 지도하는 김 선생님은 유난히 산만한 인철이 때문에 고민이 많다. 인철이는 어떤 말을 시작하기 전에 일종의 감탄사나 별 관련 없는 단어를 습관적으로 말하고 함께 이야기를 나누다보면 두서없이 떠오르는 대로 단어를 이야기하여 말하고자 하는 게 무엇인지 이해하기가 어렵다. 뿐만 아니라 준비물과 과제를 잘 챙기지 못해 수업에 지장이 생기는 경우도 많고 학과공부도 잘 따라오지 못한다. 숙제를 안 해오면 벌도 주고 다른 아이들 앞에서 창피도 주어봤지만 행동이 좋아지지 않았다. 어떤 때는 함께 이야기를 나누며 왜 그런 행동을 하느냐고 하면 깜빡 잊었다거나 자기도 모르게 그런 행동을 하게 된다는 대답만 반복되니까 선생님으로서는 대책을 세우기 어렵다.

대부분의 부모나 교사는 아이의 좋은 행동보다는 좋지 않은 행동에 관심을 많이 보이는 것이 보통이며, 아이가 문제행동을 보일 때 어떻게 해야 그 행동을 그만두게 할 수 있을까에 집중한다. 이런 식으로 생각하다보면 해결방법 역시 제재하고 강압적으로 통제하는 방법을 쓰게 마련이다.

이를테면 아이가 해야 할 숙제를 제대로 못한 것이 문제라면 엄마입장에서는 앞으로 이런 일이 되풀이되지 않도록 하기 위해 숙제를 안 했을 때 제재를 가하는 방법을 쓰게 된다. 야단치거나 체벌하는 것, 잔소리하기 등이 모두 부정적인 행동에 대해 주어지는 부정적인 결과라고 할 수 있다. 친구들과 자주 싸워 문제를 일으키는 아이라면 싸우고 왔을 때 훈계를 하거나 혼내는 방법이 있다. 준비물을 제대로 안 해오면 그때마다 벌을 세우거나 집으로 돌려보내는 경우도 있다고 들었다. 이처럼 변화시키고자 하는 행동목표로 부정적인 행동에 초점을 맞출 경우, 이를 해결하는 방법은 대부분 부정적인 행동을 제재하고 부정적인 행동 끝에 무언가 아이가 싫어하는 결과를 제시하는 것밖에는 없다. 하지만 이런 방법은 대부분 원하는 결과를 얻기 힘들고 교육적으로 좋지 않은 결과를 낳는다.

따라서 행동수정의 목표행동으로는 부정적인 행동의 감소보다 그 행동과 반대되는 긍정적인 행동을 증가시키는 것이 훨씬 더 효과적이다. 앞에서의 문제행동을 각도를 달리 해서 목표행동을 세워보자. 얼핏 보면 큰 차이가 없는 것처럼 보일 수 있으나 구체적으로 행동을 변화시키려는 시도를 할 때는 상당히 다른 결과를 가져올 수 있다.

버릇없이 행동하지 않는다는 것을 목표로 할 경우 버릇없는 행동에 대해 벌을 주지만 어른에게 인사하기나 공손하게 대답하기를 목표로 할 경우 이런 좋은 행동에 대해 강화를 주는 방식으로 행동을 통제하게 된다. 동생과 싸울 때마다 벌을 주었다면 데리고 사이좋게 놀거나 동생이 하지 못하는 일을 도와주는 행동에 대해 상을 준다.

긍정적인 행동을 목표행동으로 정할 때 좋은 점은 결과적으로는 같은 행동에 대한 통제이지만 벌보다는 칭찬과 보상을 통해 아이를 다루기 때문에 벌을 사용할 경우 흔히 생기는 여러 가지 부작용을 방지할 수 있다는 것이다. 또한 부모나 교사 역시 좋은 행동에 초점을 맞추다보면 이전에 아이에 대해 느끼던 분노나 실망감과 같은 감정이 줄어들면서 아이를 보다 따뜻하게 수용적으로 대할 수 있게 된다. 이런 일이 반복되면 아이는 점차로 자기 자신이 소중하고 가치 있는 사람이라는 느낌을 갖게 되면서 자신감 있고 긍정적인 성품으로 자라나게 된다.

> » 목표행동으로 긍정적인 행동을 증가시키기
>
> ◆ **유치원 갈 때 울거나 차를 타지 않으려는 행동을 하지 않는다.**
> ⇒ 유치원 차를 탈 때 웃으며 엄마에게 인사하고, 다녀오면 그 날 있었던 일중에 재미있었던 일 중에 한 가지를 이야기한다.
>
> ◆ **항상 파랑색 컵으로만 물을 마시려고 고집부리지 않는다.**
> ⇒ 좋아하는 컵이 보이지 않을 때 바로 다른 컵을 사용해서 물을 마신다.
>
> ◆ **말을 시작할 때 불필요한 감탄사를 말하지 않는다.**
> ⇒ 수업시간에는 수업에 집중하고, 질문이나 하고 싶은 말은 수업이 끝난 후에 한다.
>
> ◆ **동생과 싸우지 않는다.**
> ⇒ 동생을 도와주고 장난감을 사이좋게 가지고 논다.
>
> ◆ **버릇없이 행동하지 않는다.**
> ⇒ 어른들을 만나면 인사하고, 물어보면 공손하게 대답한다.

목표행동 정하기 4

아이가 흥미를 느낄 수 있는 대안행동을 정한다

식당이나 백화점에 가보면 떠들거나 돌아다니는 아이들 때문에 골머리를 앓는 엄마들을 꽤 볼 수 있다. 얌전히 엄마 손을 잡고 따라다니거나 그림같이 조용히 앉아 어른들의 대화를 방해하지 않는 아이를 기대하지만 결국은 소란과 아우성, 혼내는 소리, 울음소리로 모임을 끝내는 경우가 많다. 나 역시도 예외는 아니라 아이 키우는 친구와 약속을 할 때는 약속장소를 놀이공간이나 정원이 있는 곳으로 선택하거나 아예 집에서 만나기도 하였다.

얼마 전 가족과 함께 해외여행을 가는 길에 비행기에서 인상적인 외국인 가족을 보았다. 큰 아이는 초등학교 고학년, 둘째는 2, 3학년 정도, 막내는 여섯 살쯤 되어 보였는데, 엄마 혼자서 아이 셋을 데리고 여행을 나선 모양이었다. 남편과 함께 가면서도 아이 둘을 데리고 긴 비행시간을 어떻게 견디나 걱정하고 있던 터라 공항에서 그 가족을 처음 보았을 때 열 시간이 넘는 여행을 어떻게 할지 그 엄마에게 측은함마저 느꼈다. 그런데 아이들마다 등에 메고 있는 배낭에 시선이 갔고, 막내가 메고 있는 가방은 결국 엄마 차지가 될 텐데 괜히 짐만 늘린 게 아닐까 하는 생각도 들었다.

이 가족을 다시 보게 된 것은 비행기 안에서였다. 우연치 않게 그 가족은 우리 가족 옆에 앉게 되어 비행기를 타고 가는 내내 볼 수 있었다. 내 생각과는 달리 좌석에 앉자마자 아이들은 저마다 가방을 열고 놀잇감을 꺼냈다. 큰아이는 둘째와 카드놀이를 시작했고, 막내는 그림 그리고 색칠할 수 있는 노트를 꺼내더니 엄마와 함께 노는 것이었다. 비행시간 내내 아이들이 떼를 쓰거나 시끄럽게 하는 모습은 없었고, 엄마 또한 막내와 조금 놀아주다가 책을 보거나 하면서 평화롭게 여행을 즐기고 있었다.

이런 일이 있고 난 후 나는 식당 같은 곳에서 아이 때문에 힘들었다는 엄마들에게 아이와 외출하기 위해 어떤 준비를 했는지 물어보았다. 대부분 외출하기 전에 가서 '떠들지 마라, 돌아다니지 마라' 하는 말을 하는 게 전부였고 그 정도도 말하지 않는 경우가 더 많은 것 같았다. 물론 엄마가 말한다고 해서 아이의 행동이 크게 달라지지 않는다는 것도 여러 사람에게서 들을 수 있었다. 미리 아이를 고려해 식당을 정하는 경우도 있었지만 이런 경우가 늘 가능한 것은 아니었다. 결과적으로 아이와 엄마뿐 아니라 함께 동행한 사람까지 기분을 망치는 경우가 많았고 아이는 크게 혼나거나 울고 떼쓰면서 집에 끌려오는 경우도 적지 않았다는 이야기가 대부분이었다.

다음으로는 아이에게 '떠들지 말고 돌아다니지 말라'는 지시를 하면서 그 시간 동안 무엇을 하도록 했는지 물어보았다. 얌전히 앉아서 밥을 먹으라거나 다른 사람들이 많지 않을 경우 그냥 아이가 하도록 내버려두는 경우가 많았다. 만일 엄마가 아이가 좋아하는 장난감이나 책을 미리 준비하거나 전체시간을 가늠해 그 시간 동안 할 만한 일을 만들어주었다면 어땠을까? 우리는 대부분 아이가 하지 말아야 할 행동에 대해서는 상세하고 구체적으로 알려준다. 그렇지만 그 행동을 하지 않고 있는 동안에 무엇을 해야 할지에 대해서는 알려주지 않는 게 보통이다. 그냥 한 시간이고 두 시간이고 얌전히 있어주기만 바라는 경우도 적지 않다.

아이들은 어른보다 주의집중을 오래 유지하지 못하고, 행동 통제력이 약하기 때문에 시간이 조금만 길어져도 쉽게 지루해하고, 하고자 하는 것들을 잘 참지 못한다. 그래서 아이의 행동을 조절하기 위해서는 아이가 참을 수 있는 시간을 가늠해보고 지루해하거나 힘들지 않도록 좋아하는 활동을 대안행동으로 제시해주는 것이 반드시 필요하다.

식당에 갈 경우 아이가 좋아하는 장난감이나 게임도구, 책을 미리 챙겨가면 아무 대안 없이 무조건 타이르고 윽박질렀을 때보다 자리에 앉아 있는 시간이 조금 길어질 것이다. 게임을 많이 하는 아이의 경우도 무조건 게임을 하지 못하게 한다면 그 시간 동안의 지루함을 참기 힘들어 오래지 않아 다시 게임을 할 가능성이 높다. 이때는 아이가 좋아하는 운동을 할 수 있도록 계획을 세우거나 좋아하는 놀이를 함께해주는 식으로 대안행동이 주어져야 게임에 대한 통제가 효과적으로 이루어진다.

대안행동을 정할 경우 중요한 것은 원래 아이가 하고자 했던 행동만큼 아이가 흥미를 느껴야 한다는 것이다. 게임을 못하게 하면서 그 시간 동안 학습지를 풀라고 하거나 식당에서 떠들거나 돌아다니지 말고 그 시간 동안 어린 동생을 돌보라고 하면 아이가 부모의 지시대로 행동하기를 기대하기란 어렵다. 대안행동은 본래 통제하고자 하는 행동보다 긍정적이지만 아이입장에서는 비슷한 정도로 하고 싶은 행동이어야만 효과가 있다.

일상생활에서 자주 부딪히는 문제, 어떤 대안행동이 유용한지 생각해 보자.

> **일상생활에서 자주 부딪히는 문제의 대안행동**

◆ **학교에서 오는 길에 친구와 놀지 말고 바로 와라.**
⇒ 학교 끝나고 친구와 놀고 싶으면 집에 함께 와서 간식을 먹고 놀아라.

◆ **동생을 때리지 마라.**
⇒ 동생이 괴롭히면 말로 타이르거나 일단 엄마에게 알려라.

◆ **엄마가 전화하는 동안 방해하지 마라.**
⇒ 엄마가 전화할 때는 네가 좋아하는 간식을 먹거나 좋아하는 만화책을 봐라.

◆ **텔레비전을 너무 많이 보지 마라.**
⇒ 숙제를 끝내고 잠자기 전까지의 시간에는 엄마와 보드게임을 하고 놀자.

◆ **버릇없이 굴지 마라.**
⇒ 어른을 보면 인사하고 묻는 말에 공손하게 대답해라.

◆ **친구에게 집적거리지 마라.**
⇒ 친구를 사귀고 싶으면 먼저 말을 걸고, 그 친구가 좋아하는 놀이를 함께해라. 소심하게 행동하지 마라.
⇒ 하고 싶은 말이 있으면 상대방을 보면서 정확하게 말해라.

목표행동 정하기 5

부모의 모습이 아이에게 모델이 된다

최근 아는 분의 자녀가 대학에 들어갔다는 이야기를 들었다. 누구나 알아주는 명문대에 입학하게 되었는데 그분 이야기로는 아이를 계속해서 학원에 보내지 않고 부족한 과목만 방학 동안 특강을 들도록 해주었다고 하였다. 특별히 성적이 우수한 이유가 있는지 묻자 아이가 중학교 3학년이 되면서 오후 7시부터 12시까지 가족이 모여 해야 할 일을 하거나 책을 읽는 생활을 계속해온 것이 비결이라면 비결이라고 하였다. 한 시간 공부하면 15분 정도는 쉬면서 과일도 먹고 또 쉬고 나면 다시 자기 일로 돌아가는 식으로 하다 보니 아이가 스스로 공부하는 습관을 들이게 되었다는 것이다. 이런 식으로 공부한 아이는 최근 원하던 대학에 들어가 벌써부터 미래에 대한 계획도 구체적으로 세우고 있다고 한다.

부모는 학원도 보내지 않고 과외도 시키지 않았으며, 어차피 자신의 할 일을 하면서 아이의 스케줄을 고려한 것뿐이기 때문에 특별히 자식

뒷바라지를 하지 않았다고 생각하고 있었다. 그렇지만 그 가정에서는 좋은 과외선생님을 찾아주거나 밤낮으로 학원에 실어 나른 이상의 교육이 이루어진 것이다.

아이들은 들은 것보다 본 것에 더욱 영향을 받는다. 물론 부모가 말한 것을 행동으로 그래도 옮긴다면 그것은 가장 강력한 교육효과를 발휘한다. 그렇지만 부모가 하는 말과 행동이 다를 경우 아이들에게 더 큰 영향을 미치는 것은 말보다는 행동이다.

부모들과 이야기를 나누다보면 아이들의 사소한 문제행동 중 많은 부분이 부모의 행동과 연관되어 있는 것을 볼 수 있다. 부모교육을 할 때 보면 별 것 아닌 것 같은 사소한 행동인데도 아이들 행동이 잘 바뀌지 않는 경우가 있다. 이를테면 벗어놓은 옷을 제자리에 건다거나 이를 닦은 후 치약이나 물컵을 정리하는 것 같은 간단한 행동이 잘 안 바뀔 때는 가족들의 행동을 한 번씩 체크해본다. 대부분은 똑같이 하는 아빠가 있다거나 심지어 모든 식구들이 그렇게 행동하면서 아이에게만 바꾸라고 하는 경우도 보았다. 그뿐만 아니라 자기생활을 알아서 조절하는 것이나 용돈을 쓰는 패턴에도 부모의 행동은 강력한 영향력을 미친다.

좋지 않은 행동은 아무리 제재해도 더 쉽게 배운다. 어떤 아이가 다른 아이와 싸우는 데 주먹질을 했다면 아이가 화가 나서 그랬겠구나 하고 생각되지만 필통에 있는 칼을 꺼내 위협했다거나 아이의 나이에 맞지 않는 욕을 했다면 그 이면에는 그런 행동을 보여준 어른들이 반드시 있다. 동생과 싸울 수는 있지만 동생에게 손들고 벌을 서라고 한다면 그것은 엄마에게 배운 행동일 가능성이 높다.

아무리 나이가 어려도 아이들은 주변에서 일어나는 일들을 알아차린다. 어릴 때는 다 그러려니 다른 집도 똑같으려니 하다가 고학년쯤 되면 비판능력이 자라나면서 서서히 부모의 행동을 꼬집기도 한다.

"우리 아빠요? 집에 오면 항상 나한테 공부하라고 하는데 저는 이유를 알아요. 아빠가 게임하고 싶어서 제가 컴퓨터 못하게 하려고 그러는 거예요."

"우리 엄마는 전화를 두 시간씩이나 할 때도 있어요. 그러면서 저는 친구들이랑 메신저도 못하게 해요."

"엄마 아빠는 주말에 하루 종일 텔레비전 보면서 제가 잠깐 좋아하는 쇼프로 좀 보려고 하면 쓸데없는 것 본다고 잔소리하세요."

어떤 경우는 아이들의 눈이 더 정확하고 무섭다.

부모가 모든 점에서 아이들에게 본을 보이기는 어렵다. 부모도 나름대로 생활이 있고 또 사람이라 약점이 있을 수도 있다. 나 또한 일을 마치고 집에 가면 쉬거나 자고 싶지 공부하는 아이 옆에 있어주기는 쉽지 않다. 주말이면 그 동안 못 본 텔레비전도 보고 싶고 게으름도 부리고 싶다.

그렇지만 아이를 키우면서 모든 부모들이 바라는 것은 아이가 좋은 행동과 습관을 습득하여 생활에 잘 적응하는 것이다. 좋은 습관을 들이는 데 걸리는 시간이 짧으면 짧을수록 육아스트레스나 부담은 빨리 덜어질 것이다. 그러기 위해서는 말로만 해서 긴 시간을 끄는 것보다 부모가 한 걸음 앞서 먼저 실천하고 일상생활에서 좋은 행동을 반복적으로 보여주는 것이 부모들이 한시라도 빨리 느긋해질 수 있는 길이다.